KB265729

김대중의 문화정치

| 문화-민주주의와 문화-미래주의의 접속 |

Kim Dae-jung's Cultural Politics:

The Interconnection of Culture-Democracy and Culture-Futurism

김대중의 문화정치

제1판 1쇄 인쇄 2024. 6. 25.
제1판 1쇄 발행 2024. 6. 30.

발　　간　김대중평화화의, 김대중학술원
기　　획　백학순
책인편집　박소현
지 은 이　박소현, 이영재, 남상욱, 최영화, 이승철, 김항
펴 낸 이　김경희
펴 낸 곳　(주)지식산업사

　　　　　본사•10881, 경기도 파주시 광인사길 53
　　　　　전화 (031)955-4226~7 팩스 (031)955-4228
　　　　　서울사무소•03044, 서울특별시 종로구 자하문로6길 18-7
　　　　　전화 (02)734-1978 팩스 (02)720-7900
　　　　　한글문패　　지식산업사
　　　　　영문문패　　www.jisik.co.kr
　　　　　전자우편　　jsp@jisik.co.kr
　　　　　등록번호　　1-363
　　　　　등록날짜　　1969. 5. 8.

*책값은 뒤표지에 있습니다.
*이 책을 읽고 저자에게 문의하고자 하는 이는
　지식산업사 전자우편으로 연락 바랍니다.

김대중의 문화정치

| 문화-민주주의와 문화-미래주의의 접속 |

Kim Dae-jung's Cultural Politics:

The Interconnection of Culture-Democracy and Culture-Futurism

박소현 책임편집

박소현, 이영재, 남상욱, 최영화, 이승철, 김항 지음

백학순 (김대중학술원 원장)

올 2024년 김대중 대통령 탄생 100주년을 맞아 김대중연구서 《김대중의 문화정치: '문화-민주주의'와 '문화-미래주의'의 접속》을 세상에 내어놓는다. '김대중평화회의 연구' 시리즈 기획자로서 가슴 설렘과 기쁜 마음을 고백한다.

김대중은 여느 정치인과 달리, 자신의 철학과 사상을 세우고 그것을 정책으로 실천한 '사상가 지도자'였다. 참고로, '사상가 김대중'에 대한 연구는 '김대중평화회의 연구' 시리즈 제1권으로서 황태연 책임편집, 《사상가 김대중: 그의 철학과 사상》(지식산업사, 2024)으로 이미 출간되었다.

이 책은 기본적으로 김대중의 문화와 문화정책에 대한 철학과 사상, 그것을 실천한 정치, 정책에 대해 학문적인 관점에서 정리하고 평가한 것이다.

이 책의 책임편집을 맡은 박소현 교수님이 '프롤로그'에서 밝히고 있듯이, 이 책은 '문화-민주주의'와 '문화-미래주의'를 이정표로 삼아 '문화'에서의 김대중이라는 시대적 변곡점과 '새천년' 미래 전망이 어떻게 문화를 미래비전으로 만들고 또 새롭게 재구성했는지, 또한 문화가 어떻게 문화와 민주주의와 신자유주의, 즉 문화와 정치와 경제의 새로운 삼각관계 속에서 국가와 기업의 생존과 경제발전에 필수적인 원동력으로 재규정되었는지를 설명하고 있다.

김대중에게 문화는 단순히 창달의 대상이 아니라, 21세기에 전략적으로 키워야 할 국가 기간산업, 미래의 먹거리로서 '문화산업'을 의미했다. 김대중이 옥중에서 말할 수 없을 정도의 감명을 받아 몇 번이고 정독한 앨빈 토플러의 《제3의 물결》(1980)은 김대중에게 미래의 "전혀 다른 새로운 세상"의 설계 "지침서"였다. 미래에는 자본, 노동, 토지가 아닌 정보와 지식 그리고 창의력이 핵심이 되는 것임을 주장한 토플러의 주장을 받아들인 김대중은 그 미래 설계의 핵심정책 가운데 하나로서 문화산업, 관광산업을 설계하고 대통령이 되어서는 투자를 통해 문화산업, 관광산업을 국가 기간산업으로 키워나갔다. 지식정보 시대를 맞아 ICT 기술을 문화와 관광산업에 접목시켰다. 이제 문화상호주의와 디지털 혁명을 통해 한국문화가 세계를 품으면서 세계를 녹여낼 터였다.

IMF 경제위기 상황이었는데도, 김대중은 역사상 최초로 정부 전체예산의 1%를 문화예산으로 배정했다. 그는 공업과 군사력이 20세기에 국력이었다면, "21세기에는 지식과 문화가 국력"이라면서, "문화는 한국인에게 가장 적합"하기 때문에 "21세기는 한국의 세기"라고 확신했다. 그리고 우리 문화의 고유성과 창조성이 민주화된 대한민국에서 물과 공기처럼 자유롭고 또 자연스럽게 발휘되도록 '지원은 하되 간섭하지 않는다'는 원칙을 지켰다.

김대중에게 문화는 우리 민족의 주체적이고 창조적인 정체성 그 자체였다. 김대중은 우리나라는 지난 5천 년 동안 종교, 학문, 문화, 산업 등 모든 면에서 중국문화라는 압도적인 것을 받아들였지만, 주체성을 갖고 중국문화에 흡수되지 않고 의복, 음식, 언어, 주거 등에서 한국 고유의 문화를 재창조한 저력이 있음을 강조했다. 우리 민족의 주체성과 창조성의 저력에 대한 믿음을 바탕으로 일본문화를 개방했고, 지금은 우리의 음악, 드라마, 음식, 언어 등의 수많은 분야에서 한류가 전 세계를 휩쓸어치고 있다.

마지막으로, 김대중의 문화정치는 민주주의의 바탕 위에서 우리 민족이 겪은 과거의 여러 통치 문화정치로부터 해방을 가져오고 미래주의를 바탕으로 새로운 세계 속으로 나아가는 것임을 강조하고 싶다. 역사적으로, 우리 민족은 일제 식민지 문화정치, 북한 사회주의 문화정치, 그리고 남한의 권위주의적 독재자들의 문화정치를 경험했다. 이것들은, 각각 정도의 차이는 있었지만, 모두 통치자들이 정책 목표를 달성하는 데서 피치자들의 자발적 순응의 유도를 통해 통치 비용을 줄이려는 통치 수단이었다. 그런데 김대중의 문화정치는 그러한 과거의 문화정치들로부터 우리를 해방하고 우리 문화를 민주주의, 자유, 주체성과 창조성을 바탕으로 새롭게 정체성을 확립하여 외부세계와 미래로 나아가는 문화정치였다.

이 책이 김대중의 문화와 문화정치, 문화정책에 대해 갖고 있는 독자들의 궁금증에 대해 충분히 만족스러운 답을 주지 못할 수도 있고, 심지어 선뜻 동의하기 어려운 부분이 있을지도 모른다. 집필자들마다 생각이 다를 수 있기 때문이다. 그럼에도 이 책은 김대중의 문화와 문화정치, 문화정책의 전체적인 모습을 보여주기 위한 첫 학문적·체계적 시도이며, 이 책을 시작으로 앞으로 김대중의 문화정치와 문화정책에 대해 더 많은 연구가 뒤를 잇게 될 것으로 생각한다.

이 책은 많은 분의 참여와 수고로 이뤄졌다. 무엇보다도 책임편집과 집필을 맡아주신 박소현 교수님(서울과학기술대학교), 그리고 집필자로 참여한 이영재(성균관대학교 비교문화연구소), 남상욱(인천대학교), 최영화(인천연구원), 이승철(서울대학교), 김항(연세대학교) 교수님께 깊이 감사드린다.

이 책은 전라남도가 주최하고 김대중평화센터가 주관한 김대중평화회의의 지원 덕분에 기획·연구·출판이 가능했다. 2021년에 김대중평화회의를 창립한 김영록 전라남도 지사님과 김대중평화센터 김홍업 이사장님, 김성재 상임이사님에게 특별한 감사를 드린다. 2023년 김대중평화회의에는 전라남도 외에 목포시, 신안군이 함께 힘을 합했다. 박홍률 목포시장님, 박우량 신안군수님께도 특별한 감사를 드린다. 전라남도 의회, 목포시 의회, 신안군 의회에게도 마찬가지로 감사드린다. 김대중평화회의의 성공을 위해 애쓰신 김대중평화회의 조직위원회와 집행위원회 여러분, 전라남도, 목포시, 신안군 관계자 여러분, 김대중평화센터 박한수 기획실장님과 직원 여러분, 김대중학술원의 조은영(서울대 정치외교학부 박사과정)과 이민정(서울대 정치외교학부 박사과정) 연구원들에게도 깊이 감사드린다.

마지막으로, 이 책의 출판을 맡아주신 지식산업사의 김경희 사장님, 문영준 국장님, 권민서 편집자님께 깊은 고마움을 표한다.

2024년 6월

김대중학술원 원장
김대중평화회의 집행위원장
백학순 지識

차례

박소현 (서울과학기술대학교)

1. '김대중'이라는 질문 또는 변곡점

2024년은 김대중 탄생 100주년이 되는 해다. 성대한 기념행사가 열리고, 그의 정치적 삶을 기록한 영화가 개봉되고, '관용과 화해'의 정치적 리더십을 되새기는 움직임이 활발하다. 이 책 역시 그러한 기념/기억의 일부로 기획되었다. 그러나 '김대중'과 '문화(정책)'라는 커다란 얼개에서 출발한 이 책의 기획에서, 무엇을 어떻게 기억할 것인지, 이 두 단어를 어떻게 연결지어 조망할 것인지는 오롯이 필자들의 몫이었다. 수차례 기획안을 고쳐 쓰고, 서로 다른 전공의 문화 연구자들이 함께 자료를 읽고 집필 회의를 하는 속에서, '김대중'은 난해하고도 도전적인 학문적 질문이 되었다.

김대중은 한국 현대사에서 이미 또 하나의 '신화'라 할 수 있다. 그 신화는 긍정적인 열광과 지지뿐 아니라 부정적인 비난과 적대와 도 결합하며, 이 상반된 감정들을 재생산하고 증폭시키는 매개가 된 다. 다시 말해, 김대중에 대한 상충하는 감정적 벡터는 '김대중'이 역사적 존재 또는 역사적 계기로부터 하나의 문화적 기호로 이행하 고 있는 상태, 그럼으로써 롤랑 바르트(Roland Barthes)가 말한 현대적 신화 개념, 즉 '자연화(naturalization)된 기호'의 지위를 획득하게 되는 측면을 엿보게 한다. 바르트는 기호가 자연발생적이지도 중립적이지도 않다고 보았다. 대신 기호는 특정한 시대에 그 사회를 지배한 계층이 생산·유통한 역사적 산물이다. 그는 과거의 신화적 시대를 넘어 현재의 부르주아 자본주의 체제에서도 "현실이 완벽히 역사적인 것임에도 불구하고" "자연스러운 것, 본래적인 것으로 둔갑해 버리는 현상", 즉, 자연화로 말미암아 "'자연'과 '역사'가 혼동되는" 사태를 문제 삼으며, 이 '거짓 자명함'을 개념화하기 위해 신화라는 용어를 사용했다.[1]

이처럼 자연화가 곧 탈역사화 내지 비역사화의 위험을 일컫는 한에서, 김대중에 대한 학문적 접근은 자연화에 대한 경계와 그에 대한 비판적 질문을 필요로 한다. 일종의 탈자연화를 위한 장치들이 요청되는 셈인데, 이 책의 경우, 먼저 김대중에 대한 전기적(biological) 접근을 피하고자 했다. 위대한 '인간 김대중' 또는 카리스마적 '정치인 김대중'과 같은 인격적 범주를 바탕으로 그의 삶과 정치를 평가하는 방식은 익숙하면서 여전히 의미 있는 접근이다. 하지만 다른 사람들과 마찬가지로 취약하고 완전하지 못한, 좌절과 고뇌와 실패를 겪으며 성장하는 '인간 김대중'과, 독재정권에 맞서 한국의 민주화를 위해 싸우며 갖은 고초 끝에 정권 창출에 성공해 민주와 평화와 화합의 정치를 실현한 '정치인 김대중'이라는 전기적 틀은 그 자체로 질문이라기보다는 이미 주어진 해답에 가까운 문제설정 방식이기 때문이다.

굳이 말하자면, 이 책은 김대중을 전적으로 사적인 인간이거나 영

---

[1] 롤랑 바르트, 《현대의 신화》, 서울: 동문선, 1997; 이경화, 〈《1984》에 나타난 강요된 세계 읽기-바르트의 신화론적 관점을 중심으로〉, 《인문학연구》 제50호, 경희대학교 인문학연구원, 97-121쪽.

웅적 서사의 주인공이거나 역사의 전지적인 관찰자로서 묶어두는 대신에, 역사의 '단절' 내지 '변곡점'을 추동한 실천적 주체이자 변인으로, 또는 특정 시대의 집단의식으로, 나아가 그의 정치적·정책적 성과들로 평가되는 사안/사건들에 연결된 복수의 결절점 가운데 하나로 간주하는 입장에 있다. 그가 스스로 설정한 정치인의 위치는 "국민과 시대에 앞서가지 않는 것"(박소현, 제1장) 또는 "민중의 반걸음 앞을 걷는"2) 것이었다. '김대중 리더십'을 대변하는 이 표현은 그가 정치인의 위상과 역할을 "복잡하고 다양한 이해관계들이 경합, 긴장, 갈등, 충돌, 협상 등을 끊임없이 벌이면서 특정한 '시대'를 형성하는 사회적 관계망의 한가운데"(박소현, 제1장)에서 찾았음을 말해 준다. 즉, 김대중은 의식적으로 정치인과 민중 사이의 보폭을 맞추고자 했다. 이는 김대중 연구가 그가 지나온 역사적 시대들과 그러한 시대를 규정하는 조건들, 그 시대들을 살았던 사람들, 그들의 복잡한 관계와 상호인식 등과 불가분함을 뜻한다. 고작 '반걸음' 앞서간다는 정치인에게 모든 공과를 돌리는 것은 조심스러운 일이다. 김대중이 하나의 변곡점을 상징한다면, 그 변곡점은 개인으로만 환원될 수 없는 집합적이고 시대적인 지평으로서 조망되어야 마땅하다.

그런데 김대중의 '시대들'과 '사람/민중들'은 지극히 확장적이다. 20세기 초부터 21세기 초에 걸친 그의 장구한 생애는 일제강점기와 해방, 분단과 한국전쟁, 독재정치 체제의 연쇄, 민주화, IMF 경제위기 등과 같이 이질적인 '위기들'로 분절되는 역사적 국면들의 유동적인 접합과 긴밀하게 맞물려 있다. '위기(crisis)'의 개념사를 시도한 로절린드 윌리엄스(Rosalind Williams)에 따르면, 서양에서 이 용어는 17세기에 "어떤 일이 진행될 때 지극히 중요하거나 결정적인 단계나

---

2)   강상중, 《반걸음만 앞서 가라》, 오근영 옮김, 서울: 사계절, 2009.

전환점, 또 상황이 나아질지 악화될지 결정하는 중대한 변화가 임박한 상태, 정치나 상업에서 특별히 어렵고 불안정하며 긴장된 시기"를 뜻하다가, 19세기 들어 역사의 지속적 진행, 즉 선형적인 역사의 진보를 방해하는 불길한 사건이라는 의미로 사용되기 시작했다. 요컨대, 위기는 역사적 진보에 대한 낙관과 믿음이 지배적인 상황에서 태동한 개념이었다.[3] 김대중 역시 그러한 믿음을 공유했기에, '위기 이후'에는 당연히 또 다른 역사적 진보가 도래할 것을 상상했고, 당면의 위기와 단절할 미래의 비전과 전략을 모색하고 역설하는 데 매진했다. 그런 점에서 김대중에 관한 연구는 그가 맞서 싸운 역사적 위기와 위기 이후라는 모종의 '단절'과 '변곡점'을 사유하는 계기가 된다.

이러한 관점에서 이 책에 실린 글들은 '문화'의 장에서 김대중의 정치적·정책적 업적으로 평가되는 사안들이 우리 삶의 어떤 단절 또는 변곡점과 맞닿아 있는지를 질문하고 되짚어본 결과물이라 할 수 있다. 각 장이 다루는 사안들과 필자들의 접근법은 각기 다르지만, 책 전체를 관통하는 주제어가 '문화'와 '민주주의'와 '신자유주의'로 수렴되는 것은 우연의 일치라 하기 어렵다. 결과적으로 볼 때, 이 책의 필자들은 각기 다른 사안들을 출발점으로 삼았으나, 문화와 민주주의와 신자유주의가 김대중이라는 시대적 결절점을 매개로 어떻게 배치되고 결합하여 21세기라는 '새천년(New Millennium)'의 미래 풍경을 현재와 같이 실체화하는 변곡점을 만들어 냈는가 라는 공통의 질문과 마주칠 수밖에 없었다. 그것은 아마도 2024년이라는 '새천년'의 시간을 살아가고 있는 연구자들에게 그동안 삶의 경험과 연구를 통해 체득한 일종의 공통감각이자 끊임없이 되물어야 하는

---

3) 로절린드 윌리엄스, 〈현대사에서 진행중인 종말〉, 마누엘 카스텔·주앙 카라사·구스타보 카르도소 엮음, 《여파》, 2012/2014, 글항아리, 46-55쪽.,

숙제 같은 것이었다고 짐작해 본다. 새천년의 초입에 미래에 대한 정치적 상상은 유토피아적 희망과 낙관의 수사로 점철되었고, 김대중 또한 '새천년민주당'을 창당할 만큼 '새천년'에 몰입한 미래주의자였으며, 그러한 미래적 상상과 기대가 한국사회의 곳곳에 스며들어 사람들의 삶의 방식을 결정짓는 힘이 되었다. 그러나 그 '새천년'의 미래사회는 빛과 어둠, 삶과 죽음을 아우르는 양가적인 것이자, 모순적일 만큼 다면적이고 중층적인 형태로 변신과 진화를 거듭하고 있다. 그렇다면 다시 물어볼 수밖에 없다. 그때 그 변곡점은 무엇이었고, 그 여파(aftermath)는 어떤 것이었는가? 왜 '문화'가 '새천년'의 시대어가 되었으며, 그 과정에서 '문화'는 어떻게 재정의되었고, 그에 대해 여전히 물어야 할 것은 무엇인가?

2. '새천년'을 고대하며: '문화–민주주의'와 '문화–미래주의'의 접속

레이몬드 윌리엄스(Raymond Williams)는 '문화'라는 어휘의 용법을 추적하면서, "이 단어가 다양한 의미로 널리 통용되고 있다는 사실 자체의 중요성"에 천착해, 사전적 정의를 넘어서는 "다양한 의미의 역사와 복잡함"을 강조하며, 그 의미가 현실과의 상호관계에서 가변적임을, 그래서 용어 자체에 변화, 단절, 갈등이 새겨져 있음을 지적했다. 그리고서 윌리엄스는 다음과 같이 주장했다.

사회사를 보면 많은 중요한 의미들이 지배계급과 특정 전문직 종사자들이 사용하는 전문 용어들에 의해 형성되어 왔기에, 그네의 강한 특권의식은 충분히 이해할 만하다. … 그러한 어휘는 틀림없이 역사적 및 사회적 상황 속에서 계승되어 온 것이며, 그 어휘를 사용하는 수백만의 사람들이 그 유효성을 인정한다면 나는 그것에 대해 지대한 관심을 보여야 함은 물론이거니와 동시에 비판하지 않으면 안 된다. (이는 계속되어야 하는 동시에 변화되어야 한다.) 그러한 어휘는 배워야 할 '전통'이 아닐뿐더러 당연히 수락해야 할 '공통 이해'도 아니며, '우리의 언어'이기 때문에 당연한 권위를 갖는 일련의 의미도 아니다. 그것은 현실 상황 가운데 근저로부터 전혀 다른 중요한 시점에서 만들어져 새롭게 형성될 수 있다. 그것은 사용되기 위한 어휘이며 우리의 생각을 반영할 수 있는 어휘인 동시에 우리들 각자의 언어와 역사를 구축해 갈 때 바뀌어야 한다고 여길 경우 바꿔야 하는 어휘인 것이다.[4]

'문화' 개념에 대한 이러한 접근은 여전히 현재에도 유의미하다. 윌리엄스는 '문화'처럼 다수가 승인하고 당연하게 사용하는 어휘일수록 더욱 관심을 갖고 끊임없이 비판해야 한다고 말한다. 그것은 당연한 것으로 압축할 수 없는 사회적 변동과 그에 반응하는 문화 개념의 변화를 풀어헤쳐 봄으로써, 비로소 하나의 어휘나 개념으로 통칭하거나 약분할 수 없는 지점들을 직시할 수 있기 때문일 듯하다. 따라서 이 책은 문화에 대한 사전적 정의를 바탕으로 삼는 대신에, 오히려 사전적 정의로 수습될 수 없었던 의미들과 그 관계망을 통해 변화의 지점들을 살피려 했다. 그리고 그러한 변화는 '문화'가 다른 어휘와 관계되거나 결합되는 방식을 통해서 좀 더 선명하게 포착될 수 있지 않을까 한다. 이 책에서는 '문화―민주주의'와 '문화―미래주의'라는 두 개의 관계항을 이정표로 삼는 것이 김대중이라는 시대적 변곡점을 더 선명하게 드러내고, '새천년'에 투사된 미래사회에의 전망

---

4)   레이먼드 윌리엄스, 《키워드》, 김성기·유리 옮김, 민음사, 1983/2022, 36쪽.

이 어떻게 문화의 의미와 그 사회적 좌표를 새롭게 재구성했는지를 이해하는 데 도움이 될 것으로 판단했다.

일반적으로 문화 및 문화정책 분야 연구자들에게 익숙한 용어로 '문화민주주의'가 있다. 이에 관한 연구는 현재도 다양한 연구자들에 의해 활발하게 이루어지고 있으며, 매우 확장적인 양상을 띤다. 그 연구들을 망라할 수는 없겠으나, 한국에서 이 개념은 대체로 프랑스의 문화정책사를 참조해, 드골 정권에서 초대 문화부 장관을 지낸 앙드레 말로(André Malraux)의 문화정책 방향이었던 '문화의 민주화(Démocratisation de la Culture)'와 대비해 사용되기 시작했다. '문화의 민주화'는 "중간계층의 문화적 여가활동에 대한 욕구, 모두에게 문화향유를 가능하게 하려는 평등주의 담론의 산물"로서, 엘리트의 전유물과 같았던 고급문화에 대한 대중의 접근성을 높이는 데에 집중했다. 이에 대해 68혁명은 하나의 전환적 계기가 되었다. 권위주의적 사회문화 질서 및 소비자본주의 사회에서 노동 소외에 맞서, 문화 개념 자체를 수정하며 고급문화와 하위문화, 순수예술과 실용예술, 다수의 문화와 소수의 문화를 구분하는 위계를 허물고자 했기 때문이다. 이는 고급문화의 수동적 소비를 넘어 문화의 생산, 보급, 소비 과정 전체에서 민주주의 원리를 강화하고, 정부에 의한 언론검열과 문화통제를 없애려는 광범위한 운동으로 전개되었다. 1981년에 사회당의 프랑수아 미테랑(François Mitterrand)이 대통령에 당선되면서, 그러한 열망은 새로운 문화정책 방향인 '문화민주주의(démocratie culturelle)'로 제도화되었다. 이때 '문화민주주의'란 '문화의 민주화'를 더욱 확대하면서도, 다양한 사회집단의 문화를 존중하는 문화다양성에 입각해, 고급문화와 저급문화, 전문 예술인과 일반 시민 간의 위계를 허물고 모든 프랑스인의 자유로운 문화활동과 예술교육을 촉진하는 것이었다.[5]

이러한 문화민주주의 개념은 1980년대 초에 유네스코와 같은 국제기구를 매개로 빠르게 확산되었다. 제5공화국 신군부 정권도 1982년에 유네스코가 주최한 세계문화정책회의에 이진희 문화공보부 장관을 비롯한 10여 명의 대표단을 파견했다. 향후 10년의 세계문화정책 방향을 수립하기 위한 이 회의의 주요 의제 가운데 하나는 '문화와 민주주의'였다. 이 회의의 영향이었는지 이진희는 장관으로서 참여한 여러 자리에서 문화민주주의를 역설했다. 가령, 한국문인협회가 주최한 제16회 문학심포지엄(1984)에서는 "문화의 민주주의는 정치적 민주주의의 지름길"이니 만큼 문화민주주의가 절실히 요구된다면서, 그해 정부 문화정책의 방향을 문화 주체성 확립과 문화민주주의 이념 추구로 정하기까지 했다. 당시로선 지극히 낯선 '문화민주주의'라는 용어가 군사쿠데타로 집권한 정권의 입에서 불쑥 선제적으로 공언되었던 셈이다. 그는 "문화예술의 혜택을 제작자로부터 향수자로 확산"시켜 문화에서 가치론적, 이념적, 지역적, 세대적 불균형과 불평등, 격차와 갈등을 해소하는 것이 문화민주주의라 주장했다.[6] 이 논리가 선뜻 이해되지 않는 이유는 문화적 불평등이나 격차를 '제작자–향수자' 문제로 치환하기 때문일 것이다. 언론탄압과 예술통제가 격심한 시대에 향수자를 내세워 제작자/예술가를 몰아세우는 나쁜 궤변이자, 사회경제적 불평등과 격차를 은폐하는 수단으로 문화민주주의라는 어휘가 동원된 셈이다.

그러나 동시대의 공론장에서는 또 다른 문화민주주의 개념이 출현해 경합을 벌였다. 한국문화예술진흥원의 주관으로 "해방 이후 최초

---

5)　민유기, 〈68운동 이후 프랑스 사회당의 문화민주주의 정책 구상〉, 《서양사론》 제141호, 한국서양사학회, 2019, 46-77쪽; 한승준, 〈문화민주주의와 프랑스의 문화예술 지원정책: 문화 축제를 중심으로〉, 《프랑스문화예술연구》 제59집, 프랑스문화예술학회, 2017, 317-347쪽.

6)　이문공, 〈〈문학심포지엄〉 연설〉, 《경향신문》, 1984년 5월 19일.

로 열리는 최대 규모의 문화회의”라는 ‘85문화대회의’가 개최되었을 때, 서울대 미학과 교수 김문환 역시 유네스코의 논의를 토대로 문화민주주의의 필요성을 주장했다.[7] 그는 한국이 경제발전을 통해 절대빈곤에서 벗어난 다음에는 국가발전 목표가 인간다운 삶을 실현하는 것이 되어야 하는데, 이를 위해서는 문화가 견인차 역할을 해야 하고, 그런 문화의 역할을 위해서는 문화민주주의가 선결되어야 한다고 봤다.[8] 그에게 민주주의란 “어떤 형태의 독점도 허용하지 않겠다는 단호한 결의”를 뜻했고, 그 연장에서 문화민주주의는 문화의 균점화 · 비집중화, 문화향수권, ‘모두를 위한 문화 · 예술’ 등과 상통하는 말이었다. 그래서 그는 국가 문화정책이 “국민에게 다양한 문화가 골고루 공급될 수 있는 제도적 틀을 마련하고, 문화활동에 자발적으로 참여할 수 있는 기회를 부여함으로써 국민 개개인의 내면적 욕구를 표현할 수 있는 문화에 대한 권리” 즉 ‘문화권’을 신장시켜야 한다고 주장했다.[9] 짐작할 수 있듯이, 그의 ‘문화권’ 개념은 ‘문화의 민주화’와 ‘문화민주주의’를 분열 · 대립시키는 데 단호히 반대하는 것이었다.[10]

이진희와 김문환의 ‘문화민주주의’는 비교적 이른 시기에 이 개념이 한국 사회에서 수용되고 해석된 맥락과 방식을 보여준다. 1980년대 중반 한국에서 ‘문화민주주의’는 서울올림픽이라는 초유의 국제행사를 앞두고 대내외적으로 안정적인 정권연장을 도모하는 신군부 정권의 관제적 레토릭이기도 했고, 국제기구의 권위와 보편성을 빌어서라도 이 땅에서 실현하고 싶었던 ‘인간적인 삶’의 견인차이자, 국

---

7) 〈문화역량은 국가발전의 원동력〉,《경향신문》, 1985년 10월 28일.
8) 김문환, 〈문화발전의 이념적 지향〉,《문화민주주의》, 조선일보사, 1988, 14-19쪽.
9) 김문환, 앞의 글, 19-28쪽.
10) 김문환, 〈공동체적 문화 형성의 전개〉, 앞의 책, 75-87쪽.

가 문화정책에 대해 민주화와 복지적 분배를 요구하기 위한 개념적 지렛대이기도 했던 것이다.

이렇게 시공간을 아울러 '문화민주주의'라는 어휘의 상이한 용례들을 다소 장황하게 언급한 이유는 이 어휘와 거리를 두기 위해서다. 이 책에서 '문화—민주주의'라는 표현은 '문화의 민주화'에 반하는 '문화민주주의'나, 1980년대 한국에서 사용된 '문화민주주의'의 의미로 회수되지 않기 위한 장치라 할 수 있다. 또한 '문화민주주의'라는 문화와 민주주의의 견고한 결합을 '문화—민주주의'라는 느슨한 관계항으로 표현함으로써, 문화와 민주주의가 결합해서 빚어내는 의미들의 스펙트럼을 더 확장된 지평에서 조망하고, 윌리엄스가 말한 의미의 사회적 가변성에 탄력적으로 부응하고자 했다. 그럼으로써 '문화—민주주의'는 세기말의 '문화—미래주의'라는 또 다른 관계항을 불러내 의미의 변곡점을 이해할 수 있는 유용한 열쇠가 되었다.

'문화—미래주의'는 문화가 '전통'보다는 '미래'와 빈번히 결속되는 인식의 변화를 지칭하기 위한 조어다. 1990년에 노태우 정부에서 신설된 문화부는 빈번하게 '미래지향적 부처'라 불렸다. 문화(정책)의 민주화를 거치면서 정부 부처 가운데 가장 앞장서 자율성을 외침으로써 관료문화를 뛰어넘겠다는 의지를 표명하고 있었고, "다가올 산업문화·문화산업 시대를 주도할 부처"이자 "통일문화를 형성해나갈 핵심적 부처"라는 위상이 더해졌기 때문이었다.[11] 이는 민주화 이후 앨빈 토플러, 피터 드러커, 폴 케네디, 일본 미츠비시연구소 등이 펴낸 미래예측서가 서점가에서 돌풍을 일으키고,[12] 다니엘 벨,

---

11) 〈한국을 움직이는 사람들 (39) 관료 9 산업문화·통일문화 성취욕 넘쳐〉, 《한겨레》, 1992년 9월 16일.

12) 〈서점가 미래예측서 돌풍〉, 《경향신문》, 1990년 4월 14일; 〈다시 부는 토플러 미래학 바람 새 저서 '권력 이동' 서점가 불티〉, 《한겨레》, 1991년 6월 13일.

앨빈 토플러와 같은 세계적인 미래학자들이 내한해 '한국의 미래'에 대해 구체적인 조언을 하고, 미래학 강좌가 곳곳에서 개설되기까지 한 사회문화적 분위기와도 맞물려 있었다.

1990년대에 한국미래학회장으로 활발하게 활동한 연세대 교수 최정호는 15세기 세종 시대, 18세기 영·정조 시대에 이어 3백 년을 주기로 되몰아치는 한국문화의 중흥기가 21세기에 도래할 것임을 예측하며, 이 한국문화의 르네상스를 실현하기 위해서는 문화예술이 주도하는 가치관의 다원화와 비평정신의 회복이 필요하다고 제안했다.[13] 이제 문화는 미래학적 전망 속에서 미래로 가는 길이자 미래 그 자체의 비전으로 일상화되고 있었으며, 국가 및 기업의 생존과 경제발전에 필수적인 원동력으로 재규정되고 있었다.

> 바야흐로 문화의 힘이 세계를 이끌어가는 시대로 변해가고 있다. 미래학의 거두인 앨빈 토플러는 그의 역사 발전단계 분석에서 현대사회와 기업의 살 길을 문화예술의 힘에서 찾으려 했다. 21세기에는 문화의 기반이 없는 사회나 기업은 더이상 생존할 수가 없게 될 것이다. 기업의 인지도나 이미지 제고에서 품질경쟁에 이르기까지 문화는 이미 필수적인 요소가 되었다. 투자의 형태를 보더라도 후진 개발국에서는 부동산에, 중진국에서는 유가증권에, 마지막 선진국 단계에 다다르면 문화에 대한 투자가 중심이 된다. 동서고금의 강대국들을 보면 하나같이 문화선진국들이다.[14]

---

13) 〈"미래학은 세기말 이끌 '초과학' 21세기는 한국문화 르네상스기"〉, 《동아일보》, 1996년 2월 12일.

14) 임창현, 〈"21세기는 문화예술 시대 과감한 지원과 참여 필요"〉, 《동아일보》, 1996년 1월 10일.

어느 갤러리 대표가 쓴 이 문장은 87년 민주화로부터 기껏 10년도 채 되지 않은 시점에, 정치인과 지식인으로부터 문화예술인, 회사원, 학생에 이르기까지 미래학의 붐을 통해 공유하고 있던 시대감각을 잘 대변해 주는 듯하다.

민주주의의 투사인 김대중 또한 일찍부터 미래학의 열정적인 지지자였다(최영화, 제4장). 그리고 그는 대통령 당선 직후 민주주의와 경제발전을 병행하겠다고 밝히며 21세기는 문화의 시대라 선포하고 문화입국이라는 국정 기조를 제시했다. '문화로 나라를 세우겠다'는 야심찬 계획은 민주주의와 경제발전을 병행한다는 계획과 별개의 것이 아니었다. 이때 경제발전은 이미 '세계화'의 압력 속에서, 그리고 이를 정당화하는 미래학의 화려한 정언명령 속에서 신자유주의로의 질적 변이를 거친 것이었다. 한국 사회는 그것을 우루과이라운드와 IMF 경제위기의 충격으로 경험하고 있었다. 그리고 문화는 민주주의와 경제발전을 이어붙이는 마술과도 같은 아말감이 되었다. 이러한 상황에서 그 접합면은 매끈하기만 할 수 있겠는가. 그 속에서 문화 자체도 격변할 수밖에 없음은 명징한 일이다. 김대중의 대통령 재임기 동안 문화—민주주의와 문화—미래주의의 접속은 문화와 민주주의와 신자유주의, 또는 문화와 정치와 경제의 새로운 삼각관계를 편성해가는 방식으로 전개되었다. 이러한 관계 변화의 다면적이고 다층적인 양상을 다룬다는 점에서 이 책은 '문화정치'라는 표제어를 사용했다. 하지만 그것의 성패나 공과를 성급하게 판정하는 것이 이 책의 목적은 아니다. 오히려 그러한 평가로 환원할 수 없는, 혹은 그러한 평가로 말미암아 봉합되어 버린 질문과 기억과 모순, 그리고 현재 우리의 삶을 조형해낸 또 하나의 변곡점을 마주하고 성찰하려는 작업이었다.

3. 2024년으로부터: 책의 구성과 내용

당연한 이야기지만, 이 책은 2024년의 시점에서 쓰여진 것이다. 2024년은 손에 잡히지 않는 기대와 불안으로 '새천년'을 상상한 시점에서 보면 미래이지만, 현재의 시간의 속도 감각을 감안하면 금새 과거로 밀려날 경계적 좌표라 할 것이다. 이러한 양가적 시점은 이 책이 던질 수 있는 질문의 가능성과 한계를 규정하는 조건 가운데 하나일 것이다. 이 책에 대한 조심스러운 변명이기도 하지만, 그러한 시대적 상황을 염두에 두고 읽는 것이 합당하다는 생각이다.

우선 각 장은 김대중과 문화라는 관계망 속에서 다수가 자연스레 떠올리는 대표적 사건이나 대통령 재임기 정책 기조 및 성과를 다시금 환기시키는 것을 염두에 두었다. 다만, 이 책에서 다루는 문화의 범주는 통상적인 의미의 'K-컬처' 또는 문화예술/문화산업에 국한되지 않고, 일상문화까지를 아우르는 것이다. 목차의 순서는 그러한 범주의 폭을 고려해 문화예술/문화산업에서 일상문화로 시선을 확장해가는 동심원과 같은 행로라 할 수 있다. 그렇다고 문화의 중심과 주변을 위계적으로 구별하려 한 것은 아니다. 대신에 독자들이 일종의 관계성에 더 주목해 주었으면 하는 바람이다. 문화예술에서의 변화는 닫힌 원환 내에서의 자기 변이가 아니었고, 마치 지진과도 같이 변화의 진앙을 문화예술로 설정해 접근하더라도 그 충격은 일상문화까지를 함께 뒤흔드는 것이었으며, 그 여파는 길게 지속되기 때문이다.

그렇다고 해서 이 책을 목차의 순서대로만 읽을 필요는 없을 듯하다. 각각의 글은 주제가 다름에도 불구하고, 다른 필자들의 글이 다루는 내용과 다층적으로 연결되면서 상호참조와 대화를 촉발하기 때문이다. 그런 의미에서 목차의 순서는 어디까지나 책임편집을 맡은 필자가 한 명의 독자로서 가장 먼저 이 책의 글들을 읽고 나름대로 생각의 흐름을 정리해 펼쳐 보인 것으로 이해되었으면 한다.

우선 첫 번째 장의 〈문화정책의 '지연된 민주화'와 김대중〉(박소현)은 김대중을 '문화—민주주의'의 변곡점으로서 접근한 것이다. 김대중은 통상 한국 문화정책의 역사를 서술할 때 민주화 이후 변화한 문화정책의 기점을 노태우 정권기의 '문화부 독립'(1990)에서 찾는 관행에 대한 유효한 질문이 된다. 과연 그것은 국민—대중의 열망에 부응하는 민주화였을까? 문화정책의 민주화란 무엇이어야 했으며, 1990년의 시점에 성취된 것이었는가? 1990년의 '문화부 독립'을 기념비적 사건으로, 역사적 사전의 한 항목으로 자연화하는 것은 여전히 정당한가? 이러한 질문들 속에서 이 글은 '문화부 독립'이 '검열 폐지'와 불가분한 짝패를 이루며 해방 이후부터 계속된 문화예술계의 오랜 염원이었음을 밝히고, 그 염원을 둘러싼 갈등과 좌절, 배신과 성취의 역사를 김대중의 역대 대선 공약과 함께 재구성했다. 그럼으로써 '문화부 독립'(1990)이라는 사건이 국가 검열의 폐지를 좌절시키고 문화정책의 민주화를 지연시킨 사태였으며, 김대중의 대통령 당선과 '지원하되 간섭하지 않는다'는 원칙의 정립이 '지연된 민주화'를 해소하는 변곡점이었음을 논한다.

그러나 이 '지연된 민주화'는 신자유주의적 세계화와 접속될 수밖에 없었다. 제2장의 〈한국영화의 세계화, 정치경제학적 원천과 산업 전략〉(이영재)은 〈쉬리〉와 〈공동경비구역 JSA〉가 공전의 성공을 획득한 1999년과 2000년을 한국영화의 '대전환'으로서 재조명한다. 이영재에 따르면, 남한이라는 국지성에 '봉쇄'된 것으로 평가되었던 한국영화는 세기말에 코리안 뉴웨이브와 스크린쿼터 논쟁을 거쳐 세계로 개방되었고, 동시에 검열과 통제 아래 정치적으로 동원되는 예술에서 진흥되어야 할 산업으로 재조정되었다. 이영재는 이러한 '대

전환'을 한편으로는 영화정책의 변화로 추적하며, "영화가 산업적 대상이 된다는 것, 상품으로서의 영화에 대한 국가의 추인이 얼마나 새로운 것이었는가"를 논한다. 다른 한편으로는 이러한 정책적 변화 속에서 "관객이 영화 상품의 '소비자'로서 위치설정되는 사태의 새로움"을 〈쉬리〉와 〈공동경비구역 JSA〉을 중심으로 풀어나간다. 영화정책사와 영화(텍스트)비평과 관객분석이 밀도 높게 교차하는 이 글은 김대중이라는 일관된 문화적 자유주의자의 집권, 그에 따른 민주주의와 시장경제의 강화가 '소비자–관객'이라는 새로운 시민상을 생성하며 '대전환'을 추동했음을 설득한다.

제3장의 〈한일 문화교류의 새로운 양상: 김대중의 말을 통해 본 일본 대중문화 개방의 의미〉(남상욱)는 국가의 통치성을 재현하는 김대중 대통령의 말에서 일본 대중문화와 그 개방과 지연은 어떻게 표상되었는지를, 1990년대 이후 신자유주의 흐름 속에서 '문화'가 어떻게 국가 통치성의 영역에 재배치되고 기능하게 되었는가를 고찰한 글이다. 남상욱은 1990년대 들어 문화를 소비하는 '소비자–관객'이라는 시민상의 형성(이영재, 제2장)을 한국의 "생산 중심 사회에서 소비사회로의 전환"이 신자유주의적 개인의 탄생을 초래하는 국면 속에서 설명한다. 그러나 김대중의 문화산업정책은 문화의 소비가 아닌 문화의 산업적 생산에 중점을 둠으로써, 이전까지 산업/경제 바깥에 위치해 있던 문화와 문화예술인을 정치의 장에서 경제의 장으로 이동시켰음을 지적한다. 행간에서 읽히는 흥미로운 점은 이러한 전환으로 말미암아 비로소 국민의 정신과 문화(소비)의 내용을 통제하는 국가의 통치방식과 단절하고, 문화의 내용에 간섭하지 않는, 심지어는 무관심한 국가가 도출된다는 데 있다. 남상욱은 이러한 김대중의 문화산업 관점이 일본 대중문화 개방을 추동하는 원천이었음에도, 일본 대중문화 개방이 복잡한 한일관계의 지형과 그 불연속성

속에서 지연될 수밖에 없는 측면들, 즉 문화의 내용에 무관심할 수 없는 역설적 지점들을 비판적으로 짚는다.

제4장의 〈문화산업정책의 형성과 문화의 국가기간산업화〉(최영화)는 김대중 정부의 문화산업정책을 '종합적으로' 고찰하고자 한 연구다. '종합적'이라 함은 김대중 정부의 문화산업정책을 개괄하고 이를 역대 정부의 정책과 비교하는 기존의 접근방식을 넘어, 김대중 대통령의 문화산업 철학, 당시 정부가 문화산업정책을 추진하게 된 대내외적 배경, 주요 추진내용, 그 성과와 한계를 검토하기 때문이다. 이러한 접근방식을 취한 이유는 "김대중 정부가 문화산업을 '국가기간산업'으로 표방한 것도 자의적인 선택의 결과가 아니며, '자본의 국제화의 지배적 형태'와 '국제적 조건'을 고려하여 전략적으로 선택한 것"이라는 문장에 잘 집약되어 있다. 따라서 최영화는 김대중의 미래학에 대한 공감과 인식, 탈냉전, 홍콩반환, 한중수교, 일본문화 개방 등의 정치적 변화, 신자유주의적 세계화와 포스트포드주의로의 이행 등과 같은 경제적 변화, 그리고 초국적 미디어의 확산과 한류 현상 등의 문화적 변화, 그리고 김영삼 정부의 문화산업정책에 이르는 방대한 컨텍스트를 제시한다. 그리고 그 위에서 김대중 정부가 문화산업을 '국가기간산업'으로 설정한 정책의 세부 내용을 분석하고, 이 세부 분석으로부터 도출되는 성과와 한계를 논한다.

제5장의 〈지식기반경제와 문화의 금융화: 벤처 주체성과 투기 실천의 확산〉(이승철)은 김대중 정부 시기에 광범위하게 추진된 '지식기반경제'로의 전환에 내재한 문화적 의미를 살펴보고, 이에 수반된 일련의 사회문화적 변화를 '문화의 금융화'라는 관점에서 검토한다. 이승철은 IMF 경제위기 속에서 집권한 김대중 정부가 한국 자본주의의 발전모델과 미래상을 재규정하고 이에 걸맞는 새로운 주체성과 '자본주의 정신'을 발굴해야 했으며, 이 긴급한 과제의 답이 '지식기

반경제'와 '금융화'였다고 지적한다. 그러나 이 글에서 '지식기반경제'와 '금융화'는 별개가 아니다. 이승철은 금융화를 "'미래의 전망과 부의 축적을 금융의 언어와 상상을 통해 인식·실천하는 주체성과 이러한 금융적 상상을 통해 인식·평가되는 금융투자상품(자산)이 확산되는 과정"으로 정의하고, 김대중 정부의 '지식기반경제' 담론을 "지식과 문화, 인적자원 같은 새로운 형태의 자산들을 매개로 한국 자본주의의 금융화와 금융 주체성의 기본 논리를 제시하고 그 구성을 촉구하는 시도"로 바라본다. 그리고 이 새로운 경제적 상상이 금융적 주체성으로서의 '벤처 주체성'과 그 실천 논리인 '투기'를 구체화하면서, 다층적인 문화 영역을 가로질러 확산되었음을 분석한다. 문화산업 영역에서, 또 대중의 일상문화에서 '금융화'가 초래한 급격한 단절과 변화는 현재 한국사회의 '기원적 풍경'이라는 점에서 더욱 무겁게 다가온다.

마지막 제6장의 〈세기 전환기 문화정치와 민주주의의 귀결〉(김항)은 김대중 정부 시기에 '5·18 광주'와 '지식기반경제'가 접합되는 지점을 새롭게 조명하며, 그 과정에서 민주주의의 성격과 위상이 어떻게 변화하는지를 추적한다. 김항은 문화정치를 "공동체의 정체성과 체제의 정당성을 둘러싼 기억과 표상의 쟁투"로 정의한다. 그리고 '지구의 여백'을 주제로 한 제2회 광주비엔날레(1997)를 김대중 정권기의 문화정치를 예견하는 '실험'으로서 분석한 뒤, 김대중 정부 시기의 문화정치가 처한 새로운 국면을 진단하는데, 그것은 정치인 김대중의 페르소나와 불가분한 것이되 다분히 양가적인 것으로 그려진다. 민주화가 추구한 민주주의의 요체인 "역사적 정의의 실현, 통치권력의 합법적 구성 및 행사, 그리고 피억압자의 회생"을 몸소 체현한 김대중의 대선 승리는 "한국 현대사의 한 도달점이자 변곡점"이었다. 김항은 이러한 변곡점의 역사적 의미에 주목하는 동시에, '화해,

용서, 치유'의 문화정치가 '지식기반경제'로의 대변환 속에서 그 지반을 상실해가는 '탈정치화' 과정에 대해 논의한다. 이 역시 현재 민주주의가 처한 상황을 비판적으로 소환하는 또 하나의 '기원적 풍경'이다.

이 6편의 글이 다루는 '문화정치'는 단일하지도, 균질적이지도 않다. 또한 정치인이자 시대의 변곡점인 '김대중'을 조망하고 기억하는 관점도 복합적이다. 그렇기 때문에 오히려 이 책이 의미 있는 '김대중 연구'로서, 그리고 문화–민주주의–신자유주의 또는 문화–정치–경제의 삼각관계가 새롭게 구성되는 변곡점에 대한 논의를 풍부하게 해주는 시도로서 읽힌다면 더없이 감사할 따름이다. 이 책을 위해 함께 공부하고 토의하며 귀중한 원고를 써주신 연구자들, 이 책이 나올 수 있도록 정성스럽게 지원해주신 김대중학술원의 백학순 원장님, 조은영 조교님, 이민정 조교님에게 깊은 감사와 존경의 마음을 전한다. 아울러 연구자들의 노고가 한 권의 책으로 세상과 만날 수 있게 애써 주신 지식산업사의 김경희 대표님과 권민서 편집자님께 고마운 마음을 전한다.

제1장. 문화정책의 '지연된 민주화'와 김대중의 '검열 폐지'의 정치

박소현 (서울과학기술대학교)

1. 들어가는 말

87년 민주화 이후, 한국의 문화정책은 권위주의적인 국가의 공보정책과 각종 검열로 대변되는 통제적 문화행정에서 벗어나 새로운 전기(轉機)를 마련해온 것으로 평가되었다.[1] 이러한 한국 문화정책사의 서사는 일반적으로 민주화 이후 변화한 문화정책의 기점을 문화부의 출범과 '문화발전 10개년 계획'에서 찾는다.[2] 그 역사적 서사를 개괄하면 다음과 같다. 1980년대 후반의 민주화 열기 속에서 문화정책의 민주화 또한 거스를 수 없는 시대적 요구가 되어, 제6공화

---

[1] 이러한 평가에 기초가 되는 논의는 초창기 문화정책연구기관인 한국문화예술진흥원 문화발전연구소(현, 한국문화관광연구원)가 발간한 《문화정책논총》의 다음과 같은 글들에서 확인할 수 있는데, 문화의 민주화가 이후 문화정책의 방향을 결정짓는 전환적 과제였음을 보여준다.(김여수, 〈문화정책의 이념과 방향〉, 《문화정책논총》 제1집, 한국문화관광연구원, 1988, 19-32쪽; 박종국, 〈문화정책의 기조와 과제〉, 《문화정책논총》 제1집, 한국문화관광연구원, 1988, 33-63쪽; 구상, 〈전환기의 한국 문화예술: 문학〉, 《문화정책논총》 제1집, 한국문화관광연구원, 1988, 269-274쪽; 이상만, 〈전환기의 한국 문화예술: 음악〉, 《문화정책논총》 제1집, 한국문화관광연구원, 1988, 282-285쪽; 이중한, 〈전환기의 한국 문화예술: 문화일반〉, 《문화정책논총》 제1집, 한국문화관광연구원, 1988, 312-318쪽; 여석기 외, 〈전환기의 한국 문화예술: 토론〉, 《문화정책논총》 제1집, 한국문화관광연구원, 1988, 319-331쪽.)

[2] 문화정책 분야에서 널리 공유되고 있는 이러한 역사인식은 87년 민주화 직후 문화의 민주화라는 정책적 전환의 한 축으로서 문화부 독립 논의가 주요하게 이루어진 점과 직결되어 있다. 이와 관련된 대표적 논의로는 '문화부의 조직과 기능에 관한 토론회'(1988)의 다음과 같은 자료를 참조할 수 있다.(이종인, 〈문화부의 기능과 조직에 관한 토론회를 개최하면서〉, 《문화정책논총》 제1집, 한국문화관광연구원, 1988, 169-171쪽; 여석기 외, 〈문화부의 기능과 조직: 토론〉, 《문화정책논총》 제1집, 한국문화관광연구원, 1988, 222-266쪽.) 이후, 정부간행물이나 정부의 중장기계획, 각종 정책연구에서 문화부 독립이 한국 문화정책의 전환점으로 반복해 거론되었으나, 87년 민주화 이후 문화정책의 민주화라는 시대적 전환의 기점이라는 역사적 기억은 암묵적 전제로서 공유되거나 때로는 정부 행정조직 변화라는 틀 내에서 주변화되었다. 최근 문재인 정부의 문화정책 장기계획인 《문화비전2030 사람이 있는 문화》에서도 문화부 독립이 언급되었으나, 문화정책의 민주화와 문화부 독립의 관계가 명시되지 않았고, 이는 문화부 독립을 둘러싼 역사적 기억이 현재에 다루어지는 방식을 반영하고 있다. (새문화정책준비단·문화체육관광부, 〈문화비전2030 사람이 있는 문화〉, 문화체육관광부, 2018, 20-28쪽.)

국 노태우 정부가 문화예술통제의 구심 역할을 한 문화공보부를 해
체해 새롭게 문화부를 출범시키는 정부조직 개편을 단행하고 '문화
발전 10개년 계획'을 공표해, 관리나 규제보다 참여와 진흥에 초점을
둔 '독립된' 문화정책이 처음 출현했다고 보는 것이다.

　연구자들의 다양한 입장과 문제의식에도 불구하고 1990년의 문
화부 탄생을 하나의 단절점이자 기점으로 삼는 서사에 대한 동의는
광범위하다. 가령, 이병량은 문화정책연구의 과학적 이론화 작업을
목표로 정부의 문화예산 분석을 통해 정부가 어떻게 문화 영역에 정
책을 통해 개입하는지를 살펴보았다. 그는 문화예산을 중앙정부의
문화담당부처 예산으로 규정함으로써 한국 문화예산의 변화를 문화
공보부 예산이 편성되는 1969년을 출발점으로 삼아, 문화공보부 시
대(1969-1990), 문화부와 문화체육부 시대(1991-1997), 문화관광부
시대(1998-2002)로 구분해 접근했다.[3] 김형수는 문화정책의 목표와
기능의 변천 과정을 문화행정 주무부처의 시기별 변화에 따라 분석
했다. 그는 '문교와 공보 부처 중심의 이원체제(1945년 정부 수립기
-1967년)', '문화공보부 체제(1968-1989)', '문화부 일원체제(1990-
1993)', '문화 · 관광 · 체육의 통합체제(1993년 이후-참여정부)'로 시기
를 구분하고, 이를 통해 정부 부처의 통합화 경향이나 인위적 융합이
문화정책의 본질 기능을 훼손할 우려가 있음을 경고했다.[4]

　원향미는 아예 한국 문화정책의 패러다임 변화를 '정부 수립 이후
부터 문화부 설립 이전까지', '문화부 설립 이후부터 국민의 정부까
지', '참여정부', '이명박 정부 및 박근혜 정부'와 같은 시대구분을 통

---

3)　이병량, 〈한국 문화정책의 변화 추이와 내용에 관한 분석: 문화예산을 중심으로〉, 《한
　　국정책과학학회보》 제8권(제3호), 한국정책과학학회, 2004, 99-125쪽.
4)　김형수, 〈한국 정부의 문화정책에 대한 비교 고찰: 정책목표와 기능을 중심으로〉, 《서
　　석사회과학논총》 제3권(제1호), 조선대학교 사회과학연구원, 2010, 157-189쪽.

해 서술했다. 그에 따르면, 문화부 설립 이전과 이후는 첫째, 문화정책의 중심이 생산자 위주 정책에서 수용자 국민의 문화향수 중심 정책(문화복지정책)으로 전환했고, 둘째, 문화예술에 대한 국가통제에서 벗어나 참여·진흥에 중점을 두고 '지원하되 간섭하지 않는다'는 문화정책 기조를 채택했으며, 셋째, 문화예술의 산업적 가치에 집중해 고부가가치산업으로 육성하려 했다는 점에서 구별된다.[5] 한국 문화정책에서 '문화' 개념의 변화를 추적한 염찬희의 경우, 문화를 경제발전의 하위 부문으로 설정한 이전과 달리 1990년의 문화부 신설과 '문화발전 10개년 계획'은 문화를 별도의 독립적 부문으로 설정해 명실공히 '문화정책'을 시행한 기점이라 보았다.[6] 이러한 관점을 토대로 배관표·이민아는 문화전담 부처인 문화부를 발족시킨 노태우 정부 출범(1988)을 기점으로 한국의 문화정책 관련 법률을 분석했다.[7]

그러나 이와 같은 문화정책 연구의 오랜 관행, 주로 정부 행정조직의 변화를 축으로 한 문화정책의 연대기적 서술, 또는 정권 단위의 정책분석이나 정권별 비교연구의 방법이라는 틀(framework)은 민주화로 인한 질적 차이를 무화시키고 균질화하는 힘을 발휘해왔다.[8]

---

5) 원향미, 〈한국 문화정책의 패러다임 변화와 문화의 사회적 역할 연구-문화적 도시재생을 중심으로〉, 《민족미학》 제13권(제2호), 민족미학회, 2014, 183-206쪽.

6) 염찬희, 〈1990년대 이후 한국 문화정책의 '문화' 이해 변화 과정〉, 《민주사회와 정책연구》 제16호, 민주사회정책연구원, 2009, 212-242쪽.

7) 배관표·이민아, 〈한국 문화정책의 대상과 전략의 변화 1988-2012〉, 《한국정책학회보》 제22권(제1호), 한국정책학회, 2013, 137-169쪽.

8) 문화정책 연구가 본격적으로 이루어지기 시작해 하나의 학문분야로 자리잡게 되는 1990년대 이후 이러한 틀은 다수의 연구자에 의해 채택되고 반복·변용되어왔다. (김정수, 《문화행정론》, 집문당, 2010; 박광무, 《한국문화정책론》, 김영사, 2010; 박광국·이종열·주효진, 〈문화행정조직의 개편과정 분석: 비전-목표-하위목표를 중심으로〉, 《한국정책과학학회보》 제7권(제1호), 한국정책과학학회, 2003, 233-253쪽; 오양열, 〈한국의 문화행정체계 50년: 구조 및 기능의 변천과정과 그 과제〉, 《문화정책논총》 제7호, 한국문화관광연구원, 1995, 29-74쪽; 정갑영, 〈우리나라 문화정책의 이념에 관한 연구〉, 《문화정책논총》 제5호, 한국문화관광연구원, 1993, 84-124쪽; 채원호·허

그러다 보니 문화부의 독립을 중요한 단절점으로 보는 분석들도 "그간 문화정책에 대한 역사적 고찰은 대부분 국가, 특히 중앙정부의 관점에서 발표된 혹은 실행된 정책들을 연대기 순으로 충실히 기술하는 방식으로 이루어졌다."[9]는 비판을 피해가기 어렵다. 그런 점에서 "과연 우리나라 문화정책을 국가(정부)의 활동과 그 결과만으로 파악하는 것이 온당한 것인가? 혹은 그것만으로 우리 문화정책의 전모를 다 설명할 수 있을까?"라는 질문 아래, 문화정책의 역사를 "공공부문과 민간영역 간 문화정책의 공공성을 담보하기 위한 치열한 담론 투쟁의 관점"에서 재정립하고자 한 김규원·지금종·염신규·양혜원의 연구는 기존의 연구 관행을 문제화하는 대안적 접근이라 할 수 있다.[10] 이러한 연구는 문화부의 독립을 추동한 역사적 계기인 한국의 민주화 과정을 문화정책사 연구의 관점 및 방법 차원에서 활성화하려는 접근들과 상통한다.[11]

이 글 또한 기존의 '국가 문화정책의 연대기적 서사'에 대한 질문을 출발점으로 삼아, 그로부터 주변화되거나 누락된 역사적 장면들을 복원함으로써 문화정책의 민주화를 비판적으로 재고하려는 데 목

만용, 〈지방정부의 문화정책과 문화행정조직의 역사적 변천〉, 《한국사회와 행정연구》 제15권(제1호), 서울행정학회, 2004, 167-190쪽; 황설화, 〈김영삼 정부 이후 한국의 문화정책 이념에 관한 연구: 문화적 민주주의인가, 문화의 민주화인가?〉, 《한국정책연구》 제19권(제1호), 경인행정학회, 2019, 69-98쪽; 구광모, 〈우리나라 문화정책의 목표와 특성-80년대와 90년대를 중심으로〉, 《국가정책연구》 제12권, 중앙대학교 국가정책연구소, 1998, 1-17쪽.)

9)   김규원·지금종·염신규·양혜원, 〈담론 논쟁의 동학(dynamics)으로 바라본 문화정책 73년〉, 《문화정책논총》 제32집(제2호), 한국문화관광연구원, 2018, 6쪽.

10) 같은 글.

11) Sohyun Park & Hang Kim, "Democratization and museum policy in South Korea," *International Journal of Cultural Policy, Vol. 25, No. 1*, Routledge, 2019, 93-109; 박소현, 〈문화올림픽과 미술의 민주화: 1980년대 미술운동의 제도비판과 올림픽문화정책체제의 규정적 권력에 관한 고찰〉, 《한국근현대미술사학》 제36집, 한국근현대미술사학회, 2018, 145-181쪽; 이선향, 〈한국의 민주화와 문화정책의 변화에 대한 비판적 검토〉, 《담론 201》 제16권(제3호), 한국사회역사학회, 2013, 119-143쪽.

적이 있다. 문화부의 독립을 한국 문화정책의 역사적 전환점으로 삼
는 것은 민주화운동의 제도화가 문화정책사를 규정하는 중요한 기축
임을 인정하는 것이다. 하지만 국가 행정조직 개편이라는 사건만으
로 민주화운동의 제도화 및 문화정책의 민주화가 성취되었다는 해석
은 지나친 단순화의 혐의를 피하기 어렵다.

게다가 1987년에 민주화의 역동이 고조되고 그로 말미암아 기존
의 문화정책에 대한 비판과 성찰, 국가 문화정책의 변동이 격심했던
그 사이의 시간(1987-1990)을 살피지 않고 문화부라는 행정조직의
탄생에만 주목하는 것 역시 지나친 결과론적 서사라 할 것이다. 이봉
범의 지적대로, 그 사이의 시간 동안 "절차적 민주화의 차원이든 실
질적 민주화를 위해서든 이 시기의 최대 쟁점은 검열제도의 폐지"[12]
였다면, 민주화 이후 문화정책사의 기점이 검열 폐지가 아니라 문화
부 독립으로 갈음되는 것은 납득하기 어렵다. 더구나 노태우 정부의
출범과 문화부 설립 시점에도 검열제도 폐지 및 관련 문화악법의 철
폐는 미완의 과제였으나 '문화발전 10개년 계획'에 담기지도 않았고,
이후 문화부 독립을 중요한 역사적 전환으로 다룬 대부분의 문화정
책사에서 검열 폐지의 정책들은 논외이거나 주변적·보충적인 사건
으로 위치지어졌다.

---

12) 이봉범, 〈1980년대 검열과 제도적 민주화〉, 《구보학보》 제20호, 구보학회, 2018,
184-185쪽. 이러한 논의는 당시의 시대적 요구로서 여러 장르에서 표출되었는데, 특
히 국가검열의 강력한 근거 가운데 하나였던 〈공연법〉의 영향을 직접 받아온 연극계
의 경우, 1987-88년 시기에 수차례 논의를 통해 〈공연법〉의 개정을 통한 검열제도의
전면폐지, 예술표현의 자유 보장을 강력하게 주장했다. 이와 관련해 서울대 미학과
교수 김문환은 문화의 민주화라는 전환을 위해 권위주의 청산을 강조했는데, 그에게
권위주의는 "자유로운 의사소통을 차단하고, 표현의 자유를 말살하는 국가주의와 밀
접한 것"이었다. 따라서 검열제도 폐지를 통한 표현의 자유 확대가 곧 권위주의의
청산으로 간주되었다. 이러한 논의를 거쳐 '지원하되 간섭하지 않는다'는 원칙이 문화
정책의 개선 방향에 대한 집약된 요구로서 제안되었다.(이태주, 〈전환기의 한국 문화
예술: 연극〉, 《문화정책논총》 제1집, 한국문화관광연구원, 1988, 286-293쪽.)

　이러한 사태는 87년 민주화 이후 문화정책의 민주화가 '문화부 독립'과 '검열제도 폐지' 사이의 상호보완적이고 생산적인 관계가 아니라, 양자 사이의 긴장과 갈등이 발생할 수밖에 없는 정치적 맥락 속에서 전개되었음을 짐작케 한다. 그렇다면 왜 1990년에 이루어진 문화부의 독립은 검열제도 폐지라는 정책을 명시적으로 수반하지 않았는가? 또한 왜 김대중(1924-2009)은 문화부 독립 이후 10년이 지난 제15대 대통령선거(1997)에서까지 여전히 검열 폐지를 공약하고, 이미 성취된 것으로 간주된 문화부의 독립도 재차 공약했는가? 실제로 이 1997년이 검열제도의 폐지가 문화부의 독립과 더불어 국가 차원의 정책과제로서 정식화되는 계기라 한다면, 한국 문화정책의 민주화는 87년 민주화로부터 10년이나 때늦은 '지연된 민주화'라 보아야 할 것이다.

　게다가 김대중의 정치 이력으로 시야를 확장하면 그 시차는 더욱 커진다. 김대중은 6선의 국회의원이었고, 3번의 대통령 후보 출마(1971년 제7대 대통령선거 신민당 후보, 1987년 제13대 대통령선거 평화민주당 후보, 1992년 제14대 대통령선거 민주당 후보)를 거쳐, 네 번째 입후보(1997년 새정치국민회의 후보)에서 15대 대한민국 대통령(1998-2003)이 되었다. 그리고 김대중은 첫 대통령선거 출마 때부터 민주주의의 필수요건으로 언론의 자유(자유로운 의사표시의 자유)와 자유로운 창조 활동의 보장, 그리고 검열제도의 폐지를 줄곧 공약했다. 네 번에 걸친 김대중의 대통령선거 공약은 이 첫 선거공약에 기초해서 발전해온 것으로 상당한 일관성을 가질 뿐 아니라, 자유로운 창조활동 보장과 검열 폐지는 매번 포함된 공약이었다. 이렇게 볼 때, 그의 첫 대통령선거의 문화 공약은 26년이 지난 뒤 대통령에 당선됨으로써 실현된 것이 되므로, 문화정책의 '지연된 민주화'는 더욱 확장된 시간적 범위를 포괄하게 된다.

이에 이 글은 문화정책의 역사와 김대중의 대통령선거 이력을 교차시켜 살펴봄으로써, 문화정책의 민주화가 노태우 정부의 문화부 독립이 아닌 그보다 지연된 시점에서 시행되었음을 밝히고 그 역사적 의미를 논하고자 한다. 이때 이 글은 김대중의 정치 이력, 특히 네 번의 대통령선거 경험을 개인의 이력이나 성취가 아닌, 문화정책의 복합적이고도 상충하는 역사적 맥락을 구성해온 동인(動因)이자 계기로 간주한다. 김대중은 초기부터 정책정당, 정책선거를 신조로 삼아 끊임없이 노력했고, 그에게 정책이란 국민과 시대에 앞서가지 않는 것이 정치인의 태도라는 입장과 일맥상통하는 것으로 볼 수 있다.13) 김대중이 설정한 정치인의 위치는 복잡하고 다양한 입장과 이해관계들이 경합, 긴장, 갈등, 충돌, 협상 등을 끊임없이 벌이면서 특정한 '시대'를 형성하는 사회적 관계망의 한가운데였다. 따라서 그가 정당정치의 틀 속에서 제시한 선거공약들은 정치인 김대중을 통해서 발화되고 공론화된 시대적 요청이자 첨예한 정치적 협상의 소산이었고, 그런 까닭에 장기간의 군사독재 권력에도 긴장된 자극과 영향력을 행사하며 문화정책의 갱신을 추동한 동인이었다고 볼 수 있다.

이러한 접근을 통해 이 글이 목표하는 바는 '문화정책의 민주화'의 두 축인 문화부 독립과 검열제도 폐지가 시대적 과제로 부상하고 변용되는 경로와, 그 상관관계의 변화를 축으로 삼아 문화정책사를 재검토하는 것이다. 문화정책의 민주화를 박정희 정권에서 확립되어 이후까지 장기지속된 권위주의적·통제적 문화정책을 일소하려는 의지와 실천으로 정의한다면, 문화공보부라는 행정조직의 해체와 문화부의 독립, 그리고 국가 검열제도의 철폐는 어느 한쪽만을 선택적

---

13) 김대중, 《김대중 자서전 1》, 삼인, 2010, 217-225, 492-500쪽: 김대중, 《김대중 자서
전 2》, 삼인, 2010, 546-547쪽.

으로 시행할 수 없는 불가분한 조치였기 때문이다. 또한 이러한 역사적 역동은 특정한 이론적 틀을 선험적으로 적용함으로써 규명하기 어렵다. 따라서 이 글은 '문화정책의 민주화'를 기존 이론이나 개념을 통해 규정하는 대신, 오히려 그러한 논의로부터 누락되거나 배제된 역사적 자료들을 수집하고 이를 토대로 기존의 문화정책사 논의를 비판적으로 재구성하고자 했다. 미셸-롤프 트루요는 원자료(sources)의 생산, 사실의 취합(archives), 서사(narratives)의 구성 등의 역사생산 과정에 권력이 개입함으로써 역사의 침묵이 발생한다고 지적했다.[14] 이러한 관점에서 볼 때 한국의 문화정책사가 주로 정부 생산 자료들을 토대로 서술되어 온 것은 성찰을 요하는 지점이라 할 수 있다. 따라서 이 글은 공식역사(official history)에서 취하지 않은 기록들, 특히 국가권력과 길항하며 생산된 각종 신문기사나 기고문을 새롭게 발굴하고 연결하고 재배치함으로써 기존의 '국가 문화정책의 연대기적 서사'를 비판적으로 재해석하고자 한다.

2. 문화부 독립의 염원과 문화공보부의 탄생:
　　예술(가)의 지위향상과 예술통제의 길항

　　문화부의 독립적 설치는 대한민국 정부 수립 당시로 거슬러 올라가는 문화예술계의 오래된 염원이었다.[15] 1948년, 유진오에 의한 헌법 초안이 발표되자,[16] 문화예술 분야 27개 단체로 구성된 전국문

---

14) 미셸-롤프 트루요, 《과거 침묵시키기: 권력과 역사의 생산》, 김명혜 옮김, 그린비, 2019, 24-72쪽.
15) 〈문화부 설치 文聯서 국회에 건의〉, 《동아일보》, 1948년 7월 9일; 〈문화정책의 재고려 文總서 국회에 건의〉, 《조선일보》, 1948년 7월 9일.
16) 헌법 초안의 제14조에서는 "모든 인민은 학문과 예술의 자유를 갖는다. 저작자, 발명가

화단체총연합회(이하, 문총)[17]는 헌법 제14조를 "모든 국민은 학문과 예술의 자유를 갖는다. 저작자, 발명가, 예술가 및 해당 단체의 권리 또는 그 사업은 법률로써 보호하여 정부가 이를 장려 혹은 국영國營으로 한다."로 수정하고, "〈정부조직법〉에 문화부를 설치할 것"이라는 조항을 반영하도록 국회에 건의했다.[18] 하지만 제14조는 "모든 국민은 학문과 예술의 자유를 가진다. 저작자, 발명가와 예술가의 권리는 법률로써 보호한다."로 최종 반영되고, 문화부 설치 조항은 기각되었다. 이에 〈정부조직법〉 제정 시점에 문총은 "민족문화 부흥을 위한 독립행정기관인 문화부를 설치"하고, 그 조직구성을 총무부, 문예국(문학, 미술, 공예, 건축), 연예국(음악, 연극, 무용, 극장), 생활문화국(의례, 풍아, 가정), 영화국(제작, 기술, 검열, 선전), 도서국(출판, 심사, 통계, 사서)으로 할 것을 다시 국회에 건의했다.[19]

문화부의 독립적 설치는 국가 차원에서 문화예술의 중요성 및 독자성을 인정받고, 문화행정이 실질적으로 작동할 수 있는 기반이 된다는 이유에서 절실한 과제로 인식되었다. 여기에는 현실적으로 문화행정 업무가 문교부나 공보처 등으로 분산되어 국가정책 전반에서 주변화되고 등한시되다 보니 예술 및 예술인이 국가적으로 '천대'를 당한다는 인식이 뿌리 깊게 가로놓여 있었다. 이에 문화행정을 일원

와 미술가의 권리는 법률로써 보호된다"고 정했다.(〈헌법초안 유씨안 원문(일)〉,《조선일보》, 1948년 6월 12일.)

17) 전국문화단체총연합회는 1947년에 "온세계 약소민족의 자존을 북돋우며 우리 문화유산의 권위와 문화인의 독자성을 옹호하려는 입장에서 우리 문화의 노예화를 경계·방지하며 민족의 피를 기울여 추진되는 지성의 문화를 건설"하기 위해 민주주의 노선을 지향하며 결성되었다. 결성 당시 강령은 다음과 같다. "일, 광복 도상의 모든 장벽을 철폐하고 완전 자주독립을 촉성하자. 일, 세계문화의 이념에서 민족문화를 창조하야 전세계 약소민족의 자존을 고양하자. 일, 문화유산의 권위와 문화인의 독자성을 옹호하자."(〈전국문화총련 발족〉,《동아일보》, 1947년 2월 9일.)

18) 〈문화정책의 재고려 문총서 국회에 건의〉,《조선일보》, 1948년 7월 9일; 〈문총 건의 정부에 문화부 설치하라〉,《경향신문》, 1948년 7월 10일.

19) 〈文化團體總聯서 문화정책을 건의〉,《조선일보》, 1948년 7월 10일.

화한 강력한 문화부의 설치가 그 해법으로 제창된 것이다.[20] 요컨대, 문화부라는 독립된 정부 행정기구의 설치는 문화예술과 예술인의 지위 향상을 위한 필수불가결한 조치, 나아가 문화예술(인)이 정당한 국가의 일원으로 인정받는 길로서 간주되고 욕망되었다. 하지만 이는 어느 법령에도 반영되지 못했다.

당시 이 갈급한 열망은 문화예술에 대한 자유주의적 인식과 달리, 일제강점기의 전쟁과 미군정을 거치면서 가동된 군사주의적 안보 차원의 예술통제를 수용하는 것이었다. 정부 수립기에 문총이 제안한 문화부 조직안은 '선전'과 '검열'을 문화부의 고유 업무로 설정하고 있었다. 양차 세계대전 및 일제의 총력전 체제에 대한 경험과 기억은 문화창조력을 길러 타국의 선전전에 효과적으로 대응하는 일이 곧 국가의 유지 및 국력의 신장이라는 인식을 낳았다.[21] 이에 1950년대에도 국가 문화정책의 필요성은 '국방'에의 기여라는 차원에서 거론되면서,[22] 문교행정(문교부)과 공보행정(공보실) 사이를 오가는 양

---

20) 가령, 소설가 박종화는 문화부 설치가 국회에서 통과되지 못하자, "정부에서 문화에 대한 중요성을 박약하게 생각하고 있다는 것을 통절히 느꼈"다고 토로하며, "앞으로 사업을 해야겠는데 문교부에서 문화부 같은 것을 가지고 있는 것보다 독립된 문화부를 설치하여 가지고 문화사업을 추진해 가야 할 것이다. 예를 들면 사회부에 예속되었던 보건부가 독립한 것과 같이 문화정책상 문화부가 독립되어야 한다."고 주장했다. (박종화, 〈내가 느낀 광복 1년의 민심과 희망〉, 《경향신문》, 1949년 8월 14일.) 조각가 윤효중은 "대한민국 수립 이후의 행정부나 국회의 문화정책은 영점(零點)에 가깝다"고 비판했는데, 이는 "학자나 예술가가 박대와 천대를 받고 무존재, 무가치한 점에 있어서는 어느 야만국에서도 볼 수 없는 정도"라는 이유에서였다. 따라서 그는 예술가의 지위 향상과 이에 수반되는 각종 제도의 정비가 '문화민족'으로서 국민의 생활수준을 향상시키고 국제적인 일류 문화국가가 되는 길임을 역설했다. 또한 이를 위해서는 "당면한 긴급한 일로서 정부에 문화부를 설치하여 문교부 문화국과 공보처 선전국 등 기타 각 관청의 문화부를 일괄하여 강력한 문화행정을 세워야" 한다고 주장했다. (〈등록령의 모순〉, 《경향신문》, 1954년 4월 18일.)
21) 〈국력과 문화〉, 《경향신문》, 1948년 7월 15일.
22) 이와 관련해, 1954년의 한 신문지상 대담에서 영화감독 이규환은 "대포나 기관포만 가지고 국방이 완전한 토대 위에 섰다고는 할 수 없으므로 우리나라의 문화를 높여 외국과의 빈번한 교류를 촉진하고 또 자국의 것을 외국으로 끌고 나가서 선전하는 것도 국방상 대단히 시급하지 않은가"라고 언급했다.(〈갑오년 문화계의 회고(上)〉,

상을 보였다.[23]

　4·19혁명(1960) 이후에는 문화정책이란 민주주의와 동의어이며, "민주주의적이란 말은 문화정책을 세워 그 국가사회로 하여금 고도의 문화건설을 이룩하는 것을 목적으로 하는 것"이라는 주장이 등장했다. 이는 이승만 정권의 문화정책이 문화인을 "위정자의 노예로 사용"하고 "심지어는 '반공'이라는 미명 아래에 문화인들을 동원하여 '깡패'의 앞잡이로 사용"할 정도로 천대했다는 비판과 결부되어 있었다.[24] 박정희가 5·16쿠데타(1961) 직후에 정부조직 개편을 통해 공보부를 발족하는 과정은 이와 같은 이전 정권의 문화정책에 대한 비판과 새로운 문화정책에 대한 기대 위에서였다. 하지만 박정희는 "[5·16]혁명정신을 반영"해 "진정한 민족문화를 육성"한다는 기조 아래, 문화인들의 자유만이라도 보장해 달라는 요망도 거스르며, 더욱 강력하고 조직화된 방식으로 문화예술인을 통제하고 집단적으로 동원하는 체제를 구축했다.[25]

　5·16쿠데타 직후 국가재건최고회의는 대대적인 행정개혁(정부조직개편)을 통해 '혁명내각'을 구성하면서 공보부를 신설했다.[26] 신임 공보부장으로 임명된 육군소장 심흥선은 "국군은 이 나라 사회의 모

《경향신문》, 1954년 12월 16일.)

23) 〈문교부에 이관 공연단체 등록사무〉, 《조선일보》, 1957년 6월 1일.

24) 〈이러한 문화정책을 문화는 마음, 정치는 행동〉, 《경향신문》, 1960년 8월 7일. 소설가 안수길 또한 "이 나라 정치인들처럼 문화인을 천시하는 사람들은 없을 것"이라 단언하며, 문화인을 "정치에 이용하기 일쑤"인 정권의 행태는 "참된 문화정책이 수립되어 있지 않다는 반증"이자 "정치에 앞서 문화가 중요하다는 것을 인식 못"한 결과라 비판했다.(〈자신있는 문화정책을〉, 《동아일보》, 1960년 8월 27일.) 연극연출가 이원경은 과거 "제2공화국의 정당들의 정강정책 속에 문화정책에 관한 것은 돋보기로 들여다보아야 겨우 보일 정도의 마지못해 삽입한 막연하기 짝이 없는 문구에 지나지 않"는 '성의 없는' 문화정책이었다고 질타하며, 박정희 정권에 '성의 있는' 문화행정을 요구했다.(〈성의있는 문화행정을〉, 《조선일보》, 1961년 10월 14일.)

25) 정한숙, 〈자유의 보장만을〉, 《경향신문》, 1961년 9월 1일; 《〈최선의 방법으로〉 혁명정신 반영〉, 《조선일보》, 1961년 6월 28일.

26) 〈혁명내각 구성〉, 《조선일보》, 1961년 5월 21일.

든 부패와 구악을 일소하여 국민 도의와 민족정기를 바로잡고 언론의 창달과 정화를 기하여 진정한 민주언론의 토대를 확립하고저 난립된 사이비 언론기관과 이에 따른 사회악을 일소함과 아울러 간접침략을 분쇄함으로써 혁명과업 완수에 매진"하겠다는 담화를 발표했다.[27] 곧이어 발표된 공보부 직제에 따르면, 공보부는 법령과 조약의 공포, 보도, 정보, 정기간행물, 대내외선전, 영화, 방송에 관한 사무를 관장하는 기구로서, 문화선전국(선전과, 문화과, 출판과)과 공보국(보도과, 영화과, 등록과)을 두었다.

여기에서 그치지 않고 박정희 정권은 1962년부터 '신행정체제'를 표방하며 대대적인 '정부 행정개혁'에 착수했다.[28] 최종적으로 〈정부조직법〉을 비롯한 총 82건의 법령이 제·개정된 대규모 조직개편의 와중에, 문교부가 관장하던 연예 및 영화 검열 사무와 외무부의 대외선전 업무가 공보부로 이관되었다. 이 조직개편에 대한 정부 측 담화에 따르면, 이는 '혁명과업 완수'를 위한 행정기구의 불합리성 제거, 최소한의 인력 및 예산에 의한 행정기능의 합리화, 효율적이고 신속·정확한 국가행정 사무의 처리 등을 목표로 삼아, "행정의 분산관리로 인하여 발생하였던 중복과 비능률성을 지양하고 동일적인 사무를 통합"한 결과였다.[29] 당시 공보부장관 오재경은 이로써 "종전에 각 기관에 분산 관리되어 오던 문화예술 업무를 일원적으로 관장"하게 되었음을 명확히 하고, 대내적으로는 문화예술을 보호·육성하

---

27) 〈공보부장 담화〉, 《동아일보》, 1961년 5월 24일.
28) 이 행정개혁을 주도한 내각사무처는 행정업무의 부처간 중복에 따른 인력책정의 비합리성과 인건비의 과도한 지출, 부처간 공문서 양식의 상이함으로 인한 예산 낭비, 공무원의 직급별 책임한계의 모호성과 신분보장의 부재, 정실주의 및 정치적 압력에 의한 임명·승진과 그로 인한 비능률화, 행정간소화에 대한 관심 부족에 따른 과도한 예산지출 등을 문제점으로 지적하면서, 기구조직의 개편을 비롯한 종합적인 개혁안을 제출했다.(〈10월까지 행정개혁완료〉, 《경향신문》, 1961년 8월 27일.)
29) 〈정부기구 대규모 개편 단행〉, 《조선일보》, 1961년 10월 2일.

고 대외적으로는 국제문화교류의 실효를 거두겠다고 밝혔다. 특히 연극문화의 재건, 영화예술의 진흥, 민족 고유의 국악과 민족예술의 유지 · 발전 등이 정부의 뒷받침으로 현실화될 것임을 전망했다.[30] 또한 공보부 신임 기획조정관 김기완은 기존 문교부 소관 영화검열이 절차의 복잡성, 기준의 가혹함, 관료주의적 성격 등으로 인해 불만이 컸음을 언급하면서, 프랑스의 영화검열을 모델로 영화계의 자율적 기구에 의한 검열방법을 도입해 검열을 완화하겠다고 공언했다.[31]

문화예술계의 반응은 긍정적이지 않았다. 당시 중앙대 문리대학장이었던 문학평론가 백철은 1961년에 문교부의 문화정책자문기관인 문화정책위원회 위원에 내정된 직후 "문화정책이란 대상이 교육이든 문화예술이든 간에 그것들을 보호하는 데 목적이 있"고, "그들의 독립 · 독자성을 존중"해야 하므로, "정책이 아무리 강행군을 할 때도 문화 · 학문의 독자적인 영토의 경계선을 넘을 수 없다"고 지적했다. 따라서 그는 정부의 문화정책이 과거의 부정부패를 극복하는 수준에서 문화예술에 대한 '윤리성'을 제시하는 데 만족하고, 그 구체적인 실행은 문화예술 분야의 자발적 의사와 실천에 맡겨야 하며, 오히려 문화예술의 육성을 위한 조건 없는 경제적 지원에 힘쓸 것을 요청했다.[32] 극작가 유치진은 연극과 국립극장 업무가 문교부에서 공보부로 이관됨으로써 예산집행 면에서 기대할 바도 있겠으나, 공보부가 "국립극장을 선전도구로서나 쓰"거나 "선전만을 서둘러서 예술을 망치는 어리석은 짓"을 하지 않기를 당부했다.[33] 음악가 이유

---

30) 〈문화예술 향상에 최선〉, 《조선일보》, 1961년 10월 13일; 〈'문화예술' 管掌에 吳 공보부장관 담화〉, 《동아일보》, 1961년 10월 13일.
31) 〈정원 안 밝힌 정부 새 직제〉, 《동아일보》, 1961년 10월 3일.
32) 〈문화정책에 요망 있다〉, 《조선일보》, 1961년 10월 17일.
33) 〈선전에 이용 말라 예술을 망치지 않도록〉, 《동아일보》, 1961년 10월 24일.

선도 "우리나라와 같은 문화적 후진성에서는 정부의 과감한 문화정책의 힘을 빌지 않고서 민간문화사업이 이루어질 수 없다"고 지적하면서도, 공보부가 예술을 문화선전에만 이용하지 말고 과감한 보조로 예술의 질적 향상을 도모할 것을 주문했다.[34] 영화감독 유현목은 과거 정권에서 영화문화의 자유로운 신장이 저해되어왔음을 비판하고, 영화문화의 육성·보호를 문화정책의 최우선 목표로 삼아 부당한 세율 개정, 국책영화의 기본적인 보호책 마련, 협량적인 검열의 지양 등을 요구했다.[35]

게다가 문화행정의 일원화 역시 불완전했던 탓에 책임 있는 문화행정을 기대하기 어렵다는 불만이 속출했고, 그로 말미암은 조직개편의 불씨가 여전히 남아 있었다. 당시 〈정부조직법〉에 따르면, 문교부는 교육, 과학, 체육, 출판저작권, 기타 문화예술에 관한 사무를 관장하도록 되어 있어, 법률상 문화예술의 주무부처는 문교부였다. 그러나 동법에서 공보부는 영화, 연예, 방송 등의 사무를 관장하도록 정해, 이 세 분야가 법률상 일반적인 문화예술 범주에 포함되지 않는 것인 양 구별되었다. 게다가 이러한 법률상의 구별 때문에 한국예술문화단체총연합회(이하, 예총) 산하 10개 협회 가운데 영화, 연예, 출판, 음악, 국악, 무용, 사진 등 7개의 '동적'인 분야는 공보부에, 건축, 문학, 미술 등 3개의 '정적'인 분야는 문교부에 속한다는 인식이 일상화되었다. 출판의 경우, 정기간행물은 공보부 출판과가, 비정기간행물은 문교부 발행과가 소관하는 식이었다. 문화재도, 유형문화재는 문교부 산하 국립박물관과 그 외국인 문화재관리국이 관리하고, 무형문화재(국악)는 공보부가 관리하는 것으로 분리되어 있었다.[36]

---

34) 〈자양소 되도록 범국민운동 일으키라〉, 《동아일보》, 1961년 10월 24일.
35) 〈정신문화 재건을 심기일전의 아량 갖자〉, 《동아일보》, 1961년 10월 24일.

1965년, 문교부는 의무교육의 정상화로 말미암아 증가하는 교육 관련 업무를 정상적으로 수행하기 어렵다고 보고, 과학, 문화 등의 업무를 타 부처로 이관하고 교육 업무만 전담하는 교육부로의 개편을 추진했다. 이를 위해 문교부는 두 가지 방안을 검토했는데, 하나는 교육 외 업무를 타 관계부처에 이관하는 것이었고, 다른 하나는 공보부가 관장하는 예술 관련 업무를 포함해 일체의 문화 업무를 취급할 독립 부처를 신설하는 것이었다.[37] 이에 예총은 1965년과 1966년 총회에서 문화부 신설을 결의해 정부에 건의했고, 정부 행정 개혁을 주관하는 행정개혁조사위원회는 단일화된 문화행정을 위한 정부조직 개편을 정식으로 안건화했다.

1967년 말, 예총은 '문화부 독립안은 불가능한가?'라는 주제로 세미나를 개최해, 문화부 신설이 시급하고, 신설 문화부는 문화활동을 통제·이용하는 것이 아니라 권장·창달하는 기구여야 함을 강조했다. 세미나 발표자 가운데 문교부 차관을 역임한 법학자 이항녕은 〈정부조직법〉에 따라 외무부에 정보문화국, 문교부에 문예체육국, 공보부에 문화선전국 등이 있으나, 모두 창조활동을 지원하는 행정 기구는 아니므로, 이 조직들을 통합하는 방식이 아니라 문화창조를 뒷받침할 새로운 태도의 문화부를 신설하는 것이 타당하다고 주장했다. 문학평론가 조연현 또한 분리되어 있는 조직들을 단일화하는 것만으로는 문화활동을 권장·창달할 수 없으므로, 문화창조를 창달·지원할 문화부 독립 신설이 긴급하다고 역설했다. 극작가 이근삼은 문화행정기구의 탄생에 원칙적으로는 찬성하나, 문화예술이 관官과 손잡을 때 생겨나는 폐단을 지적하고 정부의 간섭에서 자유로운 것이 문화부 신설의 기본조건이어야 함을 강조했다.[38]

---

36) 〈문화행정 일원화돼야 한다〉, 《조선일보》, 1968년 2월 18일.
37) 〈문교부 개편안 검토〉, 《경향신문》, 1965년 2월 3일.

1968년 초, 박정희 대통령이 문교부 순시를 통해 문화행정의 분리를 검토하라고 지시하면서 이 논의는 더욱 본격화되었고, 문교부의 '문화청'안, 예총의 '문화부'안, 행정개혁조사위원회의 '문화공보부'안, 문화재관리국의 '문화청'안이 경합하는 구도가 되었다. 예총의 '문화부'안을 제외하면 모두 행정조직 안에서 발의된 것으로, 발의주체 또는 기존 조직의 위상과 규모를 존립·확대하는 성격을 띠고 있었다. 첫째, 문교부의 '문화청'안은 문화행정의 일원화보다는 문교부의 교육행정과 문화행정을 분리하되, 문교부 장관 직속으로 문화청을 신설해 문화재관리국, 국립박물관, 대한민국예술원, 문교부의 사회교육과, 예술과, 국제교육과, 발행과를 흡수통합하자는 안이었다. 둘째, 문화재관리국의 '문화청'안은 문화재 관리를 위한 행정기구 일원화로, 문화재관리국, 국립박물관, 공보부 산하 국립국악원을 통합하고, 그 외 기념물, 민속자료 등의 관리보존 기능을 추가해 문화청을 신설하자는 안이었다. 셋째, 행정개혁조사위원회의 '문화공보부'안은 문교부의 문화예술 관련 조직, 즉 문화재관리국, 국립박물관, 대한민국예술원 등을 분리해 공보부에 통합함으로써, 문교부는 교육부로, 공보부는 문화공보부로 하자는 안이었다. 이 '문화공보부'안에 대해 문교부는 "문화가 교육에 가까우냐, 선전에 가까우냐, 문화가 선전의 시녀로 타락할 가능성은 없겠느냐"라는 반론을 제기하면서, 차라리 문화부를 신설해 공보부를 흡수통합하자는 제안을 하기도 했다.[39]

결국 박정희 대통령이 문교부로부터 문화행정(문화, 예술, 출판, 저작, 문화재관리, 종교, 국제문화교류 업무)을 분리해 공보부로 통합하여 문

---

38) 〈문화부 독립은 불가능한가? 예총 세미나〉, 《동아일보》, 1967년 12월 21일.
39) 〈문화행정 일원화돼야 한다〉, 《조선일보》, 1968년 2월 18일; 〈체통, 초조, 野望苦 겹친 신민〉, 《경향신문》, 1968년 5월 15일.

화행정을 일원화하라는 지시를 내렸고, 이를 통해 공보부를 '문화부' 또는 '문화공보부'로 개칭하는 것을 포함한 〈정부조직법〉 개정이 진행되었다.[40] 최종적으로는 문교부의 문화예술 관련 조직을 공보부에 흡수시키고 공보부를 '문화공보부'로 확대개편하는 안이 국무회의에서 가결되었다. 문화공보부는 문화국, 예술국, 공보국, 방송관리국, 문화재관리국 등 5국으로 편성되며, 국정교과서를 제외한 출판물의 저작권 업무, 국립박물관과 대한민국예술원 업무도 문화공보부 소관으로 하는 개정안이 만들어졌다.[41]

이에 대한 언론의 반응은 비판적이었다. 한편으로는 문화재 업무 전반을 문화공보부 소관의 일개 조직이 담당하는 데 대한 문제제기가 빗발쳤고,[42] 다른 한편으로는 아래와 같이 전체주의적인 국가통제나 '통제위주의 문화행정'을 경계하며, 신설 문화공보부가 '조장적助長的' 기능 즉 '지원'에 충실해야 함을 역설했다.

> 공보부는 문화공보부라는 이름에서 비대해진 권한에 도취하지 않기를 당부한다. 권한이 커지면 커질수록 자존망대하고 부패하기 쉬운 것이 행정권력이다. 전체주의 국가가 아닌 우리나라에서는 엄격히 말해서 국민사상의 내용을 '지도'한다든가, 종교단체를 '감독'한다든가, 또는 예술활동을 '지배'할 하등의 통제적 기능도 행정관청에 주어질 수 없는 것이다. 따라서 문화공보부가 이 면에서 할 수 있고, 해야 할 일은 조장적 기능에

---

40) 대신 공보부는 국영중앙방송국, KBS 텔레비전방송국, 국제방송국을 통합 개편하여, 문화부 또는 문화공보부의 외청으로 방송 업무를 독립적으로 관장하는 방송청을 신설하고, 공보부 조사국의 대공(對共) 관련 업무는 신설 예정인 국토통일연구원으로 이관하기로 했다. 그러나 이는 실행되지 않았다.(〈공보부를 문화부로〉, 《동아일보》, 1968년 5월 13일; 〈공보부를 문화부로〉, 《경향신문》, 1968년 5월 13일; 〈공보부를 문화부로〉, 《조선일보》, 1968년 5월 14일.)

41) 〈문화공보부 설치〉, 《경향신문》, 1968년 6월 22일.

42) 〈문화 및 예술행정 일원화〉, 《경향신문》, 1968년 6월 26일; 〈문화청의 필요성〉, 《동아일보》, 1968년 6월 24일.

불과하다. 우리는 우선 문화공보부가 자기 직무의 본질을 철저히 인식하는 데서부터 모든 일을 시작할 것을 역설코자 한다.[43]

그러나 이러한 우려와 비판에도 불구하고, 정부는 문교부 업무를 이관해 문화공보부를 확대 개편했으며, 애초에 상정되었던 개편안보다 더 비대해진 1실 4국(외청7) 13과 32계의 거대조직이 되었다.[44] 박정희 대통령은 친필 현판을 하달하고, 문화공보부 개청식에서 "문화행정이 통일된 체계 아래서 행정상의 비능률을 극복하게 된 것은 민족문화예술의 발전을 위해 획기적인 일"이라고 치하했다. 이때 박정희는 경제자립 및 자주국방과 더불어서 "정신적 지주로서의 문화예술의 창달"을 힘써야 할 일로 강조하고, 문화공보부가 문화예술의 개발·육성을 통해 국가발전에 기여하는 중추적 역할을 담당해야 한다고 당부했다. 그리고 "정부가 문화예술·공보에 관한 훌륭한 정책을 수립·구현하려고 해도 문화예술인들의 참여 없이는 소기의 성과를 거두기 어렵다"면서 적극적인 협조를 촉구했다.[45] 이러한 대통령

---

43) 〈문교-공보부의 개편안〉, 《조선일보》, 1968년 6월 23일; 〈만물상〉, 《조선일보》, 1968년 7월 23일. 당시 《조선일보》는 문화예술행정에 의한 국가의 예술통제를 거듭 경계했는데, 다음 사설에서도 잘 드러난다. "공보부가 문화공보부로 확대개편된다는 것은 지금까지 문교-공보 양부로 문화예술행정이 이원화되어 있었던 것을 일원화한다는 단순한 행정기술적인 면보다도 오히려 민족문화예술의 중흥을 뒷받침하는 기치를 높이 들었다는 데에 우리는 더욱 가치를 인정하고자 한다. 그것은 기탄없이 말해서 지금까지 문화와 예술에 관한 정부시책은 그때그때의 '처리'는 있었고 '이용'은 있었으나 문화와 예술을 진실로 이해하는 거시적 안목으로서의 문화정책·예술정책이 있은 것 같지는 않기 때문이다. 문화와 예술은 정부권력의 핵심인 구속적 기능으로 다룰 대상은 극히 소부분에 지나지 않는다. 대부분이 보육, 조장의 기능을 필요로 하는 것이고, 더욱 황무지와 다름없는 오늘의 한국 문화계의 실태를 전제로 할 때 문화공보부가 할 일은, 부질없는 관권의 지도의식에서가 아니라 저절로 솟구쳐 오르고, 스스로 물줄기를 형성발전하는 민족문화, 대중문화의 건전한 영양소와 그리고 튼튼한 하상과 제방을 만들어 제공해 주는 역할일 것이다."(〈정부기구의 개편에 앞서〉, 《조선일보》, 1968년 7월 23일.)
44) 〈문화공보부 출범〉, 《경향신문》, 1968년 7월 24일.
45) 〈문화공보부 개청〉, 《매일경제》, 1968년 7월 25일; 〈국가발전의 새 동력 박대통령

의 연설은 국가와 문화예술인의 관계설정을 적나라하게 드러내 주었다. 즉, 문화예술 창달의 진정한 주체(중추)는 어디까지나 국가, 즉 문화공보부라는 행정기관이며, 문화예술인들은 이 국가 주도의 문화예술 창달을 충실히 실행하고 보조하는 위치가 된 것이다.

이러한 취지에 입각해 홍종철 신임 문화공보부 장관은 "새로운 정신문화를 개발하고 주체성 있는 한국문화의 새로운 가치체제와 예술창작의 전진적 좌표를 정립"하는 것이 문공부의 과제임을 밝혔다.[46] 이를 위한 문화공보부는 첫 업무는 "시중에 범람하고 있는 불량서적과 '덤핑' 출판업자에 대한 일대 소탕전"이었다. 문화공보부는 '출판문화의 정화淨化'를 위한 '불량 출판물' 단속을 목표로, 새로 출판윤리위원회를 구성하고, 소설, 비소설, 만화 등을 분야별로 '자율규제'하며, 종전에 문교부 소관이었던 단행본 발행허가 업무가 고발 형식에만 그쳤던 것을 강력한 단속으로 전환했다.[47] 이후 문화공보부는 선전에 주력하는 양상을 보였고, 공보부 설립과 함께 시작된, 'OO윤리위원회'라는 이름의 각종 민간검열기구를 통한 '자율적 검열'을 더욱 촘촘한 형태로 강화해 전방위적인 검열행정을 완성해 나아갔다.[48]

따라서 박정희 정권기에 거대 행정조직인 문화공보부의 탄생으로 일단락되는 문화행정의 일원화는 문화예술(인)의 지위 향상 및 자율성 보장에 대한 열망을 좌절시키고, 오히려 그 열망을 이용해 문화예술을 국가통제에 수렴시키는 반동적 제도화의 소산이었다. 국가가

치사〉,《동아일보》, 1968년 7월 25일;〈문화인 권익옹호〉,《경향신문》, 1968년 7월 25일.
46) 〈오늘 문공부 발족〉,《경향신문》, 1968년 7월 25일.
47) 〈불량서적 단속〉,《매일경제》, 1968년 7월 19일;〈불량출판업자 단속 관계 법규 개정키로〉,《동아일보》, 1968년 7월 20일;〈각종 출판물 단속 강화〉,《동아일보》, 1968년 7월 25일.
48) 이봉범,〈1960년대 검열체제와 민간검열기구〉,《대동문화연구》 제75호, 성균관대학교 대동문화연구원, 2011, 413-478쪽.

문화예술의 나아갈 방향과 실천 양태를 지도·단속하고 문화예술인들은 이에 따라야 함을 정언명령으로 삼아 탄생한 문화공보부가 그 시작부터 단속과 검열에 주력한 것은 필연이었던 셈이다.

3. 문화예술단체 통폐합과 김대중의 대선 공약(1971): 예술통제에 저항하는 ‘검열 폐지’의 정치

1960년대에 거듭된 행정조직 개편 과정에서 문화행정을 국가의 선전(공보)정책 아래로 일괄 통합시킨 데에는 군사쿠데타로 집권한 박정희의 정상권력화 과정, 즉 일련의 대통령선거가 중요했던 것으로 보인다. 박정희는 쿠데타 직후에 자신들의 과업이 성취되면 민간 정치인들에게 정권을 이양하고 본연의 임무로 돌아가겠다는 뜻을 밝혔으나, 실제로는 민정에서도 지속적으로 권력을 유지하고자 비밀리에 민주공화당을 창당해 대통령선거에 나섰다.[49] 박정희는 제5대 대통령 선거(1963), 제6대 대통령 선거(1967), 3선 개헌(1969) 후 제7대 대통령 선거(1971)에 연이어 당선되었다. 1972년에는 유신쿠데타를 통해 유신헌법 개정안을 국민투표에 붙여 통과시키고, 통일주체 국민회의 대의원 선거에 단독 입후보해 제8대 대통령에 선출되었으며, 1975년에 2차 유신헌법 찬반 재신임 투표를 통해 집권을 연장했다(제9대 대통령 취임).

공보부의 설립(1961)과 문화공보부로의 확대개편(1968)은 이러한 영구집권에의 행보와 연동하는 것이었다. 특히 박정희는 제6대 대통령선거에서 당선된 직후부터 다음 대통령선거 출마를 도모했고, 이

---

49) 이병준, 〈1963년 5대 대통령 선거에 나타난 특성과 그 원인〉,《사림》제36호, 성균관대학교 동아시아역사연구소, 2010, 211쪽.

를 위한 3선 개헌을 시도함으로써, 야당의 저지투쟁과 학생들의 시위가 전국적으로 격렬하게 전개되었다. 정부는 대학조기방학령, 학원사찰, 학생구속 및 퇴학 조치, 데모학생 징집 등으로 대응했고, 신민당 국회의원이었던 김대중에 대해서는 한 강연회에서 박정희를 독재자라 칭했다는 이유로 검찰수사(명예훼손 혐의)가 진행되었다.[50] 그 와중에 예총은 "조그만 편견과 아집으로 국가의 발전을 중단할 수는 없다"면서 3선 개헌 지지 성명을 발표했다.[51] 이러한 예총의 성명은 박정희 정권이 기존의 문화예술단체들을 해산하고 새롭게 통폐합함으로써 문화예술을 국가권력에 동원할 수 있는 체제로 재편한 결과였다.

대한민국 정부 수립 이후 일정한 행정조직이나 법령 없이 문화예술에 대한 검열과 통제가 이루어진 것과 달리, 1960년대는 전담조직과 법령을 제정하는 등 행정체계를 확립해 본격적인 검열이 이루어진 것으로 평가된다. 5 · 16 직후인 1961년 5월 21일, '문화예술행사 및 흥행에 관한 사항 준수'(계엄사령부 포고 제5호)와 '영화검열업무 실시'(계엄사령부 공고 제4호)를 통해 공연과 영화에 대한 통제가 시작되었다. 이튿날에는 '국가재건최고회의 포고 제6호'를 공포해 기존의 모든 사회문화단체를 해산하고, 문화예술계를 총망라한 새로운 조직을 만드는 통폐합 작업에 돌입했다.[52] 1961년 6월, 국가재건최고회의의 문교부는 문화단체 대표자회의를 열어 '혁명과업 완수'에 적극 협조할 것을 당부하며 문화예술인에 대한 7개 항의 요망 사항을 제시했는데, 핵심은 기존 문화예술단체의 통폐합과 국가지시의 절대 엄수를 강요하는 것이었다.[53]

---

50) 〈김대중 의원 입건 대통령 명예훼손〉, 《경향신문》, 1969년 9월 4일.
51) 〈예총, 개헌지지〉, 《경향신문》, 1969년 8월 25일.
52) 문옥배, 《한국공연예술통제사》, 예솔, 2013, 227쪽.

하지만 단체 통폐합에 대해 문화예술인들의 의견은 분분했고,[54] "정치 운동의 꼭두각시놀음"을 위한 "어용단체"를 만든다는 의혹의 눈길도 컸다.[55] 국악계, 음악계, 영화계, 무용계 등을 제외한 문화예술 분야 단체들은 "혁명정부의 문화정책 쇄신"[56]으로 칭송된 통폐합 작업에 순순히 따르지 않았다. 그러자 공보부가 최후통첩 형태로 통폐합을 종용해, 1961년 말까지는 분야별 통폐합을 완수하고 이 단체들의 연합체인 예총을 창립하는 일정계획이 강제되었고, 언론은 이를 압박하듯 연일 분야별 통폐합 현황을 보도했다.[57] 마침내 1962

---

53) 이 요망 사항은 ①외국문화를 민족문화를 창조하기 위한 양식으로 소화할 것, ②사대주의적 태도를 버리고 전통과 역사를 자랑하는 민족문화의 선양에 힘쓸 것, <u>③문화단체의 정치성을 배격하고 유사한 단체의 폐지와 통합으로 단체 간의 분규를 없애는 방향으로 문화기구를 재편할 것</u>, ④관광·영리 목적을 버린 민족문화 선전을 위한 국제문화교류에 힘쓸 것, ⑤창조성과 계획성을 발휘할 것, ⑥모략, 중상, 기만, 파벌을 버리고 정당하며 합리적인 진정·청원을 할 것, <u>⑦당국의 행정상 지시를 절대 엄수하고 구악을 일소하는 새로운 관념과 행동을 구현할 것</u> 등이었다.(〈민족문화를 선양〉, 《조선일보》, 1961년 6월 7일; 〈문화단체의 정치성 배격〉, 《경향신문》, 1961년 6월 7일.)

54) 가령, 당시 국전 심사위원장이었던 화가 김인승은 "내가 알기엔 문교부가 주동이 되어 전 미술단체를 무조건 하나로 묶어버리려는 것 같은데요… 물론 국가나 민족을 대표하는 권익단체로서의 통일이나 통합은 찬성합니다만 한국 화단의 향상 발전을 위해서 그룹 또는 동인단체의 개별적 활동은 필요해요. 그래야 선의의 경쟁도 있을 수 있고 서로의 의욕을 발휘할 수 있지 않겠어요… 미술은 개인 대 개인이라야 합니다. 일반 사회에서는 화단의 알력이나 파벌이 아주 굉장한 것처럼 생각하지만 실상은 그렇지도 않습니다."라고 입장을 밝혔다.(〈금년에도 역작 드물어〉, 《조선일보》, 1961년 10월 29일; 이만갑·여석기·김환기, 〈문화계는 전환기에 섰다 문화인 정담〉, 《동아일보》, 1962년 1월 1일.)

55) 〈여성 인기 끌면 일류 외교관〉, 《조선일보》, 1961년 12월 19일.

56) 〈1961년 연예계 20대 뉴스〉, 《경향신문》, 1961년 12월 10일.

57) 〈통합기운 도는 국악계〉, 《경향신문》, 1961년 8월 1일; 〈악단은 통합되었다 좌담회〉, 《경향신문》, 1961년 10월 13일; 〈음악단체 통합〉, 《조선일보》, 1961년 10월 13일; 〈문화단체통합 막바지에〉, 《동아일보》, 1961년 12월 13일; 〈한국예술문화단체총연합회 연내로 결성〉, 《경향신문》, 1961년 12월 20일; 〈29일 '예총' 창립대회 7개 분야 이미 개편완료〉, 《동아일보》, 1961년 12월 21일; 〈성숙한 예술문화단체 통합〉, 《조선일보》, 1961년 12월 28일; 〈부질없는 반목을 지양〉, 《조선일보》, 1962년 1월 5일. 당시 공보부는 문화단체 대표들에게 이미 포고령 6호에 의해 모든 문화단체는 해산되었고 신규로 인정된 문화단체는 하나도 없음을 천명했다. 이로 인해 기존 단체들은 정부가 요구하는 방식으로 새롭게 문화단체를 조직하지 않을 수 없었고, 명칭 또한 정부가 요구하는 '한국ㅇㅇ협회'로 통일해야 했다.(〈문화단체통합 막바지에〉, 《동아일

년 초에 10개 분야의 단체 통폐합이 완료되고 1월 5일에는 예총 창립총회가 개최되었다.58) 나아가 공보부는 1962년도 중요사업계획으로 도·시·군에서도 "문화예술단체의 자율적 통합"(예총의 지방조직 결성)을 기하고 직장별 문화서클 운동을 장려할 것이라 발표하고, 이를 위한 예산 편성을 약속했다.59) 그리고 1962년 말, 박정희 정권은 헌법을 전부 개정해 언론·출판의 자유 및 집회·결사의 자유 보장에 관한 조항에 "공중도덕과 사회윤리를 위해서는 영화나 연예에 대한 검열을 할 수 있다"는 조항을 새로 덧붙여, 문화예술 검열의 근거를 헌법에 각인했다.60) 이처럼 문화예술단체의 통폐합과 검열의 합헌화를 통해 문화예술을 완전히 군사정권의 통제 아래 두는 조치가 신속하게 처리된 것이다.

그러나 통제가 대대적인 지원을 대가로 제공하지는 않았다. 예총이 자체 유지비, 10개 회원단체 및 지방단체 운영비 등으로 정부에 5천만 원을 신청한 데 비해 공보부의 보조금은 70만 원에 불과했다. 이러한 "무예산 상태"로 말미암아 예총은 "개점휴업 상태"에 처했다.61) 이듬해에도 예총은 의욕적으로 7천만 원에 달하는 사업계획을 세웠으나 정부 보조금은 180만 원에 그쳤고, 공보부가 모든 정부 주최 문화행사를 예총에 이관하겠다는 약속도 지켜지지 않았다.62) 이에 정권의 문화정책에 대한 비판의 목소리가 거세졌다. 처음부터

보》, 1961년 12월 13일.)

58) 문학, 미술, 음악, 영화, 연극, 국악, 무용, 연예, 사진, 건축 등 10개 분야에서 3명씩의 이사가 선출되었고, 이사장에 유치진, 부이사장에 윤봉춘, 김환기, 김유선이 선출되었다.(〈문예단체 새 출발〉, 《동아일보》, 1962년 1월 6일; 〈분파 지양한 예총의 통합〉, 《조선일보》, 1962년 1월 7일.)

59) 〈신문용지 관세인하토록 주선〉, 《경향신문》, 1962년 2월 7일; 〈활기띠울 '예총'〉, 《조선일보》, 1962년 2월 13일.

60) 문옥배, 앞의 책, 228-229쪽.

61) 〈예산 없어 허덕이는 '예총'〉, 《조선일보》, 1962년 7월 5일.

62) 〈'일하는 예총'의 구호는 좋으나〉, 《조선일보》, 1963년 2월 1일.

예총이 관의 종용으로 탄생했더라도 문화예술인들 위에 군림하여 지휘·감독하거나 구속력을 행사하지 말고, 자율적으로 문화예술인의 권익 보장 및 복지증진, 자유로운 창작활동 및 발표에 대한 적극 지원, 문화예술의 국제교류 및 해외 선양에 충실해야 한다는 주장은 거듭 제기되었다.[63] 예총 결성 이후 "타율적인 관제력이 앞섰기 때문에 문화인들이 극단적으로 피동화되어버린 나머지 실질적인 문화 향상보다는 형식적인 겉치레의 행사성 문화"가 부상하고, "문화창조를 위한 개성적이며 능동적인 특수성이 극도로 약화되고, 득실이 희박한 동원예술"에 빠졌다는 비판도 높았다.[64]

백철은 이러한 사태를 "5·16 후의 문화시책은 너무 관료적"이라 "예총이 정부의 어용단체와 같은 인상"을 주고 "문화정책의 정당성을 얻지 못한 것"이라 질타했다.[65] 특히 그는 박정희 정권이 군정에서 민정으로 전환하는 '탈피기'인 만큼 군정하 문화정책에 대한 엄정한 비판이 요청된다고 보았다. 그는 영국 예술위원회의 '지원하되 간섭하지 않는다'는 팔길이 원칙(arm's length principle)을 참조하여 국가가 문화예술에 대한 재정적 지원을 하더라도 행정적 간섭을 하지 않아야 함을 역설하는 한편,[66] 그에 역행하는 군사정권의 "기계적

---

63) 〈문화예술 단체의 연합체 형성〉,《조선일보》, 1962년 1월 6일; 이봉상, 〈62년 화단에 바란다〉,《동아일보》, 1962년 1월 6일; 〈예술문화단체의 통합을 보고〉,《동아일보》, 1962년 1월 8일; 이성삼, 〈첫 과제는 국제음협 가입〉,《조선일보》, 1962년 1월 10일; 〈혁명 1년의 시정비판 (완) 문화〉,《경향신문》, 1962년 5월 14일; 이헌구, 〈혁명 제2년의 과제 각계의 제언〉,《조선일보》, 1962년 5월 16일.
64) 〈혁명2년의 문화백서〉,《조선일보》, 1963년 5월 16일.
65) 백철, 〈교육문화면의 군정2년 혁명은 어느 만큼〉,《경향신문》, 1963년 5월 16일.
66) 백철은 1956년 런던에서 개최된 제28회 국제PEN클럽 세계작가회의에 이헌구, 이하윤, 이무영 등과 함께 참석했고, 여기에서 논의된 신비평을 한국 문단에 소개했다고 알려져 있다. (박연희, 〈1950년대 한국 팬클럽과 아시아재단의 문화원조-세계작가회의 참관기를 중심으로〉,《한국학연구》 제40집, 2016, 117쪽.) 뿐만 아니라, 백철은 이 대회에서 제2차 세계대전 가운데 영국 교육부 장관으로서 영국 예술위원회의 전신인 CEMA(the wartime Council for the Encouragement of Music and the Arts)를 설립한 정치인 R.A. 버틀러(R.A. Butler)의 연설을 들었다. 이 연설에서 버틀러는 영국

54

간섭주의"에 의한 문화예술단체의 통폐합과 노골적인 감시·검열을 문화예술의 독자성과 발전을 위협하는 "실책"으로 질타하고 경고했다. 하지만 최근의 문화예술계 블랙리스트 사태를 연상시키는 "하나의 자유민주적인 의사 표시에 대해서도 마치 '코뮤니즘'과 통하는 것 같은, 또는 하나의 인도주의 행동도 반혁명의 행위로 보고 그것을 '체크'하고 명단을 만들고 감시를 계속하는 일"은 더욱 강력하게 추진되었다.[67]

특히 5·16군사쿠데타 직후부터 의욕적으로 경제건설을 구상한 박정희 정권은 6·3항쟁(1964)으로 비롯된 한일회담 반대운동에도 불구하고 한·일 국교정상화를 추진했고, 이를 성사시키기 위해 비상계엄을 선포했으며, 언론통제를 위한 〈언론윤리위원회법〉(1964)을 제정했다.[68] 1965년에는 언론통제의 범위를 확대해 문화예술까지 '매스콤'의 범주에 포함시킴으로써, 당시 예총도 문화예술의 자율통제를 공약하는 '매스콤 윤리선언'에 동원되었다.[69] 그 직후 정일권 국무총리는 국교정상화에 따른 민족 주체의식의 확립을 역설하면서

의 문화예술정책에 관해 이야기했다. 백철은 이 이야기를 매우 인상적으로 기억하며, 현대 영국에서 국가와 정부가 문화예술에 대해 "될 수 있는 대로 많은 보조금을 내도록 힘쓰지만 거기에 대한 일절의 간섭을 하지 않는다"는 점, 즉 "영국의 대학이나 문화예술분야에선 아무런 정부의 간섭도 받지 않고 자기의 독립된 독자적인 활동에서 자유스럽게 국가의 보조금을 쓸 수 있다"는 점을 언론을 통해 역설했다.(〈문화정책에 요망 있다〉, 《조선일보》, 1961년 10월 17일.) 그리고 이는 백철에게 한국의 문화정책을 사유하는 데에 중요한 참조점이 되었다. 이후 백철은 박정희 정권에 언론 표현의 자유와 문화예술단체에 대한 간섭 없는 원조·육성을 공개적으로 요구했다.(〈혁명정부에 대한 200자 제언〉, 《조선일보》, 1962년 1월 1일.)

67) 〈군정의 문화정책 비판〉, 《동아일보》, 1963년 12월 16일.

68) 〈6·3항쟁〉, 《한국민족문화대백과사전》,
    https://encykorea.aks.ac.kr/Article/E0042107(검색일 2023년 10월 10일).

69) 〈매스콤 윤리선언〉, 《경향신문》, 1965년 5월 7일. 이봉범은 이 '매스콤 윤리선언'을 정치권력과 문화주체들 간의 타협과 공모가 본격화된 계기로 평가했다.(이봉범, 〈검열국가 대한민국과 표현의 자유〉, 《내일을 여는 역사》 제79호, 재단법인 역사와 책임, 2020, 125-141쪽.)

'행정공약실천요강'을 공표해 언론 및 문화예술에 대한 통제를 더욱 강화하는 법적·행정적 조치를 예고했다.[70] 그 결과 예총도 공보부의 위탁으로 기존 10개의 산하단체에 더해 한국연예단장협회, 레코드제작가협회, 한국음악저작권협회, 전국극장연합회 등 4개 단체를 추가하고, 1966년에 "예술문화의 윤리성에 입각하여 예술활동의 질서를 자율적으로 규제함을 목적으로 하는 한국예술문화윤리위원회(이하, 예륜)를 결성함으로써 문화예술단체 통폐합을 더욱 확대하고 공고화했다.[71]

실상 '자율규제'는 4·19혁명의 여파로 국가에 의한 모든 검열제도 및 예술활동의 자유를 구속하는 모든 규제의 철폐와 함께 주창된 '민주화' 방안이었다.[72] 그러나 이제 자율규제는 예륜과 같은 각종 윤리위원회를 "국가의 대리기구"[73]로 삼아 "언론과 예술의 자유를 간섭하는 데 악용"함으로써 "민주사회로의 문이 닫힐" 것이라는 우려를 현실화하는 교각살우의 수단이 되었다.[74] 이러한 흐름 속에서

---

70) 〈비준 뒤에 오는 것(2) 주체성 확립〉, 《동아일보》, 1965년 8월 17일. 이 요강에는 퇴폐적 외래풍조 방지 차원에서 불법적인 외국작품의 표절·모방·개작행위 근절, 민족주체의식과 미풍양속을 저해하는 외국간행물 및 저속한 외국음반의 강력 단속, 음반에 관한 법률의 제정, 저속한 선전광고물의 단속 강화, 퇴폐적인 접객업소 공연 및 방송공연 규제를 위한 공연법의 개정, 민족문화 선양을 위한 예술활동의 적극지원, 방송·연예·가요의 순화를 통한 국민정서의 건전화 등이 포함되었다.(〈행정공약실천요강 내용〉, 《조선일보》, 1965년 8월 7일.)

71) 〈예총문화윤리위 26일 발기대회 개최〉, 《동아일보》, 1965년 11월 27일; 〈준비위원 47명 선정 '예술문화윤리위'〉, 《경향신문》, 1965년 11월 27일; 〈예술문화윤리위 발족〉, 《조선일보》, 1965년 11월 28일; 〈위원장에 박종화씨 예술문화윤위 발족〉, 《동아일보》, 1966년 1월 29일. 당시 공보부는 예총으로 하여금 "흥행예술을 위한 윤리심의 기구안을 공보부에 제출"하도록 했고, 〈언론윤리위원회법〉으로 가시화된 국가에 의한 윤리위원회 설립·운영에 대한 반발 속에서 일종의 타협책으로 예륜이 발족했다.(이승희, 〈예륜의 역사적 추이와 제도적 임계〉, 《민족문학사연구》 제63호, 민족문학사연구소, 2017, 292-296쪽.)

72) 〈방송연예계도 민주화돼야 한다 각계인사의 새로운 구상도〉, 《동아일보》, 1960년 5월 12일.

73) 정현경, 〈1970년대 연극 검열 양상 연구〉, 충남대학교 박사학위논문, 2015, 21쪽.

74) 〈교각살우가 되지 않도록-행정공약 실천요강을 보고〉, 《경향신문》, 1965년 8월 9일.

예총의 문화부 독립 요구는 좌절되었다. 대신에 박정희가 제6대 대통령으로 당선되어 영구집권을 획책하는 과정에서 더욱 강력한 문화예술 통제와 선전을 위한 문화공보부가 출범한 것이다.

그리고 박정희 대통령이 3선 개헌에서 성공하면서, 1971년에 제7대 대통령선거가 치러졌다. 이 대선은 87년 민주화 이전에 대통령 직선제에 의한 마지막 선거였고, 예상치 못한 여야 후보들 사이에 치열한 경쟁 속에서 활발한 정책대결을 선보였다. 김대중은 35일의 공식 선거운동 기간 동안 무려 103회의 유세집회를 개최하고, 많게는 50만명의 군중을 집결시킬 정도로 인기몰이를 했다.[75] 신민당은 이 선거를 "반공이라는 이름 아래 국민을 억압"하고 "3선 개헌을 감행한 만큼 이를 환원시켜야" 할 중대한 기회이자(김대중), "위장 민주주의에 대한 진실한 민주주의의, 관권에 대한 민권의, 모든 것을 빼앗아간 자에 대한 잃은 자의 싸움"(김영삼)으로 규정했다.[76] 나아가 김대중은 과거 야당이 집권세력의 안보논리에 맞서 민주주의의 중요성을 강조하는 수준을 넘어, 당시로서는 참신하고 혁신적인 정책공약을 내세움으로써, 박정희 대통령의 '조용한 선거' 전략에 맞서 대중의 정치적 관심을 끌어냈다.[77] 그 결과 대선은 유신체제 직전에 국가의 문화예술 통제 및 검열제도 폐지에 대한 염원이 집약적으로 표출되는 정치적 장이 되었고, 김대중은 이 '검열 폐지'의 정치에서 구심 역할을 했다. 김대중은 1950년대의 "암흑전제專制 시대"와 1960년대의 "개발을 빙자한 독재시대"를 넘어 "희망에 찬 대중의

---

75) 홍석률, 〈1971년 대통령선거의 양상-근대화 정치의 가능성과 위험성〉, 《역사비평》 제87호, 역사비평사, 2009, 461-473쪽.
76) 〈김대중 후보 인천·광주 유세 "균형발전 위해 세법 개정"〉, 《동아일보》, 1970년 11월 2일.
77) 홍석률, 〈1971년의 선거와 민주화운동 세력의 대응〉, 《역사비평》 제98호, 역사비평사, 2012, 121-151쪽.

시대"를 실현하겠다는 구호 아래 국민총화, 대중경제, 사회개혁, 민족외교, 정예국방 등의 5개 국정원칙을 제시하고, 이를 토대로 선거공약과 정책을 수립했다.[78] 이 가운데 국민총화 원칙은 다음과 같은 내용을 담았다.

> 우리의 현실은 언론, 학원, 문화, 그리고 경제계와 노동단체 등 모든 부문이 정치권력에 농단되어 그 독자적 기능을 상실하고 있다. 신민당이 집권하면 지식인, 문화인과 언론을 권력으로부터 해방한다. 기업과 금융, 노동단체를 위시한 모든 부문을 정치권력의 예속에서 자유화[하고], 제2의 해방을 단행한다.[79]

김대중은 '정치권력의 예속에서 자유화'라는 '제2의 해방'을 첫 번째 정책기조로 제시하면서, 문화를 그 해방의 역점 대상으로 포함시켰다. 당시 신민당은 정책심의회와 선거대책기구 기획실이 협력해 약 250개의 공약을 정리한 후, 이를 보고받은 후보와 당수가 운영위원회를 거쳐 약 60개 항목의 공약을 선정해 발표하고, 향후 선거전략 상 중요한 공약은 후보가 유세를 통해 추가 발표하는 방식을 취했다. 그 과정에서 김대중 후보 및 유진산 당수에게 보고된 공약 가운데 사회문화 분야 공약에 ①헌법에 보장된 언론, 종교 및 결사의 자유를 구현, ②사회보장제도 확충, ③여성지위향상위 설치, ④지역 간 발전격차 해소, ⑤문화예술인들의 창의활동 보장 등이 포함되었다.[80]

---

78) 〈김대중 신민당 대통령 후보 회견 요지〉, 《조선일보》, 1970년 10월 17일.
79) 〈3선폐지 헌법개정-김대중 신민당 후보 첫 회견〉, 《동아일보》, 1970년 10월 16일; 〈고루 잘사는 자유경제로〉, 《조선일보》, 1970년 10월 17일.
80) 〈양당 선거정책·쟁점 대비책 마련〉, 《동아일보》, 1971년 3월 19일; 〈신민 공약 20일 발표〉, 《동아일보》, 1971년 3월 16일.

경쟁적인 대통령선거 국면에서 이러한 신민당의 공약은 공화당의 공약에도 영향을 주었다. 공화당은 "모든 문화예술인의 창조 의욕을 북돋아 주고 그들의 권익을 보장해 주는 정책을 밀고 나가겠다. 또 종교와 언론에 있어서도 자유와 자율성을 최대한으로 신장하여 국민이 자기의 신앙과 양심에 따라 자유로이 행동 의사를 발표할 수 있는 자유민주사회의 기본적 바탕을 더욱 공고히 하"겠다고 발표했다.[81] 그러나 언론은 "그동안 자유당, 민주당, 군사정권, 공화당 치하에서 겪어보았지만 그래도 완전한 언론자유가 보장되었던 시절은 역시 단명이지만 민주당 치하가 아닌가 싶고 그 밖의 정권 특히 공화당 정권은 이 언론자유를 속박하는 데 갖은 수법을 다 쓴다"고 지적하며 강한 불신을 드러냈다. 이와 달리 "신민당은 언론자유가 민주주의의 필수 기본요건이라고 보고 국민의 언론자유를 최대한 보장"한다고 평가했다. 따라서 신민당이 집권하면 권력에 의한 언론의 자유 침해로부터 보호받고, 집권 정당에 대한 자유롭고 건실한 비판이 허용되며, 정권의 과잉선전과 대중매체 독점도 사라질 것이라 기대했다.[82]

언론의 자유 보장이라는 공약은 신민당의 문화분야 공약까지 관통하는 것이었다. 1971년 3월 24일에 최종 확정한 7개 부문 151개 항의 공약에서 신민당은 "질식과 압박에서 자유를 창조하는 것"을 교육문화정책의 기본으로 삼고, ①전통에 입각하고 세계시대를 지향

---

81) 이에 따라 공화당은 문화예술인의 권익 보호·신장 및 자발적이고 자유로운 창작활동 지원, 문화예술활동을 위한 시설 정비(국립극장, 국립국악원, 국립종합박물관, 국립세종대왕기념관, 학술원, 국사편찬위원회, 국립현대미술관 등), 문화예술 활동에 대한 재정적 지원 및 예술단체 지원, 출판기금(5억 규모) 및 영화기금(10억 규모)의 창설, 유·무형 문화재의 보존 및 가치 확산, 중요문화재 집중지역의 종합적·다목적 개발 및 문화재 중점 보수, 국외 전문가 초빙 및 국내 전문가 해외파견으로 문화재 관리의 과학화, 고전문헌의 현대어 국역 출판, 국악의 전승발전, 대표 문헌 및 예술의 외국어 번역으로 우리 문화의 해외 선양 등을 주요 공약으로 제시했다.(〈여야 선거공약 대결 〈5〉 교육·문화·언론 (끝)〉,《동아일보》, 1971년 4월 22일.)
82) 같은 기사.

하는 민족문화의 창조, ②어용화된 예총 등의 순수 문화단체로의 전환, ③문화인의 자유로운 창조활동 보장, ④문화예술인에 대한 물질적 뒷받침을 위한 부문별 기금제도(작가기금, 연극기금 등) 창설, ⑤문화재와 자연자원 등 관광자원의 전면적 보호 및 개발을 통한 관광한국 실현(동해안의 세계적 관광지화 포함), ⑥협동정신 및 민족단결 향상을 위한 각종 사회운동과 단체적 체육활동 육성, ⑦한글전용의 법제화 등을 공약으로 발표했다.[83]

치열한 접전 속에서 선거 결과를 예측하기 어렵게 되자 박정희 대통령은 장기집권의 의구심을 불식시키고자 마지막 대통령 출마임을 공언했다. 그리고 박정희는 김대중에게 94만여 표차로 승리했다.

한편 1971년에는 대선과 나란히 예총 선거도 전개되면서 산하 단체들 사이의 내분이 드러나는 사태마저 벌어졌다. 장기간 예총 이사장(회장)을 역임한 이해랑이 국회의원(공화당 비례대표) 진출을 위해 예총 이사장이라는 직함이 필요하다는 이유로 정관을 개정해 임기를 연장하고 5번째 연임을 도모함으로써 '예총의 정치도구화 논쟁'이 격발했기 때문이다.[84] 즉, 이해랑의 행보는 예총의 3선 개헌 지지 성명과 예총 이사장에게 국회의원직을 약속한 정치적 포섭의 연관성을 드러냄으로써, 예총의 존재의의에 대한 비판을 촉발시켰던 것이다.[85] 결국 이해랑은 5대째 예총 이사장에 재선출되어 공화당의 중앙위원에 선임되고 전국구 후보로 내정되었으며, 이해랑에 반대한 예륜 상임위원들을 배제하는 인사개편까지 단행했다.[86]

---

83) 같은 기사; 김대중, 〈김대중 대통령 후보의 선거공약(1971년 3월 24일)〉, 《김대중 행동하는 양심으로(원제: 독재와 나의 투쟁)》, 금문당, 1985/2009, 218-229쪽.

84) 〈문협, 불미스런 장선거에 해명 "예총구조에 모순있다"〉, 《동아일보》, 1971년 2월 15일; 〈예총의 정풍〉, 《동아일보》, 1971년 2월 16일; 〈위기의 예총〉, 《경향신문》, 1971년 2월 17일; 〈갈림길 예총〉, 《조선일보》, 1971년 2월 20일.

85) 〈예총의 존재의의를 재인식하라〉, 《조선일보》, 1971년 2월 18일.

86) 〈예총회장 이해랑씨〉, 《매일경제》, 1971년 2월 19일; 〈예총 총회 이해랑씨 오선〉, 《동

당시 공화당이 직능단체 대표들을 전국구 후보로 공천한다는 방침 속에서 예총의 이해랑도 포함된 것이었는데, 이와 같은 직능단체 대표의 공천이 각 직능단체 구성원들의 다양한 정치적 입장을 대표할 수 없었던 만큼 단체별로 분규가 격심했다.[87] 결국 이 공천은 각 직능단체들이 정치를 감시·견제하는 위치를 상실하고, "정치적으로는 무색(無色)하되 당명(黨命)엔 충실할 수 있는 인사들"[88]이라는 모순어법에서와 같이 박정희가 '친정체제'를 구축하기 위해 공화당 총재로서 직접 인선한 직능단체 대표들을 포진한 결과였다. 즉 "'발표가 당선'인 이들 전국구 후보는 사실상 박 총재에 의해 영광의 국회의원으로 만들어진 것"이었던 바, "이른바 친정체제를 도와야 할 짐을 졌고 또 질 수 있는 사람들만을 고른 것"이었다.[89] 게다가 이해랑은 국회의원 임기가 시작되었음에도 예총 이사장을 사임하지 않고 겸직함으로써,[90] 박정희의 '친정체제'와 장기집권에 문화예술 분야를 직접 연결하고 동원하는 안정적 가교가 되었다.

이러한 방식으로 문화예술단체를 조직적으로 장악·통제함으로써, 검열이 아무리 민간에 의한 자율심의 형식을 취한다 하더라도 문화예술단체들이 국가의 정치적·행정적 구속에 더욱 결박되는 상황이 연출된 것이다. '어용화된 예총의 순수 문화단체로 전환'이라는 김대중의 대선 공약은 이러한 국가통제 방식을 해소하려는 의지의 표명이었다.

아일보》, 1971년 2월 19일; 〈공화 중앙위원 발표〉, 《조선일보》, 1971년 2월 20일; 〈이사 모두 바꾼 예륜 총회 임원개선 문제가 체질개선으로 클로스업〉, 《경향신문》, 1971년 3월 6일; 〈공화 전국구 40명선〉, 《경향신문》, 1971년 4월 30일.
87) 〈전국구 후보의 공천에 관한 우리의 견해〉, 《조선일보》, 1971년 5월 2일.
88) 〈친정(親政)으로 다룬 '정치색 배제' 공화 전국구 인선의 저변〉, 《동아일보》, 1971년 5월 6일.
89) 〈공화당 총재 의중의 '친정포석'〉, 《조선일보》, 1971년 5월 7일.
90) 〈"예총회장 사퇴않겠다"〉, 《동아일보》, 1971년 7월 2일.

1972년 10월 17일, 박정희가 국가비상사태를 선언하며 유신체제로 본격 돌입하자, 예총과 예륜을 비롯한 직능단체들은 일제히 전폭적인 지지성명을 발표했다.[91] 그리고 예총 창립 10주년을 기념한 전국예술인대회는 전국 24개 예총지부 회원 및 문화예술인 3,500여 명이 참석해 "10월유신을 계기로 더 밝고 힘찬 내일을 향하는 예술인들의 각오를 널리 선양"하는 계기가 되었다. 이때 채택된 '문예중흥 선언문'은 "예술문화는 민족의 영혼이며 영원한 생명"이므로 "지난날 일제 때의 패배주의나 사대주의를 지양하고 경조부박한 외래풍조에의 감염을 깡그리 불살라야 한다"고 강조하면서, "모든 문화예술인들은 국민의 역량을 총집결하여 10월유신의 궁극적 목적을 달성하고 새마을 건설의 선도자가 되기를 맹세한다"고 밝혔다.[92] 이에 김종필 국무총리는 "10월유신의 성공적인 결실은 국민 정신을 계도하고 문화예술을 창조하는 문화예술인이 적극적으로 앞장설 때 더욱 알차게 달성될 수 있다"고 화답했다.[93]

연이어 예륜은 '예술과 새 가치관'을 주제로 한 세미나를 개최해, "문화예술의 저변에 애수와 비극, 퇴폐, 고민, 염세가 주류"임을 비판하고 "시대적 사명감이나 조국애의 발로로 변모"하는 노력이 필요함을(곽종원), 또 "외국 노래의 영향으로 저속화"되는 음악의 "정화를 위한 가치관의 새로운 확립"을(조상현) 주창했다.[94] 이렇게 '자발적' 형태로 강제된 통제지침은 곧 "문화유신 및 민족예술 중흥을 효율적으로 수행하고 예술활동 및 대중예술의 질적 향상을 위해" 예륜

---

91) 〈'10·17' 선언 지지 각 단체 성명 발표〉, 《동아일보》, 1972년 10월 20일; 〈10.17지지성명〉, 《경향신문》, 1972년 10월 25일.

92) 〈예총창립 10주년 전국예술인대회〉, 《경향신문》, 1972년 11월 14일; 〈문화예술인대회 문예중흥선언문 채택〉, 《매일경제》, 1972년 11월 17일; 〈전국 문화예술인대회〉, 《조선일보》, 1972년 11월 17일.

93) 〈김총리 치사 재질 키워 국력신장〉, 《매일경제》, 1972년 11월 17일.

94) 〈예술과 새 가치관 '예륜' 제1회 토론에서〉, 《조선일보》, 1972년 6월 21일.

의 심의규정을 추가 신설해 심사기준을 대폭 강화하는 것으로 이어졌다.[95] 이 유신체제에서 개정된 〈공연법〉(1975)은 민간자율심의기구인 예륜을 해체하고 민간위원으로 구성된 법정위원회인 공연윤리위원회(이하, 공륜)를 신설하는 근거가 되었다. 그리고 1997년에 해체될 때까지 공륜은 막강한 검열권을 행사함으로써, 국가에 의한 직접적·합법적인 문화예술 통제를 실현했다.[96]

4. '문화부 독립'의 역습: '검열 폐지'의 망각 또는 '절반의/위장된' 민주화

1979년 10월의 부마항쟁과 10·26사태로 유신체제가 무너지자, 문화부 독립과 검열 폐지의 목소리는 다시금 나왔다. 1980년 초, 최규하 대통령 순시에서 이규현 문화공보부 장관이 관 주도적이고 획일화된 문화예술정책의 지양을 발표하자, '정부시책 평가교수단'[97]은 규제 위주의 문화예술 관련 법령의 개정, 문화의 민주화, 문화예술 분야의 정부예산 확대 등을 촉구했다. 평가교수단의 일원인 여석기 고려대 교수는 "공연법 가운데 연극대본의 사전심사 등 비현실적 규제조항은 공연예술 진작에 역효과를 가져왔고 〈영화법〉은 방화 제작의 활성화를 저해하는 요인이 됐다"고 비판하면서 "제3공화국이 강화한 창작예술활동에 대한 행정규제를 철회"하라고 지적했다. 나아가 평가교수단은 문화부가 독립돼 일관된 정책을 펴게 하

---

95) 〈심의규정 대폭 강화키로 예술문화윤위 간담회〉, 《경향신문》, 1972년 11월 20일.
96) 문옥배, 앞의 책, 307-313쪽.
97) 박정희 대통령이 대학교수들을 정부 정책의 수립과 평가에 적극적으로 참여시키기 위해 조직화한 일종의 정책 씽크탱크로 최대 90명까지 확대되기도 했다.

고, 문화행정의 자율성 및 이에 대한 비판적 풍토를 조성할 것을 당부했다.[98] 시인 구상도 문공부가 정부 홍보에 치중하는 부서로서 문화예술의 정책이나 그 집행 임무와는 상치되므로, 문화예술의 획기적 창달을 위해 문화예술의 전담부서가 반드시 독립되어야 함을 주장했다.[99]

동시에 〈영화법〉과 〈공연법〉을 개정해야 한다는 목소리도 높았으나, 검열의 전적인 폐지가 아닌 완화로 표출되었다. 가령, 〈영화법〉 개정과 관련해서는 "아무리 민간기구에서 검열업무를 맡아 한다고 하더라도 문공부 장관이 검열자로 되어있는 〈영화법〉을 개정하지 않는 한 검열의 최종책임은 정부가 맡고 있는 셈"이며, "공륜은 각본검열과 필름검열의 이중검열을 하고" 있어 "국민의 기본권인 표현의 자유를 지나치게 제한"한다는 문제제기가 이어졌다.[100] 하지만 그 대안은 전면적인 검열 폐지가 아니라, 공륜에 의한 검열 중지, 사전심의 폐지, 각본검열을 필름검열로 일원화하는 검열 완화였다.[101] 연극 분야에서도 〈공연법〉에 명시된 검열 조항을 개정해 희곡의 사전심의를 폐지하기는 하더라도, 국가안보 및 사회질서, 개인의 명예 훼손 등과 관련해서는 예술의 표현의 자유를 제한할 수 있다는 검열 완화의 입장이었다.[102] 이는 상업주의에 따른 질적 저하에 대한 고민과도 결부되어 있었다. 그 결과, 이 시기에 문공부는 '우수영화' 심사와 검열제도를 통합하는 방식으로 검열을 단일화하였고,[103] 개

---

98) 〈평가교수단의 문화정책종합분석을 알아본다 문화행정의 자율화 시급〉,《경향신문》, 1980년 3월 10일.
99) 구상, 〈문화부의 독립〉,《경향신문》, 1981년 8월 21일.
100) 〈〈영화법〉 개정을 종용한다〉,《동아일보》, 1980년 1월 12일.
101) 〈현행 〈영화법〉 개정해야 한다〉,《조선일보》, 1980년 1월 19일; 안병섭, 〈한국영화 이대로 좋은가〉,《경향신문》, 1980년 1월 25일.
102) 〈극작가 오학영씨가 진단해본 문제점 한국연극 어디까지 왔나〉,《경향신문》, 1980년 5월 24일.

헌 논의에서도 영화 및 연예에 대한 검열 조항은 모든 정당에서 존치시키는 입장을 취했다.[104]

하지만 이러한 움직임조차 신군부의 집권으로 장기간 억제되었고, 87년 민주화운동을 기해서 다시금 분출되었다.[105] 1987년, 여당인 민주정의당(이하, 민정당) 대통령 후보 노태우가 국민들의 민주화와 직선제 개헌 요구를 수용해 6·29민주화선언을 발표하자, 문화예술 분야에서는 민주화를 위한 다양한 방안과 실천 논의가 여러 형태로 더욱 활발하게 나타났다. 예총만 하더라도 구속 중인 문인들의 조속한 석방, 납북작가 작품의 해금, 공연예술 분야(연극, 영화 등)의 창작행위에 대한 심의 완화, 금지곡의 해금 등을 정부에 건의했다. 그 밖에도 출판, 연극, 영화, 미술, 가요, 방송 등에서 광범위한 국가통제 및 간섭을 배제할 구체적인 대안들이 제출되었다. 이에 문화공보부도 각 분야의 자율성을 최대한 보장하는 방향에서 규제보다는 지원 위주로 문화정책을 전환하겠다고 공표하고, 민정당과 민주당은 개헌과정에서 창작의 자율성을 명문화기로 했다.[106]

1987년 8월 8일, 민정당은 6·29선언에 따라 금지가요의 대폭 해제, 공연물 심의기준의 합리적 완화, 음반제작사 등록 자율화, 판금販禁 도서의 대폭 해제, 출판사 등록제도의 개방 등을 골자로 하는 '문화예술자율화대책'을 발표하고 당·정 협의를 거쳐 확정했다.[107] 이에 따라 금지가요 해제, 출판활성화 조치 등이 차례로 추진되었고,

---

103) 〈문공부, 공륜검열 심의위서 선정 우수영화 심사제도 폐지〉,《조선일보》, 1980년 2월 22일.

104) 〈신민당안 요지〉,《경향신문》, 1980년 2월 11일.

105) 강인구, 〈고쳐야 할 것들〉,《조선일보》, 1987년 7월 16일; 이상우, 〈예술과 가위〉,《동아일보》, 1987년 7월 3일.

106) 〈"규제 最少化…文化활동 領域 넓혀야"〉,《조선일보》, 1987년 7월 11일.

107) 〈禁止가요 千여곡 再審査 體制비판 販禁書도 완화〉,《동아일보》, 1987년 8월 8일; 〈禁書 이달중 대폭 解禁〉,《조선일보》, 1987년 8월 9일.

노태우 대통령의 취임 직후 1988년에 발표된 7·7선언(민족자존과 통일번영을 위한 대통령 특별선언)을 계기로 월북작가 및 공산권 작가의 예술작품, 사법의뢰된 단행본 등도 점차 해금되었다.[108] 이처럼 1987년에 우선적으로 시행되어야 했던 민주화의 조치는 국가의 간섭을 배제하고 검열을 완화하는 '문화예술자율화대책'이었다.

무엇보다도 검열 폐지는 대통령 직선제에 따른 제13대 대통령선거 국면에서 후보들의 선거공약을 통해 시대적 화두로 증폭되었다. 이미 1987년 4월에 김영삼과 김대중이 창설한 통일민주당은 그 정강정책에 출판문화와 예술창작의 자유를 보장할 것을 명기했고,[109] 그 후 김대중이 창당한 평화민주당도 사전검열제도와 관련한 언론관계법 개폐와 자유정보법 제정을 정강정책으로 채택했다.[110] 김영삼과 김대중의 후보 단일화가 불발되어 1노 3김의 대선구도가 연출된 상황에서도 후보자들은 "예술의 자유야말로 그 사회 민주화의 척도"인 만큼 "문화예술계 활동은 자율에 맡겨져야 하며 정부 차원의 규제는 폐지되어야" 함을 경쟁적으로 표명했다.[111]

주목할 점은 당시 공륜의 필요성에 관해 김영삼(민주당), 김대중(평민당), 김종필(공화당)이 모두 강경폐지론을 주창한 것과 달리, 노태우(민정당)만은 '전향적 검토'라는 유보적 입장을 밝힌 것이다.[112] 대신 민정당은 문화공보부 폐지 및 문화부 별도 신설을 주요 대선 공약으로 설정했다.[113] 이에 발맞춰 문공부는 문화부 독립의 사전 준비

---

108) 이봉범, 〈1980년대 검열과 제도적 민주화〉, 《구보학보》 제20호, 구보학회, 2018, 188-190쪽.

109) 〈통일민주당 정강정책 〈요지〉〉, 《동아일보》, 1987년 4월 29일.

110) 〈평민당 정강정책 요지〉, 《매일경제》, 1987년 11월 11일.

111) 〈대권 4후보, "공륜 폐지하겠다"〉, 《조선일보》, 1987년 11월 28일.

112) 〈대권 4후보, 공륜(公倫) 필요없다〉, 《매일경제》, 1987년 11월 30일.

113) 〈민정당 선거공약 마련〉, 《경향신문》, 1987년 9월 4일. 민정당은 "지금까지 기능상 전혀 연관성이 없는 문화분야와 공보분야를 같은 부처에서 다루어온 것 자체가 모순

형태로 문화예술 업무 비중을 확대하는 직제개편에 돌입했다.[114] 이에 대해 문화예술계는 그간의 숙원인 문화부의 독립을 환영하면서도, "단순한 정부기구 개편에 그쳐서는 안 되며 문화정책의 전반적인 재평가를 수반해야 한다"고 주장했다. 특히 문화공보부가 공보업무를 위주로 삼아 문화행정은 규제와 감독으로 일관한 점을 지적하며, "모든 예술활동의 허가 및 등록 절차를 없애고 사회윤리 보호상 필요한 것은 민간심의기구에 맡겨 자율성을 보장"하는 식으로 "규제위주 행정에서 벗어나 문예활동의 여건 조성에 행정력을 집중"하라고 역설했다.[115]

이러한 문화예술계의 비판적 반응은 '문화예술자율화대책'의 미흡함, 더 근본적으로 이 대책이 문화예술의 민주화를 위한 실질적 검열 폐지 조치인지, '자율화'를 명목으로 한 또 다른 검열 강화책인지를 의심할 수밖에 없는 측면 때문이었다. 구체적으로는 문화예술계의 초미의 관심사인 '해금의 폭'과 관련해 애초의 취지가 굴절되었다는 우려와 비판이 제기되었다. 가령, 출판사 등록 자유화는 '자유시장 원리에 맡긴다'는 원칙만 있을 뿐 시행되지 않았고, 출판물 사전심의를 폐지하는 대신 사후심의를 강화하고 사법적 대응을 하기로 했다. 판금도서 해제와 관련해서도 해제 방침만 있을 뿐 심사위원회 구성은 미정이라 의혹을 샀으며, 관련 법률 개정은 전혀 고려되지 않았다. 또한 〈공연법〉에 따른 사전·사후의 이중심의제도를 유지한 채 심의기준만 '공산주의 고무선동과 폭력혁명 선동내용 및 퇴폐·외설

이고 "특히 문공부의 정책이나 예산 등 대부분의 업무가 정부공보 분야에 치중돼 문화 발전에 큰 장애요소"였음을 인정했다. 〈문공부, 문화부로 개편〉, 《경향신문》, 1987년 10월 10일.

114) 〈'문화부' 독립 사전 포석 문공부, 15일 문화예술국 분리 개편〉, 《조선일보》, 1987년 12월 13일.

115) 〈"명실상부한 문예활동 지원기구 돼야"〉, 《조선일보》, 1987년 11월 26일.

내용'을 제외한 모든 것을 자유롭게 제작하도록 '신축성을 부여'한다는 식이었다.116)

문화예술인들은 심의기구의 철폐, 전면 자율화, 사전검열 완전 폐지, 표절 외 금지곡 폐지, 건전가요 폐지, 언론과 동일한 차원에서 표현의 자유 보장 등과 같이 전면적이고도 완전한 형태의 국가통제와 검열의 폐지를 요구했다.117) 또한 국가검열의 문제는 문화예술인만의 문제가 아니라 문화이용자인 국민 전체에 대한 통제이자 권리 침해라는 문제제기도 새롭게 등장했다. 한극연극협회가 개최한 '표현의 자유, 그 이상과 한계'라는 심포지엄에서 헌법학자인 서울대 권영성 교수는 "헌법상 언론 및 예술의 자유가 보장되어 있으므로 현재 이루어지고 있는 공연예술 검열은 헌법 위반"이며 "공권력에 의한 사전검열은 한 작품이 공연도 되기 전에 제재를 받는다는" 점에서 불합리하다고 주장했다. 또한 "국민이 관람하여도 무방한 것과 관람해서는 안 되는 것을 정부 당국이 선별한다는 것은 작품제작 당사자뿐 아니라 국민에 대해서도 모욕이 된다"고 지적했다. 마찬가지로 사회학자인 서강대 유재천 교수도 "예술표현의 자유를 제한하는 것은 문화이용자의 문화선택의 자유를 제한하는 것"임을 강조하고, "문화이용자들이 자유롭게 문화를 선택하게 하는 것이 곧 문화의 민주화"이므로 "사전심의 등 검열보다는 문화수용의 규제를 사회적 관리기능에 맡기는 것"이 바람직하다고 주장했다.118)

하지만 이 민주화와 검열 폐지에 대한 열망은 노태우가 대선 사상 가장 낮은 득표율인 36.64%로 당선됨으로써 재차 지연되었다.119)

---

116) 〈문화예술 궁금한 '해금의 폭'〉, 《동아일보》, 1987년 8월 10일.

117) 〈"검열보다 사회 자율기능에 맡겨야"〉, 《조선일보》, 1987년 8월 11일.

118) 〈공연예술 민간서 사후심의해야〉, 《동아일보》, 1987년 8월 21일.

119) 최영진, 〈민주화 이후 한국의 대통령 선거: 역사와 경쟁의 원리〉, 《한국정치외교사논총》 제45집(제1호), 한국정치외교사학회, 2023, 9쪽.

대선 직후 새 정부가 "표현의 자유와 다원적이고 개방적인 문화행정"을 실행하는 일은 "시대적 필연"이 되었다.[120] 문화예술인들은 노태우의 선거공약인 '문민정치'와 문화부 독립에 기대를 걸고, '문화입국'을 위한 근본 과제로 문화행정이 권위주의·관료주의를 청산하고 표현의 자유를 보장해야 함을 거듭 강조했다.[121] 그러나 노태우 정부는 문화부 독립의 첫 단계로 '문화헌장' 제정에 착수해 박정희 시대의 '국민교육헌장'을 환기시키며, "필요 없는 분야에서 왜 굳이 헌장을 만들겠다는 것인가. 그 발상은 관이 문화를 주도하고 지도해야 한다는 데서 비롯된 것"이라는 비판에 직면했다.[122] 경희대 도정일 교수도 "국민의 문화활동을 사사건건 통제하고 옭아매고 간섭·검열하고 위축시키는 것이 자유민주주의 체제하의 문화정책이 아니"라고 단언했다. 그는 자유민주주의 체제에서 문화활동은 헌장을 필요로 하지 않으며, 그보다 시급한 일은 자유로운 문화활동의 보장과 문화 향유 기회의 확대, 표현 욕구의 보장이므로, 문화활동에 가해온 모든 형태의 정부 간섭과 검열제도를 일시에 폐지하고, 문화단체와 기구들에 완전한 자율성을 주어야 한다고 역설했다.[123]

이러한 분위기에서 애초에 정부는 대선 공약인 문화부 독립을 1988년 가을까지 완료할 계획이었다.[124] 그러나 실제로는 신설 문

---

120) 〈탈관급문화와 자율성〉,《경향신문》, 1988년 1월 21일.

121) 서울대 교수 한만영은 "권위주의·관료주의·획일주의의 지양과 표현의 자유 및 예술활동의 불간섭 지원 정책은 자연히 권위주의에서 민주화, 획일성에서 다원화, 추종적이기보다는 자주성을 꽃피우게 할 것이다. 이러한 문화정책은 반정부·반체제운동의 의견도 수용함으로써 국민적 총화에 기여할 수 있을 것"이라고 문화부 독립에 표현의 자유 보장이 반드시 수반되어야 함을 지적했다.(〈이제는 문화입국을… 문화의 전환기를 맞아〉,《조선일보》, 1988년 1월 9일; 〈'문화'라는 나무〉,《조선일보》, 1988년 1월 27일.)

122) 〈문화헌장과 겉치레〉,《조선일보》, 1988년 2월 2일.

123) 〈문화부와 문화헌장〉,《조선일보》, 1988년 2월 5일.

124) 〈문화부, 폭넓은 사회교육 기능을. 창설 앞두고 오가는 의견들〉,《조선일보》, 1988년 2월 10일; 〈문화부 독립되면 무슨일 해야하나〉,《동아일보》, 1988년 2월 10일.

화부의 조직구성을 둘러싼 갈등과 타협으로 상당한 시간이 지체되어 정부의 추진의지를 의심하게 했다.[125] 당초 대선 공약은 문화행정과 공보행정의 분리 방침만 있었으나, 막상 조직개편 논의가 진행되면서 각 부처에 산재한 문화행정 관련 기능들을 신설 문화부에 통합해 확대해야 한다는 의견이 증가해 조직 비대화라는 비판이 나올 정도였다.[126] 게다가 이러한 논의가 좀처럼 정리되지 않자 노태우 대통령이 '작은 정부' 구상을 실현하고자 설치한 행정개혁위원회에 문화부 조직개편 주도권이 이전되고,[127] 행정개혁위원회는 이를 기회로 '작은 정부'를 실현할 부처 통폐합 방안으로 '문화체육부' 설립을 제안했다. 하지만 이에 대한 비판과 반발이 거세지자, 결국 민정당의 제안으로 당·정 협의가 이루어져 원래의 문화부 독립안으로 회귀했던 것이다.[128]

이 과정에서 알 수 있듯이, 노태우의 정부조직 개편은 전두환과 레이건의 '작은 정부' 모델의 계승을 우선했으며, 역사적으로 오래된 문화부 독립의 열망을 실현하는 일에 대한 관심은 부차적이었다. 이러한 조직개편 과정에서 나타난 더 중요한 특징은 검열 폐지와 표현의 자유 보장, 예술활동에 대한 불간섭 원칙 등의 민주화 의제들이

---

125) 〈6공 1년(5) 규제해제 늘어 예술영역 확대〉, 《조선일보》, 1989년 2월 26일.

126) 〈각부처 문화기능 통합해야〉, 《경향신문》, 1988년 2월 4일; 〈"문화재관리국 기구 확대"〉, 《경향신문》, 1988년 2월 11일; 〈어문·출판·국제문화교류 등 총괄 정부홍보 배제 새 미디어 정책 펴야〉, 《동아일보》, 1988년 5월 20일; 〈문화·예술 수혜층 확대 중점 수용자 입장서 정책 세워야〉, 《매일경제》, 1988년 5월 21일; 〈"미술행정은 전문가에게 맡겨야"〉, 《경향신문》, 1989년 3월 11일; 〈경계해야 할 조직 비대화〉, 《매일경제》, 1989년 5월 8일.

127) 〈"문화부, 내년 6월 분리·신설"〉, 《조선일보》, 1988년 6월 14일.

128) 〈문화부 체육업무 관장 '문제' 많다〉, 《동아일보》, 1989년 7월 10일; 〈'문화체육부' 어떻게 되나〉, 《동아일보》, 1989년 7월 13일; 이방원, 〈빗나간 구상 '문화체육부'〉, 《경향신문》, 1989년 7월 19일; 〈당정, 문화부 신설 합의〉, 《매일경제》, 1989년 9월 7일; 〈체육부 당분간 존속 문화-공보부만 분리 당정방침〉, 《조선일보》, 1989년 9월 8일; 〈문화예술진흥 계기 기대〉, 《동아일보》, 1989년 9월 11일; 〈6국 3실…도서관 업무도 전담〉, 《한겨레》, 1989년 11월 19일.

실종되고, 문화정책이 창조적 측면 중심에서 문화의 수용자 중심으로 전환되어야 한다는 새로운 방향성이 지배적 담론으로 부상한 것이다.[129] 이는 당시의 불만처럼 문화예술인들이 문화부 독립과 관련한 정책토론이나 의사결정 과정에서 배제되고, 특정 문화정책 엘리트들의 목소리가 비중 있게 반영된 결과이기도 했다.[130]

문화정책의 민주화라는 역사적인 숙원의 맥락에서 본다면, 이러한 방식의 문화부 독립은 상당히 반동적이다. 첫째, 제13대 대통령 선거에서 노태우가 당선됨으로써 검열 폐지를 동반하지 않는 문화부 독립의 대선 공약이 추진되는 분열적 사태가 발생하고, 둘째, 문화부 설립을 추진하는 과정(1988-1990)에서 문화부 독립이 내포하고 있던 핵심 정책의제인 검열 폐지를 주변화하고 새로운 문화부의 역할과 방향이 그 자리를 대신 차지했기 때문이다. 셋째, 그럼으로써 문화부 독립은 더이상 검열 폐지와 표현의 자유를 보장하는 민주화의 수단이 아니라, 기존의 검열체제를 온존하고 은폐하고 정당화하는 반민주적 조치로 변질되었다.

실제로 문화부의 독립이 추진되는 와중에 문화공보부는 1989년도 업무보고에서 ①민족자존의 '문화입국' 구현, ②자유민주주의체제의 수호·발전, ③정부시책 홍보의 쇄신을 정책목표로 발표했다. 문화입국 구현과 관련해서는 문화부 독립이 중심 과제였는데, 이는 민주화나 검열 폐지와는 무관하게 "분산되어 있는 문화행정기능의 통합수용을 목적으로" 하는 것으로 명기되었다. '자유민주주의체제의 수호·발전'은 자유민주주의체제의 우월성에 대한 국민적 인식과

---

129) 〈문화·예술 수혜층 확대 중점 수용자 입장서 정책 세워야〉, 《매일경제》, 1988년 5월 21일; 〈문화부 원년 '새집짓기' 한창〉, 《경향신문》, 1990년 1월 9일.
130) 〈'신설방향' 토론요지 "문화부에 문예인 참여해야"〉, 《경향신문》, 1989년 7월 10일; 〈문화부 신설 쟁점과 방향' 대화모임〉, 《한겨레》, 1989년 7월 11일.

공감대 확산, 자유민주주의체제를 부정하는 출판·문화예술활동의 방지 및 이에 대한 대처, 체제부정에 대한 민주도의 자생적 대응능력 배양 지원, 북한 실상의 올바른 소개 및 이해 확산, 자유민주체제 바탕 위의 통일정책 및 북방정책 지원을 위한 문화예술교류와 홍보 활동 강화 등을 방침으로 삼았다. 이는 실질적인 검열 강화 조치였다. 구체적인 시행 방안으로 문공부는 공산권 자료개방과 '불온이념' 출판물 발행 사이에 명확한 경계를 설정해 '문제출판물'에 대해서는 엄격하게 사법처리할 것을 밝혔다. 또한 문화예술계 내에서의 '체제부정 활동'을 방지한다는 명목 아래 기존 문화예술단체의 조직·운영방안을 개편하고, 이른바 '민족·민중예술운동단체'가 만들어내는 '체제부정의 문제성 예술작품'에 대한 강경대응을 통해 사회적 확산을 저지하겠다고 공표했다. 심지어 한국반공연맹을 '자유민주주의체제 수호단체'로 '체질 개선'하는 것까지 업무에 포함시켰다.[131]

그 연장선에서 문화부는 출범 직후 정부입법으로 〈영화법〉 개정안을 국회에 제출했다. 국회에는 이미 1988년 12월 8일에 민주당과 평민당이 공동제출한 〈영화법〉 폐지 및 〈영화진흥법〉 제정안이 상정되어 있었다. 이 법안은 외국 영화사의 직배 철회, 검열 철폐, 영화 제작과 상영의 민주화, 한국영화에 대한 지원, 독립영화(비상업영화)의 활성화를 위한 제작·상영 지원, 영화진흥공사의 민간자율기구화 등을 골자로 하는 것이었다. 이와 달리 뒤늦게 발의된 문화부의 정부입법안은 공륜을 통한 검열, 미국영화의 직배, 영화진흥공사의 역할 등을 담아 영화계가 비판해온 제도와 장치를 계속 가동시키는 것이었다. 이처럼 민주화에 역행하는 정부입법안은 문화부 출범 직전인 1990년 1월 22일에 민정당, 민주당, 공화당의 3당 합당이 성

---

131) 〈'대외개방·내부통제' 이원성 뚜렷〉, 《한겨레》, 1989년 1월 26일.

사되어 거대 여당인 민주자유당이 탄생함으로써 실질적인 추동력을 얻었다.132) 이는 〈음반 및 비디오물에 관한 법률〉안에서도 마찬가지였다.133) 이로써 신생 문화부는 문화공보부와의 단절이 아닌 그 연장이자 위장된 민주화의 기구임이 명백히 드러나게 되었다.

또한 문화부 독립과 함께 발표된 문화부의 사업계획인 '문화발전 10개년 계획'에 관한 논의의 중심축은 국민의 문화예술 향수권 확대 및 문화재정의 증대 방안, 통일문화 형성을 위한 남북대결 의식의 극복, 지방문화 육성, 전통문화의 활성화 등으로 옮겨갔다.134) 이 계획에서 검열제도 폐지와 문화악법의 제·개정에 대한 기록이나 평가, 그로부터 도출되는 향후 과제에 대한 언급은 일절 찾아볼 수 없다. 즉 민주화 이후 문화정책의 핵심사안인 검열제도의 폐지는 독립된 '문화부'의 장기계획에서 흔적도 없이 삭제된 것이다. 이는 "2000년대를 시향하는 문화정책의 청사진"135)이라는 야망을 담은 이 계획이 문화공보부에 의해 준비되고 숙성된 결과였다.

애초에 이 계획 수립과 관련해 노태우 대통령은 "문화예술인의 참여감(參與感)을 충분히 줄 수 있도록 공청회 등을 거쳐 의견을 수렴"할 것을 지시했고, 이에 따라 장관을 비롯한 관료들은 문화예술계 인사들을 직접 만나 자유토론 방식의 의견수렴을 수십 차례 진행하는 한편, 대대적인 설문조사와 지역별 현안 과제들을 수집하는 방식을 취했다.136) 그러나 정책수립 과정에 문화예술인의 참여를 형식적·절차적으로 도입했으되, 이러한 과정을 통해 성안된 내용에서

---

132) 〈영화악법 개폐 "3당합당으로 실종 위기"〉, 《한겨레》, 1990년 3월 16일.
133) 〈음반법 정부안 시장개방 가속 우려〉, 《한겨레》, 1990년 6월 26일.
134) 〈"90년대를 우리문화 르네상스기로"〉, 《조선일보》, 1989년 10월 28일; 〈통일 지향 '문화 탄력성' 확보를〉, 《한겨레》, 1989년 10월 31일; 〈문화정책과 문화부〉, 《동아일보》, 1989년 12월 25일.
135) 문화부, 〈文化發展10個年計劃 報告〉, 1990년 6월 21일, 2쪽.
136) 앞의 글, 2-4쪽.

'민주화'는 모호하고도 주변적인 언급들 속으로 빠르게 자취를 감췄다. 계획 발표 1주일 전, 이 계획의 기본방향은 "1. 문화욕구 확대에 부응하는 문화복지국가의 실현, 2. 아세아 태평양시대를 주도하는 문화창출, 3. 후기산업시대를 맞는 미래 문화의 기획, 4. 통일과 민주화 환경에 부응하는 문화 기획"이었다.[137] 최종 발표 시에는 ①마음의 풍요를 지향하는 복지문화의 틀, ②갈등구조를 푸는 조화문화의 틀, ③환태평양시대를 주도하는 민족문화의 틀, ④후기산업시대에 적응하는 개방문화의 틀, ⑤남북한 협력시대를 준비하는 통일문화의 틀로 수정되었다.[138] 이렇게 '민주화'는 문화정책에 대한 근본적 성찰과 재구조화의 계기가 되지 못하고 기존 문화정책 틀에 일개 항목으로 삽입되었다가 그마저도 종국에는 삭제되고 말았다.

당시 '문화발전 10개년 계획'에 대해 언론은 다각도로 비판했다. "권위주의적인 정권일수록 문예중흥을 강조하고 웅장한 문화건조물들을 다투어 세우게 마련"이라는 해묵은 비판은 물론,[139] 문화를 정부가 의도한 '문화의 틀'에 넣어 마음대로 재단하지 말고 "국민의 참여 속에 자발성의 토양이 조성"되도록 하라는 제언도 이어졌다. 10년간 총 3조 8,568억 원의 예산을 투입하겠다는 계획에 대해서는 "막대한 국민들의 세금을 쓰면서 정작 국민이 납득할 수 있는 민족문화의 현재와 미래에 대한 적절한 투자가 되지 않고 단지 6공화국 정부의 문화 치적을 장식하는 번거로운 전시 행정의 표본"이자 "토대부터 허구적이고 가공적인 그림"이라고 비판했다.[140] 게다가 영화법이나 음반법 같이 "문화발전을 저해하는 법령 정비를 사업 첫해의

---

137) 같은 글.
138) 〈복지, 조화, 민족, 개방, 통일 5대 '문화의 틀' 지속적 추구〉, 《조선일보》, 1990년 6월 26일.
139) 〈문화는 '홍보'가 아니다〉, 《경향신문》, 1990년 6월 27일.
140) 〈官과 숫자와 문화〉, 《조선일보》, 1990년 6월 27일.

과제로 내세운 문화부가 창작 자유의 보장보다는 문예지원 방안에 먼저 관심을 쏟"은 점은, "문화와 예술을 획일적 공급과 선택적 지원을 통해 통치 이데올로기를 장식하는 도구로 동원"하려는 의도의 방증이라고 지적했다.141) 당시 문화정책 세미나로 한국을 찾은 프랑스의 문화관계자들은 이 계획이 유네스코의 '세계문화발전 10개년계획'을 참고했다는 여석기 한국문화예술진흥원장의 자화자찬격 언급에 대해, '국가가 예술을 지배해서는 안 되며 단지 봉사해야 한다'는 앙드레 말로의 말을 언급하며, 문화정책에 있어 정부가 어떤 식의 규제도 하면 안 된다고 강조했다.142)

이러한 당시의 비판들은 문화부 독립과 '문화발전 10개년 계획'이 문화정책의 민주화로부터 얼마나 일탈해 있었는지를 짐작케 한다. 그러나 이러한 비판의 목소리들은 문화정책사에 담기지 못했다. 대신 문화부의 독립이라는 분열적이고 반민주적인 조치만 문화정책의 민주화 또는 민주적 전환을 상징하는 기점으로 문화정책사에 뿌리 깊게 각인되었다.

5. 맺음말: 김대중의 대선 공약(1997)과 '지원하되 간섭하지 않는다'의 의미

문화부의 독립이 문화정책의 민주화를 구성해온 또 다른 축인 '검열 폐지'를 배제하는, '절반의' 심지어 '위장된' 민주화 조치로서 실행되었다면, 문화정책의 민주화는 문화부의 독립뿐 아니라 검열 폐지

---

141) 〈정부주도 문화발전 못박아〉, 《한겨레》, 1990년 6월 28일.
142) 〈한국의 문화정책 방향-본보 창간 70주년 기념 '문화, 기업과 외교전략' 한불세미나 제2분과 '문화와 기업'〉, 《동아일보》, 1990년 12월 5일.

가 공식적으로 제도화되는 시점에서 찾아야 합당할 것이다. 그 시점은 제15대 대통령선거(1997)라 할 수 있다.

김대중은 대선 출마 때마다 검열 폐지라는 공약을 일관되게 유지했다. 제14대 대선(1992)을 앞두고 김대중 민주당 대표는 국회연설에서 "민주주의만이 살 길"이라며 "문화예술인을 지원하되 간섭은 하지 않음으로써, 사상과 표현의 자유를 최대한 보장"하겠다고 역설했다.143) 대통령선거 공약으로는 '문화복지국가 건설'이라는 대목표 아래 '시민문화시대의 발전'이라는 세부목표를 설정하고 문화부문 공약을 집대성했다. 구체적으로는 '지원은 하되 간섭하지 않는' 문화예술정책 실현, 문화예산을 전체 예산의 1%선까지 확충, 문예진흥기금(3천억원) 조기 확충, 공공문화예술기관의 자율성 신장, 문화부로부터 문예진흥원 독립, 영화진흥공사를 민간주도의 영화진흥원으로 개편, 문화예술에 대한 검열제도 폐지, 공연윤리위원회 폐지, 지방자치단체의 문화예산 확충, 문화예술의 향유권 신장 지향, 공보처 폐지 등을 중심으로 광범위한 문화정책의 민주화 현안들을 아울렀다.144)

제15대 대선에서도 김대중은 기존 공약의 기조를 유지하면서 '세계 속의 한국문화 창출과 21세기 문화대국 건설'이라는 대목표 아래 ①문화예술에 대한 검열 폐지와 자율적인 문화예술환경 조성, ②문화부 독립과 정부예산 1% 이상의 문화예산 확보, ③문화의 지방화시대 실현과 국민의 문화향유권 확보, ④전통문화의 체계적 보존과 우리문화의 세계화, ⑤문화산업의 진흥을 통한 21세기 국가기간산업

---

143) 〈〈국가보안법〉, 〈민주제도수호법〉으로 개정, 지자제 전면실시…노동자단체 활동 보장〉, 《조선일보》, 1992년 10월 15일.
144) 〈민주당 대통령선거 세부 공약〉, 《한겨레》, 1992년 11월 8일; 〈민주당 대선 1백대 공약〉, 《조선일보》, 1992년 11월 3일; 〈3당 후보 "지역개발" 공약〉, 《경향신문》, 1992년 11월 3일.

화, ⑥한국영화 진흥을 통한 영상산업의 대외경쟁력 강화, ⑦관광산업의 21세기 국가전략산업화, ⑧6대 문화권의 세계적인 관광단지화와 남북관광교류 추진, ⑨관광소외계층의 관광기회 확대와 선진적인 관광환경 조성, ⑩생활체육 진흥과 국민체력관리시스템 확립, ⑪ 2002년 월드컵대회의 성공적 개최, ⑫공보처 폐지와 자율적인 방송·언론문화의 창달, ⑬종교활동의 자유 보장과 종교재산의 차별 없는 보호를 공약했다.[145]

주목할 점은 제15대 대통령선거에서 김대중이 역사상 처음으로 문화정책의 민주화를 향한 오랜 염원, 즉 문화부의 독립과 공보처 폐지,[146] 문화예술에 대한 검열 폐지라는 두 가지 숙원을 온전히 명시적인 형태로 공약했고, '지원은 하되 간섭하지 않는다'는 문화정책의 원칙을 최우선으로 삼았다는 데 있다. 그리고 마침내 김대중은 대통령에 당선되었다. 87년 민주화 이후 노태우 대통령이 검열 폐지를 문화정책에서 배제한 채 문화부 독립만을 공약하고 실행한 '절반의/위장된' 민주화를 거쳐 10년 만에, 대한민국 정부 수립 이래 독재정치의 틈새마다 터져 나온 문화예술계의 민주화 숙원이 분열되지 않은 형태로 국가 문화정책의 언어로 표명된 것이다. 이에 언론과 문화예술계는 정부 문화정책이 "뼈대에서부터 획기적으로 바뀔 것"이고 "문화예술계에 큰 변화의 바람이 불어올 전망"이라며 크게 환영했고,[147] "이번만은 약속한 문화 관계 공약이 꼭 실현될 것으로 기

---

145) 구광모, 〈대통령선거 문화정책공약 분석: 90년대를 중심으로〉,《중앙행정논집》제14권(제1호), 중앙대학교 국가정책연구소, 2000, 144-145쪽.

146) 김영삼 정부는 노태우 정부 시절 행정개혁위원회의 '문화체육부' 통합안을 계승해 현실화했고, 노태우 정부가 문화부를 독립하면서 공보처를 신설한 체제 역시 유지시켰다. 15대 대선에서 문화부 독립과 공보처 폐지가 함께 공약된 것은 그에 대한 개혁 방안이었다.

147) 〈차기정부 아래 문화정책 어떻게 바뀔까 창작자유·문화부 독립 '변화 바람'〉,《한겨레》, 1997년 12월 22일.

대"했다.[148]

이 글은 한국의 문화정책사에 관한 공식화된 서사, 즉 87년 민주화운동의 역동이 문화정책 차원에서 제도화되는 기점을 노태우 정부의 문화부 독립(1990)에서 찾아온 클리셰를 비판적으로 성찰하고자 한 것이다. 이는 "1987년 민주화와 헌법화/제도화는 단절되고 괴리되었다"[149]는 비판적 관점을 통해 기존 한국문화정책사의 서사를 대한민국 정부 수립 이후부터의 확장된 시간적 범위에서 재검토한 것이라 할 수 있다. 그 결과, 먼저 국가 문화정책에 대한 숙원과 문화정책의 민주화에 대한 열망은 특정한 역사적 시기로 국한될 수 없는 것이었으며, 이러한 열망이 87년 민주화라는 계기를 통해 다시 한번 거세게 표출되었음을 확인할 수 있다. 둘째, 대통령 직선제를 부활시킨 민주주의의 제도화가 신군부 정권의 재창출로 이어지면서, 문화정책의 민주화는 문화부 독립이라는 행정조직의 개편만으로 환원·굴절되었고, 이러한 선택적이고 위장된 전략은 민주화 조치(문화부 독립)가 또 다른 민주화 조치(검열 폐지)를 유보하고 좌절시키는 역설적인 사태, 즉 '문화부 독립'의 역습을 초래했다. 셋째, 이러한 '문화정책의 민주화'의 지연된 시간은 제15대 대선에서 문화부 독립(및 공보처 폐지)과 검열 폐지를 종합적으로 공약한 김대중의 대통령 당선을 계기로 한시적이나마 해소되었다.

이렇게 볼 때, 문화정책의 '지연된 민주화'는 다층적으로 조망될 수 있다. 87년 민주화를 기준으로 삼는다면 그 지연된 시간은 10년이지만, 김대중의 대선 공약을 통해 전국민적 차원의 국가정책 과제

---

148) 〈'지원은 하되 간섭은 않는다' 대선공약을 통해 본 새정부 문화정책〉,《경향신문》, 1997년 12월 23일.

149) 조현연, 〈'87년 체제'의 정치적 등장 배경과 한국 민주주의 연구-'87년 9차 개헌과 13대 대통령 선거를 중심으로〉,《기억과 전망》제16권, 민주화운동기념사업회, 2007, 225쪽.

로 정식화된 시간으로 본다면 1971년으로부터 26년이 지난 후라 할 수 있다. 나아가 제헌헌법에 예술의 자유와 문화예술인의 권리 보장을 새기고자 한 시점으로 거슬러 올라가면 거의 반세기에 달하는 시간이 된다. 그런 의미에서 이 '지연된 민주화'의 시간적 무게는 결코 가벼울 수 없다. '지원은 하되 간섭하지 않는다'는 문화정책의 원칙이 정립되어 현재까지 존립하게 된 역사적 의미가 중요하게 기억되어야 할 이유이자, 문화부 독립(1990)을 한국 문화정책사에서 과도하게 의미화해 온 관행을 비판적으로 성찰하고 재정립해야 할 이유다.

다만, 함께 기억해야 할 점은 1997년에 이르러 맞이한 '문화정책의 민주화'는 IMF 경제위기라는 질적으로 상이한 시대적 조건 아래 가동되었다는 사실이다. 경제위기 타개는 국가 전반의 강력한 구조 개혁, 특히 신설한 〈행정규제기본법〉에 따른 광범위한 행정규제 철폐 즉 '규제개혁'을 통해 추진되었고, 부처간의 경쟁적인 규제개혁 와중에 문화부는 가장 높은 실적을 기록했다. 이는 검열 폐지를 실현하는 강력한 동인이 되었으나, 동시에 문화예술에 대한 검열과 통제가 민주화의 문제를 넘어 '기업하기 좋고, 생활하기 편한 나라'에 장애가 되는 '규제'로서 재정의되는 또 하나의 전환이었다.[150] 즉, '문화정책의 민주화'가 '지연'됨으로써 문화부 독립과 검열 폐지라는 민주화의 과제들은 IMF 경제위기 극복이라는 이질적인 역사적 국면 속에서 문화의 산업화 및 시장화라는 또 다른 문화정책의 전환과 접속되었던 것이다.

* 이 글은 박소현, 〈문화정책의 '지연된 민주화': 문화부의 독립과 검열 폐지의 정치학을 중심으로〉, 《문화콘텐츠연구》 29호, 글로컬문화전략연구소, 2023, 107–168을 일부 수정·보완한 것이다.

---

150) 규제개혁위원회, 《1998년도 규제개혁백서》, 1999.

제2장. 한국영화의 세계화, 정치경제학적 원천과 산업 전략:

〈쉬리〉와 〈공동경비구역 JSA〉의 경우

이영재 (성균관대학교 비교문화연구소)

1. '봉쇄'로부터 세계로: 1999년, 한국영화의 대전환

첫 번째 장면. 1999년 한국영화를 결산하고 있는 한 기사는 다음과 같은 문장으로 시작한다. "먼 훗날, 21세기 영화사가史家의 노트에 99년은 '한국영화 대약진의 해'였다고 기록되지 않을까."[1] 이것은 그저 저널 특유의 호들갑이 아니었다. 실제로 1999년의 한국영화와 관련된 지표들은 이러한 판단의 충분한 근거를 제공해주고 있다. 그해 〈쉬리〉(강제규)는 서울관객 245만 명으로 사상 최고의 흥행기록을 세웠다. 이는 전해에 전세계의 흥행권을 강타했던 〈타이타닉〉이 한국에서 세운 흥행 신기록(서울관객 197만 명)을 훨씬 상회하는 숫자였다.(이 사례는 전세계 영화시장에서 자국영화가 〈타이타닉〉의 기록을 깬 유일한 것이다.) 한국영화 시장점유율은 무려 39.7%로 뛰어올랐다.(참고로 1998년의 한국영화 시장점유율은 25.1%였다.)[2] 이 해 한국영화 흥행수입은 1년 사이에 80%의 증가율을 보였고, 수출실적 또한 사상 최대치를 기록했다. 이 성공은 일시적인 것이 아니었다. 〈쉬리〉가 한국영화 사상 최고액인 130만 달러로 일본에 수출된 직후 이 놀라운 숫자는 곧 갱신되었는데 이 영화의 일본에서의 성공[3]의 여파 속에서 2000년 〈공동경비구역 JSA〉(박찬욱)가 200만 달러 수출가를 기록하였다.(이 숫자는 1999년 이전 한국영화 수출총액이 가장 높았던 1996년의 169만 불을 단 한 편만으로 넘어선 숫자다.)[4]

---

1) 〈1999년 영화계 결산-한국영화 "올해만 같아라"〉, 《동아일보》, 1999년 12월 30일.
2) 한국영화진흥위원회 엮음, 《2000년도판 영화연감》, 집문당, 2000, 9쪽. 참고로 1999년 시점에서 자국영화 시장점유율이 30% 이상인 국가는 압도적인 점유율을 지닌 미국(97%)을 제외한다면, 한국에 이어 프랑스(32.3%), 일본(31.9%) 밖에 없었다.
3) 〈쉬리〉는 일본 개봉 첫주에 주간 흥행 1위를 기록했으며 총수입 18억 엔을 거둬들였다.(〈유령·송어·카라…한국영화 미래 1999년에 제시됐다〉, 《투데이안》 2010년 7월 22일. https://www.todayan.com/news/articleView.html?idxno=19398)
4) 영화진흥위원회. 《한국영화연감 2000》, 집문당, 2000, 26쪽.

2000년대 초반 내내 한국영화는 양적, 질적 비약이라고 할만한 수치를 거의 매해 갱신해나갔다. 한국영화 시장점유율은 2000년 35.1%, 2001년 50.1%, 2002년 48.3%, 2003년 53.5%로 올라갔으며, 수출액 또한 2000년 705만 달러, 2001년 1,125만 달러, 2002년 1,500만 달러, 2003년 3,097만 달러로 가파르게 증가해갔다.[5] "국내외에서 공히 이어지는 흥행 기록 갱신과 해외 수출액의 증가"[6]라는 이 시기 영화연감의 언급은 1999년 이후 한국영화의 산업적 규모가 어떻게 내외적으로 확장되어갔는지에 관한 간결한 진술일 것이다.

두 번째 장면. 같은 해 한국 내에서 등급보류 판정을 받은 〈거짓말〉(장선우)이 베니스영화제 경쟁에 진출했다. 전통적인 한국영화의 주된 수출지역인 일본, 홍콩, 대만을 넘어 유럽, 남미, 러시아 등 14개국에 판매된 이 영화는 전세계의 예술영화 시장에서 화제를 불러 모았다.[7] 2000년에는 〈공동경비구역 JSA〉가 베를린영화제 경쟁 부문에 신출했으며, 〈섬〉(김기덕)이 같은 베니스영화제 경쟁 부문에, 〈춘향뎐〉(임권택)이 한국영화 최초로 칸영화제 경쟁 부문에 진출하였다. 같은 해 칸영화제에는 〈춘향뎐〉 외에도 〈오! 수정〉(홍상수), 〈박하사탕〉(이창동), 〈해피엔드〉(정지우) 등 단편 포함 총 다섯 편의 한국영화가 각 부문별로 초청되었다. 암묵적인 국제영화제 위계의 최상층부에 있는 서구영화제의 한국영화에 대한 주목을 보여주는 이 사실들은 이제 한국영화가 서구의 예술영화 서킷에서 일정 지분을 획득했음을 알려준다.

---

5) 이 수치들은 《한국영화연감 2001》(집문당, 2001), 《한국영화연감 2002》(커뮤니케이션북스, 2003), 《한국영화연감 2003》(커뮤니케이션북스, 2003), 《한국영화연감 2004》(커뮤니케이션북스, 2004) 참조.

6) 한국영화진흥위원회 엮음, 《한국영화연감 2004》, 커뮤니케이션북스, 2004, 3쪽.

7) 영화진흥위원회. 《한국영화연감 2000》, 집문당, 2000, 22쪽.

한국영화의 규모의 확장과 국제적 명망이 시작되는 지점을 보여주는 이 장면들이 흥미로운 이유는 말 그대로 한국영화가 세계와 접속하는 순간을 구성해 내고 있기 때문이다. 한국영화가 오랫동안 '봉쇄'에 시달려온 것을 생각한다면 이는 분명 전혀 새로운 국면이었다.

> 봉쇄(blockage)는 주로 수출, 국제적인 인지도, 할리우드와의 경쟁에서 한국영화가 처한 어려움을 표현하기 위해 회자되던 용어로, 내 견해로는 예술영화의 국제주의와 관련해, 한국영화가 예술영화의 세계시장에 진출하기 어려운 것은 한국영화 내에 존재하는 봉쇄 때문이라는 가능성을 고려할 수 있다.[8]

1990년대 초반 중국영화와 대만영화, 그리고 오랫동안 서구영화의 타자로써 공인된 위치를 부여받았던 일본영화[9]가 서구영화제

---

8) 폴 윌먼, 〈한국영화를 통해 우회하기〉, 《트랜스: 아시아 영상문화》, 현실문화연구, 2006, 578쪽. 폴 윌먼의 이 글은 2002년에 쓴 글의 번역본이다.("Detouring through Korean Cinema". *Inter-Asia Cultural Studies 3* (2): 167-186.). 2001년과 2002년은 다음과 같은 한국영화에 관한 영문 단독 저술들이 처음으로 등장한 순간이기도 하다. Hyangjin Lee, *Contemporary Korean Cinema: Culture, Identity and Politics*, 2001; *1m Kwon-Taek: The Making of a Korean National Cinema*, 2001; David James et al, *Korean Cinema.;* Anthony Leong, *The New Hong Kong*, 2002; Eungjun Min et al., *Korean Film: History, Resistance and Democratic Imagination*, 2002; Kyung Hyun Kim, *The Remasculinization of Korean Cinema*, 2004.

9) 서구영화의 공인된 타자로서의 일본영화의 지위가 성립되는 과정에 대해서는 Yoshimoto Mitsuhiro, *Kurosawa: Film Studies and Japanese Cinema*, Duke University Press Books, 2000를 참조. 또는 오즈 야스지로에 대한 영미권 저작들의 역사를 살펴볼 수도 있다. 이를테면 1972년 폴 슈레이더가 오즈와 칼 드레이어, 로베르 브레송을 함께 다루고 있는 *Transcendental Style in Film: Ozu, Bresson, Dreyer*(Da Capo Press, 1972), 그 제목이 이미 함의하는 바처럼 서구 맑시스트의 시각이 포착한 대안적 '타자'로서의 오즈에 관한 노엘 버치의 논의인 "To the Distant Observer: Towards a Theory of Japanese Film"(*October*, Vol. 1 (Spring, 1976), 32-46.) 등 서구의 논의들은 그 전형적 사례라고 할 수 있을 것이다. 하스미 시게히코의 역작 《監督 小津安二郎》 (ちくま学芸文庫, 1992)는 이러한 서구의 시선에 대해 '영화감독' 오즈로의 회귀를 통해 응수하고자 한 전략의 성공적인 시도였다고 볼 수

에서 구별되는 미학적 전략과 정체성(즉 서구적 시선을 염두에 두고 구축되는 '내셔널 시네마')으로 어필하던 당시까지도 한국영화는 여전히 '망각'의 지평 위에 놓여있었다. 1991년에 한 아시아 영화 연구자가 쓴 다음과 같은 언급은 한국영화가 서구에서 어떤 것이었는지를 명료하게 보여준다. "아시아가 서구 오리엔탈리즘의 대상이 되는 광활한 영토라면, 한국은 숭고한 망각의 고립된 영토(enclave)로 남아 있다."10)

1980년대 초반, 이두용의 영화들(〈피막〉, 〈물레야 물레야〉)과 임권택의 〈만다라〉, 하명중의 〈땡볕〉 등이 칸과 베를린에서 상영되었으며, 1987년에 〈씨받이〉(임권택)가 베니스영화제에서 여우주연상을 수상했지만, 한국영화는 일본영화나 중국영화처럼 지속적인 비평적 관심의 대상이 되지 못했다. 또 배급에 있어서의 무능은 한국영화라는 내셔널 시네마의 정체성을 서구 시장에 거의 각인시키지도 못했다. 심지어 1989년 로카르노영화제에서 배용균의 〈달마가 동쪽으로 간 까닭은〉이 대상인 황금표범상을 수상했을 때, 이는 배용균의 한국영화 내에서의 배타적 위치만큼 예외적 사건이었다. 한국영화가 하나의 집단적 정체성으로 각인된 것은 1990년대 이후, 이른바 코리안 뉴웨이브11)라는 명칭으로 호명되는 일군의 영화감독들이 등장했

있다. 이 책의 한국어 번역은 하스미 시게히코, 《감독 오즈 야스지로》, 윤용순 옮김, 한나래, 2001를 참조.

10) Rob Wilson, "Theory's Imaginal Other: American Encounters with South Korea and Japan". *boundary* 218 (3), 1991, 239.

11) 1980년대 후반 데뷔하여 1990년대 그들의 주요 작품들을 만들어간 장선우, 박광수, 이명세 등 일군의 감독들을 대표로 하는 코리안 뉴웨이브는 1996년 제1회 부산영화제가 '코리안 뉴웨이브' 특집을 마련하면서 외부를 향해 한국영화의 새로운 집단적 경향으로서 각인되었다. 코리안 뉴웨이브에 대해서는 Kyung Hyun Kim, *The New Korean Cinema: Framing the Shifting Boundaries of History, Class, and Gender*, Doctoral Dissertation, University of South California, 1998: Park Seung Hyun, *A cultural interpretation of Korean cinema, 1988 – 1997*, Doctoral Dissertation, Indiana University, 2000.: 김소연, 《실재의 죽음: 코리안 뉴웨이브 영화의 이행기적

을 때에서야 비로소 가능해졌다.

그렇다면 1990년대를 통과한 1999년의 시점에 '세계화를 향한 길 위의 한국영화'[12]가 완성되고 있다는 것은 무엇을 의미하는 것일까? 이 시간대는 알다시피 IMF 경제위기가 한국 사회를 뒤덮은 시간이 며, 전지구적 자본주의가 90년대의 '슬로건'이었던 세계화를 충격적 인 형태로 완성시킨 시간이자, 시장이 가치와 태도와 품행의 최고 심급으로 등극한 순간이다. 또한 이 시간대는 87년 이후 지연된 정 권교체가 드디어 '성취'된 순간이었다. 김대중이라는 상징적 이름은 포스트콜로니얼 분단국가이자 냉전의 프론티어 국가였던 이 정치공 동체의 어떤 전환을 실감케 하는 것이었다. 반일과 반공이라는 두 적의 상정을 통해 형성된 이 잔혹한 정치공동체가 끊임없는 내부의 적의 새출을 통해 유지되어 왔다면, 이 정치적 전환은 처음으로 '적' 을 통해 형성되지 않는 공동체를 꿈꿨다.[13] 김대중 집권 직후인 1998년부터 단계적으로 이루어진 일본을 향한 문화개방과 북한을 향한 햇볕정책은 그것을 가능하게 만든 여러 여건 또는 효과의 차원 을 넘어 김대중이라는 집권자의 의지와 그 의지에 반영된 시대의식 의 전환을 보여주는 것에 다름 아니다.

성찰성에 관하여》, 도서출판b, 2007를 참조. 코리안 뉴웨이브에 대한 공통적 견해는 이 영화들이 긍정적이든 부정적이든 1980년대 사회운동과의 연속선상에 놓여있으며, 1990년대 상업영화와의 협상의 결과이자, 국제적인 예술영화 서킷에서 한국영화라는 내셔널 시네마로서의 집단적 정체성이 부여된 첫 번째 영화군이라는 것이다.

12) 이는 2002년에 한국영화에 관해 쓰고 있는 롭 윌슨의 글의 제목이기도 하다. "Korean cinema on the road to globalization: tracking global/local dynamics, or why 1m Kwon-Taek is not Ang Lee," *Inter-Asia Cultural Studies 2* (2), 2002에서 그는 세계화된 구도 속에서도 왜 그토록 "한국영화가 철저하게 지역주의적으로 남아 있으 며, 외상, 분단, 자기-구원의 민족적 상상을 자주 불러일으키는가"를 질문하고 있다.

13) 이곳에서 〈국가보안법〉이 신체의 구금과 생사여탈과 관련되어 있다는 점을 상기한다 면, 반일과 반공을 같은 무게로 다룰 수는 없을 것이다. 김영삼 정권 마지막 시기인 1997년 제주 4.3을 다룬 영화 〈레드헌트〉가 제2회 부산국제영화제에서 상영된 것을 구실로 감독에게 〈국가보안법〉 위반 혐의로 구속영장이 청구되었다. 같은 해 서울인 권영화제의 서준식 집행위원장은 이 영화를 상영했다는 이유로 구속되었다.

국가와 자본 양쪽에 매개되어 있는 영화라는 문화 상품이 민주화의 '완성'이라는 정치적 전환과 전지구적 신자유주의라는 경제사회적 전환의 국면에서 부상한 것은 우연이 아니다. 물론 이는 다음 장에서 상술하듯이 이를 가능하게 한 물적 기반과 한국영화사 안에서 처음 이루어진 전향적 정책에 힘입은 바 크지만, 이 토대 위에서 한국영화는 세계영화라는 산업적, 미학적 장 안에서 처음으로 '한국'이라는 특수성을 내걸고 '보편'과 경주하고자 하였다.14) 그것은 상품의 보편성이기도 하고, 영화적 보편으로서의 할리우드에 대한 (종종 과잉된) 참조이기도 하고, 서구의 시선에 대한 응답으로서의 아시아적 모드(이를테면 중국영화, 대만영화, 일본영화의 모드의 참조), 또는 이 모드 내에서의 변별과 관련된 작업(이 시선 속에서 한국영화는 중국영화, 대만영화, 일본영화와 얼마나 다를 수 있는가)이기도 하며, 지역적 연대이기도 하고, 지역 내에서의 문화적, 산업적 패권을 이룩함으로써 파이를 키우고자 했던, 그러나 정치적—산업적 폐색 속에서 불가능했던 오래된 한국영화의 욕망의 실현과 관련된 것이기도 하였다.

이 글에서 2000년대 한국영화가 보여준 이 움직임들을 모두 일별하는 것은 무리일 것이다. 여기에서는 위에 언급한 1999년의 장면들과 관련하여 다음 두 가지를 살펴보고자 한다. 첫 번째, 정책과 관련된 한국에서 영화의 산업적 위상의 문제. 이는 단지 1999년을 기점

---

14) 이 시기 이전에 한국영화사가 맞이한 첫 번째 활황기는 1960년대이다. 1960년대 한국영화가 보여준 압도적인 편수와 관객수(여기에는 아직 TV라는 대타항이 설정되지 않은 상황에서 '영화'가 가질 수 있었던 절대적 위상이라는 문제가 물론 관련되어 있다), 신상옥, 이만희, 김기영, 유현목 등 한국영화사의 정전을 수립한 자들의 분투는 실로 놀라운 것이지만, 1960년대의 한국영화가 정치공동체의 성립이라는 내부적 의제와 각각의 네이션의 경주라는 외부적 의제와 관련되어 있었다는 점에서(이것이 바로 아시아 지역 최초의 영화제인 아시아영화제의 의제였다. 여기에 대해서는 졸저, 《아시아적 신체》(소명출판, 2019) 〈4장 '아시아영화'라는 범주〉 참조.) 1990년대 이후의 한국영화가 염두에 두었던 세계 '공통성' 혹은 보편성을 향한 열망과는 근본적으로 차이가 있다.

적 순간으로 한 한국영화의 산업적 성공을 복기하고자 함이 아니다. 여기서 추적하고자 하는 것은 영화가 산업적 대상이 된다는 것, 상품으로서의 영화에 대한 국가의 추인이 실은 이곳에서 얼마나 새로운 것이었는가라는 점이다. 또는 이 경로 안에서 관객이 영화 상품의 '소비자'로서 위치가 설정되는 이 사태의 새로움에 대한 문제이다. 두 번째, 이 '소비자' 관객은 1999년의 '신드롬'이라고 불렸던 〈쉬리〉가 본격화시킨 이른바 '한국형 블록버스터'의 생산을 가능하게 한 바로 그 관객이다. 〈쉬리〉의 성공은 이듬해 〈공동경비구역 JSA〉의 비평적, 상업적 성공으로 이어졌다. 1999년과 2000년의 시점에서 한국의 고유한 것으로서 분단을 그리고 있는 이 두 편의 영화가 거둔 성공은 어디에서 기인하는 것인가? 게다가 이 성공은 국내적인 것이었을 뿐 아니라 공히 국제적인 것이었다. 이 성공이 의미하는 바는 과연 무엇인가?

2. 동원에서 진흥으로: 국민의 정부와 소비자-관객의 생성

영화는 국가와 민족을 초월하고 시간과 공간을 뛰어넘는 인류 공통의 언어이며, 대중들로부터 가장 사랑받는 예술입니다. 뿐만 아니라 문화적으로나 산업적으로도 매우 중요한 분야가 되어 있습니다. (중략) 엄청난 부가가치를 생각할 때 영화산업이야말로 굴뚝 없는 기간산업, 황금알을 낳는 거위라고 하겠습니다. 더욱이 두달여 앞으로 다가온 21세기는 지식과 정보, 문화와 관광의 세기가 될 것입니다. 문화적 우수성과 창조력이 가장 중요한 국가 경쟁력의 원천이 되는 시대입니다. 특히 영화산업은 이러한 시대를 이끌어가는 첨병입니다. 정부는 이에 대비하기 위해 2003년까지 1,500억 원의 영화진흥금고를 조성하기로 하고, 내년도 예산에는 500억 원을 편성했습니다. (중략) 문화 분야에 있어서의 국제교류는 매우 중요합니다. 세계를 향해 열려 있지 않은 문화는 그 생명력을 유지하기 어렵습니다. 문화 쇄국주의는 스스로를 침체와 좌절의 늪으로 빠지게 합니다. 우리가 일본 영화에 대해 단계적인 개방조치를 취한 것도 바로 이 때문입니다.[15]

1999년 김대중 대통령의 부산국제영화제 개막식 축하 메시지는 짧은 축사의 형식 안에서 효율적으로 현안을 전달한다. 그해 9월부터 일본문화 2차 개방이 있었다. 일본영화는 부산영화제 1회 개최 당시부터 가장 인기 있는 카테고리였다. 무엇보다 국제영화제란 이미 그 자체로 문화 교류의 개방성이라는 덕목으로 움직이는 장소라는 점을 생각한다면, 개방의 의의를 언급하기에 이곳은 실로 적절한 곳이었다. 2003년까지 1,500억 원의 영화금고 확보라는 구체적인 수치를 제시함으로써 영화 지원 정책의 지속성을 확인하는 이 메시지의 핵심은 "영화산업이야말로 굴뚝 없는 기간산업, 황금알을 낳는 거위"라는 데 있다. 이미 당선자 신분의 첫 일성으로 문화산업을 21세기 기간산업으로 천명한 바 있는 김대중은 그의 재임 기간 내내 문화산업의 중요성을 줄기차게 역설하였으며[16], 주지하다시피 이른

---

15) 김대중, 〈제4회 부산국제영화제 개막식 축하영상 메시지: 영화산업은 굴뚝없는 기간산업〉, 1999년 10월 14일.
https://www.kdjlibrary.org/president/activity/view/43241?order=Id&sort=desc
&&sort2=asc&&sort3=desc&page=1

16) 산업으로서의 영화, 그 가능성에 대한 김대중의 신념은 그의 문화론이라고 할만한 것을 엮어놓은 다음 책에서 확인가능하다. "문화는 그 자체로서 산업, 즉 문화산업이 된 지 오래다. 문화산업은 다가오는 세기의 '황금알을 낳는 거위'로 불리고 있다. 가장 상징적인 예로 미국의 스티븐 스필버그 감독이 만든 영화 〈쥬라기 공원〉을 들 수 있다. 이 한 편의 영화는 전 세계에서 8억 달러라는 어마어마한 돈을 벌어들였다. 8억 달러라면 우리나라 자동차 회사들이 150만 대의 자동차를 수출해야 벌 수 있는 돈이다. 그만한 돈을 영화 한편으로 간단히 번 것이다. 이뿐 아니라 영화는 약 2시간의 상영 시간 동안 한 나라의 독특한 문화를 소개하는 좋은 문화 전달자이기도 하다. 이처럼

바 팔길이 원칙으로 알려진 '지원하되 간섭하지 않는다'를 통해 이를 성취하고자 했다.[17]

'굴뚝 없는 기간산업'으로서의 문화(영화)의 산업적 가치에 대한 강조는 물론, 이 시기 한국의 경제구조 개편과 관련 있을 것이다. 김대중은 1998년 8·15 축사에서 "물질 위주의 공업국가를 창조적 지식과 정보중심의 지식기반국가로 바꾸어야" 함을 역설하였다.[18] IMF 경제위기 극복이라는 과제 앞에서 '국가의 생산성과 경쟁력을 높이기 위한 구조개혁'의 불가피함을 강조하며 '새로운 국정철학인 민주주의와 시장경제의 병행발전'을 통한 '제2의 건국'을 독려하는 이 연설은 제조업 중심의 하청국가로부터 '지식기반국가'로의 이동이 라는 한국의 세계 자본주의 내에서의 새로운 위치설정에 대한 역설 에 다름 아니었다. 요컨대, 1990년대 후반부터 2000년대로 넘어가 는 한국영화의 위상변화는 한국의 경제적 구조변동과 밀접히 관련되 어 있는 것이다. 그러나 이 구조변동이 어떻게 이 순간에 한국영화가 성공할 수 있었는가를 자동적으로 해명해주는 것은 아니다. 여기에 는 새로운 자본의 유입과 이를 가능하게 한 제도, 영화 인력의 세대 교체, 1980년대 후반부터 누적되어온 영화운동 에이전트들의 역량, 그리고 집권자의 강력한 의지와 같은 것들이 개입되어 있다.

무궁한 잠재력을 가진 영화 산업을 키우기 위해서는 정부 차원의 지원이 있어야 할 것이다. 지원은 하되 간섭은 하지 말아야 한다. 또 법으로 영화를 평가하려고 하기보다 전문가들의 평가에 맡겨야 한다는 것이 내 생각이다."(김대중, 〈문화가 살아야 나라가 산다〉, 《이경규에서 스필버그까지》, 조선일보사, 1997, 252-253쪽.) 대선 직전인 1997년 10월에 초판 간행된 이 책은 소프트한 어조로 작성되었지만, 김대중 정부 문화정책의 밑그림이 될 그의 문화에 관한 신념을 전달하는 데 부족함이 없어 보인다.

17) "문화는 국력입니다. 문화예술에 대해 적극적으로 지원하되 간섭은 배제하여 문화 선 진국을 향한 토양을 만들고, 문화산업을 기간산업으로 육성하겠습니다."(〈김대중 대 통령 당선자 기자회견 요지〉, 《동아일보》, 1997년 12월 19일.)

18) 〈대한민국 50돌 8·15 경축식: 제2의 건국에 동참합시다〉, 1998년 8월 15일. https://www.kdjlibrary.org/president/activity/view/42633?order=Id&sort=desc &&sort2=asc&&sort3=desc&page=1

　　같은 해 2월 공포된 제2차 개정 〈영화진흥법〉에 따라 영화진흥공사를 대신하여 '민간 중심의 행정위원회'인 영화진흥위원회가 설립되었다. 1973년, 유신 체제로의 전환 직후 정부 기관으로 설립된 영화진흥공사로부터 "정부와 산업, 시민사회가 결합된 네트워크형 거버넌스 체제"19)인 영화진흥위원회로의 이동은 영화를 국가 통제의 대상으로부터 산업적 진흥의 대상으로 옮겨오고자 했던 1990년대의 흐름이 드디어 구체적이고 실질적인 기구를 통해 정책적으로 실현가능해졌다는 것을 의미한다.20) 또한 한국공연예술진흥협의회의 상영등급 '부여' 방식을 영상물등급위원회의 '분류' 방식으로 대체했으며, 영진위 출범과 함께 예산지원을 대폭 늘림으로써 적극적 지원을 예비하였다. 김대중 정부의 영화정책은 "그 어느 때보다도 혁신적이고 실질적인 내용들로 추진"21)되었다. 실제로 이 정책들은 1980, 90년대의 영화운동에 관여했던 자들이 적극적으로 관여함으로써 수립 가능했던 것들이었다.22) 영화진흥위원회를 구심점으로 한 김대중 정

---

19) 영화진흥위원회, 《영화진흥사업백서 1999-2006》, 2007, 147쪽. 영진위의 직무를 규정한 〈영화진흥법〉 14조에 따르면 영진위의 사무는 다음과 같다. 영화진흥 기본 계획의 수립, 위원회의 운영관련 사항, 영상제작관련 시설의 관리 및 운영, 공동영화제작업무, 영화진흥금고의 관리와 운용, 조사·연구·교육·연수, 한국영화 수출 및 국제교류와 외국영화 수입관련 업무, 스크린쿼터 시행관련 업무, 영화관객의 불만 및 청원의 처리. 한국영화 진흥정책과 기구에 대해서는 이혁상, 〈한국영화 진흥기구의 역사〉, 김동호 외, 《한국영화정책사》, 나남출판, 2005를 참조.

20) 〈영화진흥법〉 자체는 1995년 기존의 〈영화법〉에서 개정된 결과였다. 이는 영화가 '이데올로기적 통제장치'로부터 풍부한 산업적 잠재성을 지닌 것으로 재파악된 이후의 첫 전환이라고 할 수 있을 것이다. 영화진흥금고의 설립과 운용을 포함한 〈영화진흥법〉은 "재원에 대해 직접적으로 규정"한다는 점, "심의에 있어 약간의 규제완화, 제작신고제 폐지"를 규정하고 있다는 점에서 이전의 〈영화법〉과 차별화되지만 국가 기구로서의 영화진흥공사의 지속, 사전심의제의 존속 등 기존 〈영화법〉과 크게 달라진 점을 보여주지는 못했다. 김영삼 정권 시기 〈영화진흥법〉 제정에 대해서는 안지혜, 〈제5차 〈영화법〉 개정 이후의 영화정책(1985~2002)〉, 앞의 책, 310쪽을 참조.

21) 앞의 책, 330쪽.

22) 김대중 대통령 후보 당시 영화운동 당사자들이 관여한 영화 관련 공약의 수립 과정에 대해서는 〈새로운 영화정책의 성과와 한계에 대한 중간평가〉, 《문화과학》 28호, 2001년 12월을 참조.

권의 영화정책은 두 가지로 요약가능할 것이다. 첫 번째, 여러 여건을 정비함으로써 시장의 투명성을 증진시키고 그럼으로써 확보된 시장의 합리성에 대한 믿음 위에 공적 재원을 투자조합에 출자함으로써 시장 원리를 존중하는 방식의 지원[23]. 두 번째, 저예산 영화, 독립영화 등에 대한 공적 기구로서의 영진위의 직접적인 지원 강화[24]. 여기에서 시장은 한편으로 절대적인 고려의 대상이자 또한 공공적 개입을 전제로 한 시장이다. 즉, 이 영화 정책은 '민주주의와 시장경제의 병행 발전'이라는 김대중 정권의 이념과 근사한 합일점을 보여주는 것이었다. 어떻게 이러한 합일점이 가능해졌는가?

한국의 영화시장은 1980년대 후반 미국에 의해 시장 개방이 강제된 순간 변곡점을 맞이하였다. 이 시장은 오랫동안 외국영화 수입쿼터제와 수입가 상한제 등 수입규제로 보호되어 왔다. 박정희의 쿠데타 직후인 1962년 1월 국가재건최고회의에서 제정된 〈영화법〉은 박정희 정권의 경제정책과 연동되어 있는 한편(규모의 경제와 자국시장 보호) 국가의 촘촘한 개입과 통제를 그 특징으로 하였으며, 이는 오랫동안 한국영화를 강고한 국가주의와 산업적, 미학적 폐쇄성 안에 놓여있게 하였다. 이 독점구조가 외부의 공세로 흔들리기 시작한 것은 1980년대 중반의 일이다. 1985년, 미국영화수출협회(MPEAA)가 미국 무역대표부에 한국 정부를 불공정 무역행위로 제소하면서 제1차 한미영화협상이 시작되었다. MPEAA는 스크린쿼터 폐지, 외환 사

---

23) "투자조합에 공적 재원의 출자는 (중략) 시장의 원리에 역행하는 조치가 아니라 오히려 시장원리를 따르거나 존중하는 조치이다. (중략) 예컨대 140억 원의 돈을 영진위가 직접 지원하는 것보다는 그 돈을 토대로 훨씬 큰 규모의 자본이 조성되어 영화에 투자되는 것이 유리하다는 지극히 상식적인 효율성에 대한 판단을 한 것이다."(김혜준, 앞의 논문, 223-224쪽.)

24) "영진위와 같은 공적 기구가 이 부문에 대한 지원을 훨씬 강화해야 한다. 여기서의 지원은 제작에서 마케팅까지, 심지어 국제공동제작에서 해외 마케팅까지 다양하게 이뤄져야 한다."(앞의 논문, 226쪽.)

용규제 폐지 등을 요구하였고 협상의 결과 현행 스크린쿼터를 유지하는 한편 외국영화사의 국내영화업 허용, 수입영화 쿼터제와 수입가 상한제 폐지, 외국영화 편당 1억 원의 국산영화 진흥자금 폐지 등이 합의되었다. 이 합의는 1987년 제6차 개정 〈영화법〉에 반영되었다. 1988년 UIP의 첫 번째 직배영화 〈위험한 정사〉 개봉은 젊은 영화인들의 격렬한 직배 반대 투쟁의 기폭제가 되었다. 할리우드의 대규모 '상품'에 대한 이 반대 투쟁은 80년대의 시대의식인 반미와 문화 제국주의에 대한 선예한 의식을 촉발시킨 것이자, 비제도권 영화운동가들과 제도권 영화인들의 연대가 이루어지는 계기이기도 하였다.

요컨대 1980년대 후반에 보호무역적 성격을 통해 유지되었던 한국영화의 기존 산업 구조는 더이상 지속불가능한 것이 되었다. 외화 수입자유화가 덧붙여졌을 때 한국영화계는 통제는 남고, 시장에서의 자유방임은 가중되는 상태였다.(그 결과를 보여주는 것이 1993년 한국영화의 참혹한 시장점유율이다. 당시 한국영화 시장점유율은 15.9%라는 최저치에 이르렀다.) 이 시기 이후부터 1990년대 내내 지속된 스크린쿼터제 존속을 둘러싼 영화계의 격렬한 투쟁은 할리우드 상품의 공세를 묶인하는 시장의 자유방임에 대한 최소한의 안전장치를 확보하고자 하는 움직임이었다.[25]

기존의 제도와 그에 기반한 이익을 고수하고자 하는 자들과 젊은

---

25) 스크린쿼터제와 관련된 문제는 이 한 줄로 요약불가능한 것이기는 하다. 왜냐하면 스크린쿼터제 담론은 1980년대 후반과 한국영화가 성장한 1990년대 후반, 한국영화의 산업적 성공이 가시화된 2000년대 초중반 각각 당시의 한국 사회와 긴밀하게 연결된 새로운 담론적 구성체를 보여주고 있기 때문이다. 여기에 대해서는 조준형, 〈민족주의인가 대안적 세계화인가: 스크린쿼터 제도 담론의 지형도〉, 《영상예술연구》 Vol.2, 영상예술학회, 2002를 참조.. 특히 김대중 정부 시기인 1998-1999년에 걸쳐 일어났던, IMF 경제위기 극복과 맞물린 미국의 통상압력에 대해 신자유주의로의 이행에 대한 격렬한 저항으로서 전개되었던 스크린쿼터 반대 투쟁에 관해서는 원용진·유지나·심광현 편저, 《스크린쿼터와 문화주권》, 문화과학사, 1999를 참조.

영화인들 사이의 격렬한 세대 투쟁이 벌어졌으며(종종 그것은 미국영화로 이득을 보는 극장주 대 한국영화 제작자의 갈등처럼 산업 주체에 따라 나뉘어졌다), 직배 투쟁에 참여했던 젊은 영화인들은 미국영화 직접 배급 저지를 넘어, 통제와 동원 모델이 아닌 새로운 제도적 차원을 구상해야 함을 절감하였다. 이 시기 영화운동의 이론적 기반을 마련하고자 했던 무크지 《민족영화》에 따르면 "청년·영화인들은 직배 문제의 본질이 영화 악법 개정 싸움이라는 점을 분명히 하고 직배 반대에서 진흥법 쟁취로 투쟁의 중심을 전환하였다."26) 1980년대 후반에 '한국영화의 민주화'27)는 역동적으로 진행되었다. 젊은 영화인들은 평화민주당 김대중 후보 지지를 공식 선언했으며(〈이 땅의 민주화를 열망하는 애국시민에게 드리는 영화인의 글〉 1987.12.14.), 김대중과 평화민주당은 영화 관련 공약을 구체화하였다.(〈평화민주당에서-이 땅의 영화인에게 드리는 글〉 1987.12.) 이 공약은 이미 1990년대 후반 김대중 정부 영화정책의 밑그림을 그리고 있는 것이었다.

여기까지가 1980년대 후반부터 비롯된 영화운동 내에서의 새로운 제도에 대한 열망, 그것을 향한 실천, 1990년대의 운동의 제도권화 등 영화운동의 역량이 어떻게 1990년대 후반 정책의 차원으로 수렴되었는가에 관한 이야기라면 여기에서 한 가지 중요한 것은 김대중이라

---

26) 민족영화연구소 엮음, 《민족영화(창간호)-있어야 할 자리, 가야 할 길》, 친구, 1989, 42쪽. 그 외 다음과 같은 문건들을 참조. 〈한국영화 개혁 선언문〉(한국영화개혁실천준비위원회, 1987), 〈영화시장 개방 저지하고 〈영화진흥법〉 쟁취하자!〉, 〈영투위 성명서〉, 〈영화계 민주화를 위한 영화감독 독립선언〉(이상 영화인투쟁위원회) 그 외 다수의 관련 문건들은 영상자료원의 '영화시장개방과 스크린쿼터' 컬렉션에서 열람 가능하다.
https://www.kmdb.or.kr/collectionlist/detailList?colId=401&codeNm=&dataNm=&sort1=&sort2=&sort3=%EC%98%A8%EB%9D%BC%EC%9D%B8%20%EC%97%B4%EB%9E%8C&sort4=&sort5=&&nowPage=16&cntPerPage=10
27) 이지윤, 〈컬렉션 해제: 영화시장 개방과 스크린쿼터〉, 6쪽.
https://www.kmdb.or.kr/collectionlist/detail/view?colId=401

는 집권자의 의지에 대한 강한 신뢰가 작동하고 있었다는 점이다.[28] 젊은 영화인들의 김대중에 대한 전폭적인 지지는("김대중 후보만이 이 시대의 유일한 대통령입니다"〈이 땅의 민주화를 열망하는 애국시민에게 드리는 영화인의 글〉 1987.12.14.) 민주화라는 커다란 흐름과 관련된 것이지만 또한 그가 실제로 박정희 정권의 〈영화법〉에 대한 반대자였다는 역사적 사실에서 말미암는다.[29] 김대중은 놀랍게도 매우 일찍부터 영화를 '동원'이 아닌 '진흥'의 차원에서 바라보았던 정치가였다.

김대중은 1964년 '〈영화법〉 폐지에 관한 법률안'을 국회에 대표 발의한 바 있다. 그에 따르면 이 법의 문제는 '영화사업의 육성발전, 영화 문화의 질적 향상'이라는 목적이 이루어지기는커녕, 오히려 '영화발전의 질곡으로서' '장해적障害的 조건으로서' 작용한다는 점이다. 〈영화법〉은 영화 산업의 규모를 키운다는 명목하에 일정한 규모와 조건을 갖춘 영화사(1년 제작편수 15편)만이 제작업자 등록이 가능하도록 규정하였다. 이 조건은 산업을 기형화시키는 주된 요인이 되었다. 편수만 채우기 급급한 영화사들은 좋은 영화를 생산할 수가 없고("메리야스 같은 내의 만드는 것과 마찬가지로 기계적인 조작으로 양산에 치

---

28) "나는 정반대로 당시에는 '한국영화 진흥이라는 공동의 목적을 실현하기 위한 네트워크 형성과 권한 배분, 의사결정 방식'으로서의 민주적인 영화정책 거버넌스가 작동했으며, 김대중 대통령의 민주적인 리더십이 든든한 버팀목이 돼주었다고 분명히 주장한다." 김대중 대통령의 선거공약에 참여했으며, 그 스스로 영화진흥위원회 설립에 관여하고, 초대 사무국장으로 재직했던 김혜준의 이 언급은 이 시기의 영화 정책이 어떤 믿음과 신념에 기초해 있었는지를 잘 보여준다.(김혜준, 〈이게 다 문화대통령, 당신 덕입니다〉, 《씨네21》, 2009년 8월 24일.)
http://m.cine21.com/news/view/?mag_id=57536
29) "64년에 '악명높은 〈영화법〉' 폐기 법률안을 국회에 제출한 바 있는 김대중 후보의 '원칙적으로 모든 예술 단체에 대해서 관의 간섭을 배제한다'는 일관된 문화예술 정책과 더불어 민족영화 발흥의 시대를 열고자 합니다."(〈이 땅의 민주화를 열망하는 애국시민에게 드리는 영화인의 글〉 1987년 12월 14일.)
https://www.kmdb.or.kr/collectionlist/detailList?colId=401&codeNm=&dataNm=&sort1=&sort2=&sort3=%EC%98%A8%EB%9D%BC%EC%9D%B8%20%EC%97%B4%EB%9E%8C&sort4=&sort5=&&nowPage=16&cntPerPage=10

중"), 군소영화사들이 등록영화사의 명의를 빌려 영화를 제작할 수밖에 없게 만듦으로써 등록영화사들이 군소영화사를 착취하는 구조를 만들어내며, 마지막으로 등록영화사들은 외화수입 혜택을 받음으로써 '불로소득'을 얻기 때문이었다. 실로 〈영화법〉은 "민주국가에서 자유기업주의 원칙에 위배되는" 것이었다.[30]

그로부터 2년 후인 1966년 김대중 의원은 제3차 〈영화법〉 개정에 대해 다음과 같은 의견을 피력하고 있다.

> 이 〈영화법〉은 일언이폐지—言以蔽之해서 이것은 관료 지배 기능의 소산이라고 말하지 않을 수 없습니다. (중략) 이 법을 볼 때에 전체적으로 공보부 장관을 위시해서 관이 인가하고 심사하고 또는 처벌하고, 취소하고, 제작 중지시키고 하는 이러한 간섭과 처벌과 관의 지배를 강화하는 조항으로 갖추어져 있지, 여기에 어디에도 이 예술의 본연의 자세에 입각해서 다시 말하면 국민의 자유를 조장시키고 문화인들이 자유롭게 영화 활동을 할 수 있는 그런 것을 보장하는 조항이 없는 것입니다.[31]

"국민의 자유를 조장시키고 문화인들이 자유롭게 영화 활동을 할 수 있는 그런 것을 보장하는 조항이 없"다고 일갈할 때, 이 국민은

---

30) 김대중, 〈제6대 국회상임위원회 제50회 제6차 문교공보위원회 1. 〈영화법〉 폐지에 관한 법률안·〈영화법〉 폐지반대에 관한 청원〉, 김대중 도서관.
https://www.kdjlibrary.org/president/activity/view/40733?order=Id&sort=desc&&sort2=asc&&sort3=desc&page=1.
실제로 1960년대 내내 횡행했던 대명제작과 외화쿼터를 둘러싼 문제들(대표적으로 당시 용어로 소위 '위장합작'으로 불렸던 한국과 홍콩, 대만 등지의 영세 제작업자들의 합종연횡의 문제는 1980년대 중반 외국영화 수입자율화가 이루어진 이후에야 사라졌다)을 생각한다면 김대중의 지적은 〈영화법〉 문제의 핵심을 정확히 묘파한 것이다.
31) 김대중, 〈1966년 7월 14일 〈영화법〉 중 개정법률안 (대안)〉.
https://www.kdjlibrary.org/president/activity/view/43920?order=Id&sort=desc&&sort2=asc&&sort3=desc&page=1

누구인가? 그 국민은 곧이어 '문화인'으로 일컬어지는 영화의 생산 주체뿐만 아니라 영화를 보는 관객까지를 포함하는 것일 게다. 이 말은 실은 1960-70년대의 정책자들과 전혀 다른 것을 김대중이 이미 주된 고려 대상으로 삼고 있다는 것을 보여준다. 그것은 '메리야스 같은 내의'와는 다른 영화라는 특수한 상품의 소구 대상, 즉 관객이 그것이다. 이상한 말이지만 한국영화에서 가장 오랫동안 폄하되어왔던 것은 영화를 보는 자들, 관객이었다.

3차 개정 〈영화법〉부터 구체적인 검열의 기준이 적시되기 시작했다. 제13조 1항의 검열기준은 다음과 같았다.

1. 헌법의 기본질서에 위배되거나 국가의 권위를 손상할 우려가 있을 때
2. 공서량속을 해하거나 사회질서를 문란하게 할 우려가 있을 때
3. 국제간의 우의를 훼손하게 할 우려가 있을 때
4. 국민정신을 해이하게 할 우려가 있을 때 불합격 혹은 당해 부분 삭제 후 합격 결정이 내려진다. 이어지는 2항에 따르면 각항의 검열기준에 따르는 세부사항은 대통령령으로 정한다.[32]

무엇을 해서는 안 되는가는 무엇을 해야 하는가와 짝을 이룬다. 해야 하는 것은 이런 것이다.

1. 공연인은 헌정질서를 준수하고 예술문화활동을 통하여 민족의 자주성을 확립하고 국민선양에 이바지한다.
2. 전통적인 민족문화 예술을 계승 발전시켜 고유한 문화예술의 창달을 기한다.

---

32) 제3차 개정 〈영화법〉(1966.9.3.) 국가법령정보센터.
https://www.law.go.kr/lsSc.do?menuId=1&subMenuId=17&tabMenuId=93&query=%EC%98%81%ED%99%94%EB%B2%95#undefined

   3. 민족의 자주성과 민족정기를 저해할 이질적인 또는 퇴폐적인 일체의
외래풍조를 철저히 배격한다.

   4. 공연활동의 순화를 기하여 건전한 국민의 정서생활을 이룩한다.

   5. 사회정의와 미풍양속을 존중하며 국민의 복지증진에 이바지한다.

   6. 인간의 존엄성을 존중하며 명랑한 국민생활을 이룩하도록 노력한다.

   7. 공연활동의 교류를 통하여 국제간의 우의를 돈독히 하며 국제평화에
이바지한다. [33]

1976년 공연윤리위원회 창립과 함께 발표된 '공연윤리강령'은 해야 하는 것의 세부를 조목조목 명시하고 있다. '공연윤리강령'에 대한 조준형의 논의는 매우 시사적이다. 그의 지적처럼 영화를 포함한 공연물이 도달해야 할 덕목의 총망라라고 할 수 있을 이 윤리강령이 문제적인 이유는 그 명칭이 이미 보여주는 바처럼 과도한 가치의 나열, 그리고 그것이 행위주체인 공연인에 대한 규율로서 강제되고 있다는 점 때문만이 아니다. 문제는 강령을 부과하고 관리하는 정책자와 이를 지켜야 하는 공연인(영화인)은 있지만 그것이 가닿는 대상, 목표는 전적으로 고려의 대상이 되지 않는다는 점이다. 영화산업과 정책이 "민족예술, 국가경제, 국민정서의 계몽, 사회적 책임과 발전, 안보, 반공 등과 같은 추상적인 가치 혹은 이데올로기적 개념을 전제로 구축"[34]되었을 때, 관객의 위치는 없었다. 요컨대 수혜자로 호명

---

33) '공연윤리강령'은 한국공연윤리위원회에서 1976년부터 발행한 기관지 《公演倫理》의
매호 첫 페이지에 실려있다.

34) Cho Junhyoung, "Changes in the Perception of Censorship and Films in the Late
1970s: The Discovery of Film Audiences as Consumers and Film as Popular
Culture", *Berkeley Korean Film Workshop*, 2021.8.10.–11. 조준형은 이 글에서
1980년대 초반 소비사회, 대중사회로의 이동 속에서 '관객'에 대한 고려가 처음으로
등장하는 지점을 묘사해내고 있다. 1980년대 초반에 '관객'의 형상과 관련된 단초를
발견해내는 것은 전적으로 동의하는 바이지만, 박정희 정권과 전두환 정권의 제도적
일관성 속에서 이 '관객'이 영화산업의 핵심으로 떠오르는 데에는 근본적인 한계가

되고 있는 '국민'은 극히 추상적인 텅 빈 개념으로 보인다. 이 추상성 속에서 욕구를 지닌 실체로서의 관객은 사라진다.

1960년대부터 등장했으며, 1970년대 가장 빈번했고, 1990년대 이전까지 종종 회자되곤 했던 '저질영화'라는 한국영화를 일컫는 특유의 명칭은 바로 이러한 한국영화를 둘러싼 가치의 구조 속에서 나온다. 이때 저질영화란 흔히 생각하는 것처럼 개별 영화의 질을 뜻하는 말이 아니다. 오히려 이 말은 한국영화 '일반'에 관한 언사일 수밖에 없는데, 왜냐하면 덕목에 끊임없이 도달할 것을 요구받는 영화는 매번 도달 불가능성 속에 놓여있을 수밖에 없으며 그럼으로 수준 미달의 영화, '저질'의 영화로 자리매김하는 것은 필연적이기 때문이다. 한국영화 일반으로서의 저질영화의 반대편에는 '우수영화'가 놓여있다. 우수영화란 저질영화의 개념적 대구이자, 또한 〈외화쿼터제〉와 연동됨으로써 실제의 이윤과 직결되어 있는 것이다. 영화는 범박하게 말하자면 두 가지로 나뉘어진다. 첫 번째, 그것은 가치를 전달하는 것인데, 이 가치는 국가적 가치일 수도 있고 '예술'석 가치(그런데 이때 '예술'이란 과연 무엇인가?)일 수도 있다. 두 번째, 장사치들의 삿된 이익 추구의 산물이다. 이 체계에서 관객이란 국가적 '가치'가 전달되어야 할 계도의 대상이거나, '예술'을 이해하지 못하고 '말초적 자극'에 취약한 존재일 뿐이다.

한편 한국 영화시장에서 외국영화는 한국영화보다 훨씬 더 높은 수익이 보장되는 상품이었으며, '우수영화' 제작은 외국영화 수입쿼터와 맞물려 있었다.35) 관객에 대한 고려의 취약함에도 불구하고 외

있을 수밖에 없었다.

35) 〈영화법〉에서 핵심 가운데 하나는 제작업과 수입업을 일원화시키는 것이었다. 외국영화의 수익을 국산영화 제작에 사용함으로써, 영화제작의 재원을 산업 내부에서 마련하고자 한 이 제도와 더불어 외국영화의 경우 특정 자격을 기준으로 수입권리를 배분하는 외국영화 수입쿼터제는 1985년 전까지 한국의 영화산업을 해명해낼 수 있는

국영화 수입쿼터와 맞물린 이 이익 구조는 1985년 이전까지 한국
영화산업을 독과점으로 유지되도록 만들었다.[36] 1980년대 중후반,
외국영화 수입자유화와 함께 영화산업이 처한 위기는 기존 구조가
근본적으로 더이상 지속 불가능함을 보여주는 것이자 시장 경쟁 속
에서 관객(의 기호)을 절대적인 요소로 상정해야 함을 보여주는 것이
기도 하였다.

1990년대 초중반 한국영화에서 전혀 새로웠던 '기획영화'의 출현
은 이 맥락 속에서 살펴볼 필요가 있다. 기획영화는 1970년대 이후
한국영화 산업 내에 처음으로 등장한 관객 지향의 영화라고 할 수
있을 것이다. 신철, 안동규, 심재명, 이은, 차승재 등 신진 프로듀서
들에 의해 주도된 이 영화들은 리서치를 통한 목표 관객의 설정, 기
호의 분석, 여기에 바탕을 둔 시나리오와 스타 캐스팅, 마케팅 포인
트 설정 등을 프로세스화하였다.[37] 이 프로세스가 한국영화 안에서
전혀 새로울 수 있었던 것은 관객이 더이상 추상적인 집단이 아니라
리서치라는 방식을 통해 구체적인 기호의 다발로서 거기 존재하게
된다는 점 때문이다. 이는 두 가지를 의미한다. 첫 번째 이 '과학적'

핵심장치이다. 업자들의 이익과 직접 결부되는 외국영화 수입쿼터제의 기준은 〈영화
법〉 개정에 따라 약간씩의 변동은 있었으나 기본적으로 '우수영화' 제작편수와 수출
편수에 연동되어 있었다. 1970년대 만들어진 무수한 '우수영화'들이 극장에서 개봉하
지 않았다는 사실은 이 영화들이 극장 개봉에서의 수익을 염두에 두고 만들어진 것이
아님을 보여준다. 제작자들은 외국영화 수입을 통해 돈을 벌고, 이 기회를 얻기 위해
우수영화를 제작하였으며, 이는 만성적인 정권과의 유착이라고 할만한 사태를 발생시
켰다.

36) 1980년대 초중반 피카디리 극장 홍보팀에서 근무하며 영화 경력을 시작한 신철은 당
시 한국영화 제작자들이 관객의 기호를 전혀 고려하지 않는다는 사실이, 한국영화
창작주체들과 관객 사이의 괴리가 거의 '충격적'이었다고 증언하고 있다.(필자와의
인터뷰) 1990년대의 대표적인 젊은 영화제작자 가운데 한명인 신철은 1992년 그의
영화사 신씨네에서 〈결혼 이야기〉를 기획, 제작하여 성공시켰다. 이 영화는 1990년대
'기획영화'의 시작으로 알려져 있다.

37) 김영진, 〈신진 프로듀서의 기획영화〉, 김미현 책임편집, 《한국영화사: 開化期에서 開花
期까지》, 커뮤니케이션북스, 2006, 323쪽.

조사통계에 기반한 기획이 1990년대 초반 막 영화산업에 진출한 대기업 자본의 유입을 가능케 한 기반이 되었다면[38] 다른 한편으로 이때 관객은 바야흐로 이 기획상품의 '소비자'로서 위치지어졌다. 신씨네의 〈결혼 이야기〉(김의석, 1992)는 이 프로세스를 정착시켰을뿐 아니라, 당시의 영화산업의 규모 안에서 가능한 기획영화의 최적의 형태를 보여주는 것이기도 하였다. 로맨틱 코미디라는 상대적으로 저비용인 장르의 선택, 리서치에 바탕을 둔 시나리오, 캐릭터, 배우, 배경, 소품 등의 적절한 배치로 이루어진 이 영화는 말 그대로 '트렌디 상품'의 한 형태를 보여주었다. 그 결과 영화는 이익을 창출해내는 '산업'으로서의 비전을 획득하는 데에 성공했으며, 이 순간 영화 관객은 동원된 '대중'에서 자율적 '소비 주체'로 자리 매김되었다. 1990년대 말의 〈쉬리〉의 성공, 그리고 이른바 '한국형 블록버스터'의 등장은 이 비전의 결과이며 그것이 바탕을 두고 있는 것은 이 영화들이 활성화시켰던 소비자-관객에 다름 아니었다. 즉 소비자-관객은 기획영화를 통해서 출현했으며, 나아가 1990년대 내내 이 영화들을 통해서 또한 '수행적으로' 창출될 수 있었다.

---

38) 삼성, 대우, 현대, 선경 등 1980년대 후반 1990년대 초반 대기업의 영화산업으로의 진출은 다음 세 가지 이유에서 비롯된다. 첫째, 1980년대 중후반 VCR 시장을 확대해나가던 삼성, 대우, LG 등 가전회사들의 비디오 프로그램 확보의 시급성과 직배 영향으로 비디오 판권료의 증가라는 상황을 타개할 필요성. 둘째, 1993년 시작된 CATV 사업에 대기업 진출로 영화전문 채널에서의 프로그램 확보 필요성. 셋째, 충무로의 젊고 합리적인 '기획자'들과의 만남. 신씨네 기획의 〈결혼 이야기〉(1992)는 대기업 영화진출의 신호탄이었다. 삼성이 비디오 판권구입 형식으로 투자한 이 영화는 그해 한국영화 최고의 흥행수익을 거둬들였으며, 이를 계기로 대기업 진출은 확대되었다. 1994년, 전체 제작편수 65편 가운데 20편에 대기업 자본이 들어왔다. 1995년과 1996년에 피크에 달했던 대기업 자본의 영화계 유입은 IMF 직후 삼성, 대우 등의 철수로 일단락지어졌다. 대기업 철수 이후 한국영화 산업의 가장 중요한 투자원은 창투사 위주의 금융자본으로 재편되었다. 1999년부터 시작된 창업투자회사들의 투자 형태는 개별 영화 프로젝트에 대한 투자에서 영상전문 투자조합을 통해 여러 편에 투자하는 포트폴리오 투자형태가 주를 이루었다. 1990년대 한국영화 산업의 자본에 대해서는 황동미, 《한국영화산업구조분석 :할리우드 영화 직배 이후를 중심으로》, 영화진흥위원회, 2001. 24-46쪽을 참조.

3. 〈쉬리〉와 〈공동경비구역 JSA〉: 로컬 이슈와 글로벌 어필

1) '한국형 블록버스터'에의 욕망: 〈쥬라기 공원〉과 자동차, 〈쉬리〉와 '쏘나타 승용차'

1999년, 〈쉬리〉가 흥행에 성공을 거둬들이고 있을 때, 이를 전하고 있는 기사들에서는 어떤 부산함이 감지된다. 서울관객 20만, 50만, 100만···. 관객수는 경기 스코어처럼 실시간 중계되다가[39] 서울 관객 200만을 넘어서자 이 성공이 거둬들인 수익이 대체 얼마인지 계산되기 시작했다. "그렇다면 〈쉬리〉의 투자수익률은 얼마인가. 위의 계산에 따르면 거의 5백%에 달한다. 〈쉬리〉의 제작비는 35억 원. 순수제작비(24억 원), 마케팅비(7억 원), 이자비용 등을 합한 것이다. 결국 1년이 채 안 되는 제작 기간 동안 원금의 3배를 벌어들였다는 얘기다."[40] 이 놀라운 성공은 1999년이라는 시점 속에서, 즉 IMF 경제위기 극복의 심정적 서사 속에서 "우리 영화를 밀어주자는 관객들의 애국심"[41]의 발로이자, "우리 영화에 대한 국민의 애정 발현이며 한국인의 저력을 다시 한번 보여준 역사적 사건"[42]으로 언급되었다. 국내에서의 성공에 이어 일본과 홍콩 등지에서의 관심, 수출액, 흥행 수치가 전해졌으며[43], 마침내 삼성경제연구소는 〈쉬리〉의

---

39) 〈영화 〈쉬리〉 관객 51만 몰렸다〉, 《매일경제》, 1999년 2월 19일.: 〈5일 동안 51만여 명···서편제 103만명 넘어설 듯〉, 《한겨레》, 1999년 2월 21일.: 〈한국영화사상 최단기간 최대관객동원 신기록 돌파〉, 《매일경제》, 1999년 2월 22일.: 〈〈쉬리〉 흥행돌풍 한석규 '돈방석' 서울 100만 돌파 땐 5억 넘어〉, 《한겨레》, 1999년 2월 25일.: 〈"200만명이나 봤다고?"〉, 《조선일보》, 1999년 3월 2일.: 〈〈쉬리〉 강제규 필름 최고 35억 돈방석〉, 《경향신문》, 1999년 3월 5일.

40) 〈〈쉬리〉 경제학〉, 《한국경제》, 1999년 5월 3일.

41) 〈〈쉬리〉가 관객을 끄는 이유〉, 《경향신문》, 1999년 3월 6일.

42) 〈〈쉬리〉 한국영화사 다시 쓴다〉, 《매일경제》, 1999년 4월 7일.

43) 〈〈쉬리〉 아시아에서도 인기〉, 《매일경제》, 1999년 11월 17일.

성공사례를 모델링하여 '기업경영에 활용하는 방안'을 내놓았고[44],
한국은행은 이 영화가 "우리 경제에 쏘나타 승용차 1만 1,657대를
생산한 경우와 같은 효과"를 미쳤다고 발표했다.[45]

사실 영화와 자동차의 비교는 1994년 김영삼 정권 당시 대통령
자문기구인 국가과학기술자문회의의 '첨단 영상산업 진흥방안'에 처
음 등장한 바 있다.[46] (그러나 1999년, 이번에는 국산영화와 국산자동차가
저울의 양쪽에 달려 있다.) 〈쥬라기 공원〉이 1년 동안 전세계에서 벌어
들인 흥행 수입이 자동차 1백 5십만대를 수출해서 얻는 수익(이 숫자
는 당시 한국 자동차 수출 대수의 2년치 분량이다)과 같다는 이 언급은 한국
에서 문화 '산업'이라는 개념이 어떻게 시작되고 있는지를 보여주는
역사적인 장면일 게다. 이 장면이 여전히 흥미로운 이유는 두 가지
때문이다. 첫 번째, 전통적인 제조업(자동차)에 육박하는 경제적 가치
로 자리매김되는 영화(문화) 산업은 내수시장용만이 아니라 수출상품
(자동차 '수출' 대수)으로 간주되어야 한다. 이는 실은 아주 오랫동안
지속되어온, 그러나 결코 성공할 수 없었던 한국영화의 욕망이었다.
어떻게 한국의 '문화' 상품이 자동차와 같은 제품의 '보편성'이라는
차원을 끌어들일 수 있는가? 〈쥬라기 공원〉이 그 예로 제시될 때
이미 여기에는 하나의 답이 내포되어 있다. 당초 국가과학기술자문
회의에서 이 보고서를 제출한 것은 〈쥬라기 공원〉의 흥행성공이 '첨
단 디지털 기술에 힘입은 바' 크다는 것을 강조하기 위함이었음을

---

44) 이 기사에 따르면 〈영화 〈쉬리〉, 그 성공의 경영학〉이라는 제목의 이 보고서를 바탕으
로 "삼성은 이를 기업경영에 활용하는 방안을 찾고 있다. 우선 신규사업을 시작할
때 해당 사업분야의 전문가(프로)에게 전권을 맡기고 조직의 유연성을 살리기 위해
태스크 조직을 활성화하는 방안을 마련중이다."(〈과감한 투자 충실한 기획 완벽한
마케팅에 '감동' 재계에도 '쉬리 열풍'〉, 《경향신문》, 1999년 3월 11일.)

45) 〈영화 〈쉬리〉 쏘나타 1만1657대 생산효과…한국은행 '경제영향' 분석〉, 《국민일보》,
2000년 7월 16일.

46) 〈"〈쥬라기 공원〉 1년 흥행수입 차 150만대 수출 맞먹는다"〉, 《조선일보》, 1995년 5월
18일.

상기할 필요가 있다. 그러니까 두 번째, 실재하지 않는 것을 실재화 시키는 CG의 위상, 그것이 만들어내는 재현의 스펙터클이야말로 이 순간 상정되고 있는 전세계 시장에 어필 가능한 공통성의 자원으로 제시되고 있는 것이다.

1994년의 시점에서 이 언설은 문화산업 정책의 시발점이라는 그 의의에도 불구하고 극히 허황되어 보인다. 이건 단지 당시 한국영화 가 처해있었던 상황의 열악함 때문만이 아니다. 이 발상은 두 가지 점에서 문제적인데 첫 번째, 한국영화의 오랜 봉쇄는 단지 테크놀로 지적 미비함 때문만이 아니라 정치적, 산업적 봉쇄의 결과였다는 점 때문이며. 두 번째, 아무리 '비싼' 상품을 만든다고 해도 자국 시장의 범위 안에서 만들어지는 영화가 전 세계 시장의 80%를 차지하는 할 리우드 상품에 근접한 가격에 도달하는 것은 불가능하기 때문이다. 세계 영화시장의 이 구조는 각국의 영화들을 보편과 특수 사이의 독 특한 길항 속에 놓이게 했다. 요컨대 정치적 봉쇄의 해제 없이 세계 성에 도달한다는 것은 요원한 일이며, 설혹 그 '공통성'의 기반을 스 펙터클에 둔다고 하더라도 근본적으로 한국영화의 산업 규모 안에서 그 지속은 불가능하다.47)

산업적 봉쇄는 1980년대 후반에 풀렸다. 그러나 위에서 언급한

---

47) 여기서 한국을 벗어난 공통성에의 어필을 가능게 했던 예외적 이름의 실천을 하나
언급해 두어야겠다. 1960년대 한국영화의 핵심인물이자 공인된 국제통이었던 신상옥
이 바로 그 이름이다. 신상옥의 1964년 영화 〈빨간 마후라〉는 한국뿐만 아니라 이
지역 일대, 대만, 홍콩, 싱가포르 등지에서 예외적 성공을 거둬들였다. 냉전의 프론티
어 국가가 생산해 낸 이 전쟁영화는 분명 냉전의 국제주의를 보여주는 하나의 사례로,
냉전 아시아에 어필할 수 있는 독특한 '스펙타클'이 있었다. 그러나 이 스펙타클은
산업적, 테크놀로지적 규모로 말미암아 제한적일 수밖에 없었으며, '냉전' 아시아라는
개념의 한계를 벗어날 수도 없었다. 이 영화가 창조해낸 공중전이라는 스펙터클의
공통성에 대해서는 이영재, 〈1960년대 한국전쟁 영화의 세 국면, 국민·반복강박·공중
의 관점 -〈5인의 해병〉〈돌아오지 않는 해병〉〈빨간 마후라〉를 중심으로〉,《상허학
보》 Vol.62, 상허학회, 2021, 205-244를 참조.

것처럼 보호장치 없는 이 해제는 한국 영화산업에 심대한 위기를 불러일으켰으며, 유일하게 남은 자국영화 보호책인 스크린쿼터 논의를 급증시켰다. 스크린쿼터 폐지 반대투쟁은 1998년과 1999년에 다시 한번 격렬하게 전개되었다. 1998년 미국이 한미투자협정(Bilateral Investment Treaty: BIT) 체결의 선결 조건 가운데 하나로 스크린쿼터 폐지를 요구하면서 불붙은 이 투쟁은 그 어느 때보다도 광범위한 국내적 연대를 불러일으켰을 뿐 아니라 국제적 연대를 또한 촉발시켰다.[48] 이 사실이 보여주는 바는 미국에 의한 스크린쿼터 폐지 요구가 '영화' 또는 '한국'에 한정된 일개 사안이 아니라 한국 사회의 신자유주의적 재편의 상징적 조처로 이해되었으며(국내적 연대) 문화 다양성이라는 가치의 심각한 침해(국제적 영화인들과의 연대)로 또한 이해되었음을 뜻한다.

다시 〈쉬리〉의 저 숫자들의 세계로 돌아가보자. '쏘나타 승용차 1만 1,657대'라는 숫자로 이 영화의 경제효과가 환원될 때 이 수사의 형식은 〈쥬라기 공원〉과 자동차가 비교된 1994년의 담론이 어떻게 1999년의 시점에 하나의 답을 얻게 되었는가를 보여주는 것에 다름 아니다. 당시 그 어떤 한국영화보다도 막대한 제작비가 투여된 이 영화는 규모의 경제를 (적어도 한국영화 산업 안에서) 입증하면서 이른바 '한국형 블록버스터'에 관한 논의를 실체화시켰다.

먼저 한국형 블록버스터란 용어에 관해서 이야기해보자. 1998년

---

48) 1999년 투쟁의 중심이 되었던 스크린쿼터 사수 범영화인비상대책위원회는 민주노총, 한국노총, 민변, 참여연대, 민예총, 환경운동연합 등 '우리 영화지키기 시민사회단체 공동대책위원회'와 함께 했으며(〈스크린쿼터 축소 철회 촉구〉, 《한겨레》, 1999년 6월 19일.), 프랑스 국립외교위원장인 자크 랑이 김대중 대통령에게 유럽은 한국 스크린쿼터를 지지한다는 서한을 보냈고(〈유럽은 한국 스크린쿼터 지지〉, 《한겨레》, 1999년 7월 8일.), 유럽영화진흥기구는 한국영화와 함께 반 할리우드 공동전선을 펼칠 것이라고 공개선언하였다.(〈反(반)할리우드 공동전선 구축하자〉, 《동아일보》, 1999년 5월 21일.)

에 〈퇴마록〉의 마케팅 용어로 등장하여 〈쉬리〉가 본격화시키고 2000년대에 매우 빈번하게 사용되었으며 2010년대 이후로는 거의 사라진 한국형 블록버스터란 명칭은 정의하기 꽤 곤란한 용어이다. 그것은 1970년대 후반 미국 영화산업 내의 새로운 자본과 인력, 테크놀로지의 갱신으로 이루어진 할리우드 블록버스터[49]라는 이 산업적 개념 자체의 난삽함 혹은 전혀 다른 규모의 산업환경인 한국에 적용시킬 때 필연적으로 발생하는 괴리 때문만이 아니다. 간단히 말해 이 혼란은 이 용어로 너무 많은 영화가 호출되고 있기 때문에 그렇다. 이를테면 2001년 말에 출간된 한국형 블록버스터에 관한 첨예한 논의들을 담고 있는 책《한국형 블록버스터: 아틀란티스 혹은 아메리카》에서는 〈쉬리〉, 〈공동경비구역 JSA〉, 〈친구〉, 〈파이란〉, 〈조폭 마누라〉, 〈용가리〉, 〈봄날은 간다〉 등, 당시의 한국영화들을 망라하고 있다. 이 구체적인 영화들을 염두에 두건데 한국형 블록버스터라는 용어는 〈쉬리〉의 성공, 정책적 기반의 조성, 금융자본의 대거 유입, 멀티플렉스 극장들로 말미암은 와이드 릴리싱 가능한 시장 자체의 확대 등이 마련해낸 갑자기 커진 한국영화의 규모에 대한 반응이었다고 보는 편이 차라리 타당해 보인다.[50]

그러나 그럼에도 불구하고 이 호칭을 단지 크기에 대한 반응만으

---

49) Thomas Elsaesser, "American Auteur Cinema: The Last-or First-Great Picture Show," edited by Thomas Elsaesser, Alexander Horwath and Noel King, *The Last Great American Picture Show: New Hollywood Cinema in the 1970s*, Amsterdam University Press, 2004.

50) 1990년대 후반 2000년대 초반에 일어나고 있는 한국영화의 산업적 확대는 내수시장의 확장과 긴밀하게 관련되어 있다. 특히 1998년 '강변 CGV'의 설립과 함께 시작된 멀티플렉스 영화관으로의 이동은 스크린 수의 비약적 확장과 함께 영화관람 환경의 전면적인 변화를 가져왔다. 영화는 근거리에서 손쉽게 골라볼 수 있는 매체로 전환되었다. 1997년 497개였던 스크린 수는 1999년 588개로 늘어났으며, 2000년에는 720개로 급증하였다.(한국영화진흥위원회 엮음, 《한국영화연감 2001》, 집문당, 2001, 10쪽.) 2000년대 초중반 내내 지속적으로 증가한 스크린 숫자와 근거리 관람 환경은 2000년대의 '천만 관객' 영화를 낳은 물질적 바탕이었다고 할 수 있다.

로 해명할 수는 없는데, 왜냐하면 여기에는 〈쉬리〉라는 최초의 대표적 사례에서 알 수 있는 바 '블록버스터'라는 용어 자체를 향한 욕망이 투영되어 있기 때문이다. 그것은 일찍이 〈쥬라기 공원〉과 자동차의 비교항이 내포하고 있던 '세계'를 향한 지향, '재현의 스펙타클'이 이를 가능케 할 것이라는 믿음과 관련되어 있다. 한국형 블록버스터라는 한때의 용어는 '글로벌한 것에 대한 로컬의 절합', 2000년대 한국영화의 특징이라고 할 수 있을 "지역적인 특수성에 호소하는 동시에 전지구적인 보편성에 대한 욕망"51)의 가장 이른, 그리고 가장 노골적인 형태를 보여주는 것에 다름 아닐 것이다. 이 욕망은 영화 세계의 '보편'으로서의 할리우드 지향에 다름 아닌 것으로 이해되었다. 위에 언급한 책《한국형 블록버스터: 아틀란티스 혹은 아메리카》는 이미 그 제목이 암시하고 있는바, 이를 '유령적 보편성'으로 명명하였다.

> 할리우드 블록버스터의 모방적 형식으로서의 한국형 블록버스터라는 보편과 특수의 쌍이 만들어지고 있다. (중략) 할리우드라는 공식적인 (official) 보편성이 한국형 블록버스터라는 유령적인(spectral) 보편성으로 분할되고 있는 것이다.52)

혹은 다음과 같은 언급은 〈쉬리〉가 전형화한, 이 순간의 한국 영화산업의 욕망과 실천을 정확히 묘사해내고 있다. "한국의 영화산업이 전지구적 문화산업이라는 거대한 틀 속으로 재편되는 과정에서

---

51) 권은선, 〈'한국형 블록버스터'에서의 민족주의와 젠더: 〈쉬리〉와 〈공동경비구역 JSA〉를 중심으로〉,《여성이론》 제4호, 2001, 99쪽.
52) 김소영, 〈사라지는 남한 여성들: 한국형 블록버스터 영화의 무의식적 광학〉,《한국형 블록버스터: 아틀란티스 혹은 아메리카》, 현실문화연구, 2001, 28쪽.

그 안으로 맹목적으로 흡수되고 동질화되는 것이 아니라 그것과 비슷한 틀(보편성)을 이용하면서도 자신의 특수성을 적극적으로 활용함으로써 또 다른 문화적 중심부로 상승하려는 욕망이 부각된다."53)

간단히 말해 〈쉬리〉는 한국의 고유한 모순으로서의 분단을 '소재'로, 〈스피드〉와 〈다이 하드〉와 〈히트〉 같은 당시의 인기있는 할리우드 영화의 '재현의 스펙타클'을 (누군가는 '미니어처'라고 부른 규모이지만) 성취하고자 했다. 그리고 국내에서의 성공과 더불어 (처음으로) 국제적 성공까지를 거두었다. 〈쉬리〉의 성공은 종종 IMF로 상처입은 민족적 자존심을 회복시킨 사건으로 비유되었으며("'토종' 〈쉬리〉가 〈타이타닉〉을 이겼다!"), 이 '내셔널 시네마'를 완성시켜내는 것이야말로 관객들의 내셔널한 열정으로 파악되었다.("우리 영화에 대한 국민의 애정 발현") 대중 민족주의에 관한 논의들이 IMF 직후의 맥락 속에서 일정한 설득력을 갖는 것은 사실이지만,54) 〈쉬리〉에서 진정 새로운 것이 있다면 말 그대로 한국의 고유한 모순을 '소재화' 시켜내는 방식에

---

53) 김병철, 《한국형 블록버스터에 나타난 한국적 특수성에 대한 연구》, 중앙대학교 첨단영상대학원 박사논문, 2004, 67쪽.

54) 한국형 블록버스터의 등장에 대한 권은선의 다음과 같은 논의가 대표적이다. "전지구화와 불가분의 관계를 맺고 있는 IMF 조치는 한국 사회에서 민족주의 담론과 민족 정체성을 더욱 강화시키는 계기를 마련해주었다. (중략) 전지구화와 신자유주의와의 관계망 속에서 그리고 부분적으로는 그에 대한 저항으로서 제기된 '쥬라기 공원 담론', '스크린쿼터 논란', 그리고 '일본영화개방 논쟁' 등 90년대 중반 이후 한국영화를 둘러싼 논쟁들은 각기 다른 목적과 지향성을 가졌으며 또한 다른 경로를 거쳤지만 전지구적인 영화 유통망 속에서 한국영화 산업을 위치지우고 국가간 경계를 인식하게 됨으로써 다양한 민족주의 담론들과 다양한 방식으로 절합된다."(권은선, 〈'한국형 블록버스터'에서의 민족주의와 젠더: 〈쉬리〉와 〈공동경비구역 JSA〉를 중심으로〉, 《여성이론》 제4호, 2001, 100-101쪽.) 한국형 블록버스터가 "상상적인 방식으로 민족 주체 위치를 제공하고 관객들을 바로 그 민족 주체로 호명함으로써 민족 정체성을 구성"하여 "한국 사회에서의 민족주의의 강화에 기여"했다는 이 논의는 〈쉬리〉 이후 일련의 한국영화들이 역사를 재구성해내고 있는 방식을 염두에 둘 때, 또한 2002년 월드컵에서 절정을 보여주었던 대중 민족주의를 염두에 둘 때 분명 설득력 있는 것이지만, 식민지와 분단으로부터 비롯된 포스트콜로니얼 분단 국가 대한민국이 김대중 정권의 등장과 함께 반일과 반공으로 구성되었던 정치공동체를 새롭게 재조정할 필요에 대한 대응이었다고 보는 편이 더 합당해 보인다.

있을 것이다.

2) 〈쉬리〉, 적대의 장르화: IMF 이후의 분단, 빈곤과 풍요

〈쉬리〉의 초반 장면은 이 영화가 어떻게 이 오래된 냉전 장르를 탈냉전 시기 유일한 분단국가인 한국에서 다룰 것인지, 북한을 어떻게 자리매김할 것인지를 여실히 보여준다. 북한군의 훈련에서 시작하는 일련의 장면은 어둡고 잔인하고 야만적이다. 서로 죽고 죽여서 살아남아야 하는 잔혹한 훈련, 한 덩어리의 밥, 낡은 창고, 구식 무기로 이루어진 이 여덟 개의 씬들을 통해 살아있는 표적들을 정확한 사격솜씨로 제거하고, 빗발치는 총탄 속에서 혼자 살아남은 괴물같은 여전사가 탄생한다. 이어지는 장면은 컴퓨터 화면에 뜬 그녀의 얼굴이다. 북한 특수8군단 비밀첩보요원 이방희(박하), 담당 OP요원 유중원, 이장길. 세 번째 장면은 인천항 선박을 조사하는 유중원(한석규)과 이장길(송강호) 등 OP요원들의 장면이다. 이들이 머리에 쓴 야간투시경 시점으로 전개되는 이 장면의 현대적이고 테크놀로지컬한 질감은 북한군 훈련 장면과 대조적이다. 피와 땀으로 범벅된 육체적 질감 대 야간투시경의 첨단기계적 질감의 대조. 이로써 남한과 북한은 전혀 상반된 두 개의 공간으로 의미화된다. 개발과 저개발의 장소 혹은 남한이 자본주의 세계시간 내에 놓여있다면 북한은 그로부터 완전히 이탈된 장소이다. 과연, 북한 특수부대는 남한의 신소재 첨단무기 CTX를 탈취하기 위해 이곳에 온다.

이어지는 네 번째 장면. 유중원과 이장길은 패밀리 레스토랑의 탁 트인 야외 테이블에 앉아있다. 이방희는 6개월째 모습을 드러내지 않고 있다. 웨이트리스와 이장길은 '프렌들리'하게 인사를 나누고, 수트를 입은 두 남성과, 여기저기 테이블에 앉아 담소를 나누고 있는 사람들은 세련되고 여유로워 보인다. 그때 불현듯 이방희가 나타나 이들에게 총을 쏜다. 곧 유중원의 악몽으로 밝혀지는 이 씬은 이방희에 대한 두려움이 무엇에 기반해 있는지를 잘 보여준다. 그녀는 백주대낮의, 평화롭고 여유로운, 패밀리 레스토랑으로 표상되는 남한을 위협한다.

〈쉬리〉는 익히 이야기되어온 바처럼 이런 류의 한국영화들이 이전에 가지고 있었던 이데올로기적 적대를 거의 내포하고 있지 않다. 그렇다면 적대는 어디에서 오는가? 남한과 북한 사이의 강렬한 빈부의 격차야말로 적대의 이유이다. 이 영화에서 박무영(최민식)이 이끄는 북한 특수부대의 공격이 예외 없이 상품으로 넘쳐나는 대형 쇼핑몰이거나 초고층빌딩에서 일어나는 것은 이 장소들의 파괴에서 오는 볼거리를 과시하기 위함이기도 하지만 또한 이 장소들이 남한의 풍요를 전시하는 장소들이기 때문에 그렇다. 네온사인으로 빛나는 번화가 한 편에서 박무열이 "흥청망청 술 처먹고 꽥꽥대는 꼴이 볼 만하구만. 북쪽에 내 형제들은 굶어 죽어가고 있는데 여기는 아예 배때지에 오물이 썩어 넘치는구먼. 아주 불공평한 세상이야"라고 말할 때 이 적대는 분명해진다. 곧이어 박무영은 유중원에게 서울 시내 열 곳에 CTX를 설치했음을 통고한다. 잠실 골든타워 폭발은 유중원의 패밀리 레스토랑 악몽의 실현태이다.

북한 특수 8군단의 통일을 향한 전쟁 시나리오가 어떻게 '굶어 죽어가는 형제들'을 살릴 수 있는지 명확하지 않지만, 적어도 그들에게 현재의 불공평을 일거에 뒤엎을 수 있는 가능성으로 제시되고 있는 것은 분명하다. "우리의 소원은 통일, 니들이 한가롭게 그 노래나 부르고 있을 때, 우리 북녘의 인민들은 못 먹어서 길바닥에 쓰러져 죽어가고 있어." 박무영의 입으로 전해지는 저 끔찍한 빈곤이야말로 유중원의 악몽이 상기시키는 바, 남한의 풍요를 저격할 수 있는 잠재적 위협이다. 북한은, 더 정확히 말하면 북한의 빈곤은 세심하게 관리되어야 할 대상이다. 이 영화가 군장병 정신교육교재로 사용되었다는 사실[55]을 오래된 반공영화의 도래로 보아서는 안 된다. 왜냐하면 햇볕정책 시대의 북한 이미지의 재현, 즉 빈곤 형상에 관한 세심한 관리란 그 자체로 평화 체제 '관리'의 일부일 수 있었기 때문이다. 무엇보다 이 군은 1999년의 군대이다. 오히려 이것은 남한에 있어 잠재적 위협을 어떻게 관리할 것인가와 더 관련 있다.

이 적대의 선을 염두에 둘 때 이 영화에서 보이는 서울의 그 어떤 장소도 빈곤해 보이지 않는다는 사실은 다시 한번 언급될 필요가 있다. 고층빌딩, 쇼핑몰, 번화가, 패밀리 레스토랑, 공연장, 1990년대 '기획영화'의 실내공간을 연상케 하는 젊은 연인들의 거주지 등, 〈쉬리〉가 90년대적인 당대성의 영화로 보이는 것은 이 공간들의 전형성 때문에 그렇다. 이 장소들은 90년대적 공간의 상상 속에서 더없이 풍요로운 문화와 상품의 장소들, 소비의 장소들이다. 이 공간의 풍요는 IMF로 타격을 입었으나(이를테면 IMF 직후 패밀리 레스토랑들은 대거 정리되었다) 영화에서는 온전히 복원되어 전시된다. 이때 가난이란 적어도 이 영화가 구사해내고 있는 이미지의 영역 안에서 보자면 철저하게 남한 바깥으로 외재화되는 것으로 보인다. 남한은 가난이 들어설 수 있는 장소가 아니다. 가난이 외재화될 때 이 영화가 구사하는 남한 대 북한의 적대, 유중원과 박무영의 적대는 그 고유한 역사—정치적 적대를 넘어선 풍요 대 가난의 적대로 읽혀진다. 초반의 저 강렬한 시퀀스가 계속 상기시키는 바, 가난은 또한 믿을 수 없이 잔혹한 것이기도 하다. 그것은 결코 함께 할 수 없다. 이방희는 이명현(김윤진)의 얼굴과 패션을 하고서야 이 장소, 남한에 들어설 수 있다.

---

55) 〈〈쉬리〉 보고 배워라 장병 정신교육교재 활용〉, 《매일경제》, 1999년 3월 2일.

풍요 대 빈곤으로서의 분리야말로 이 영화가 내전이 초래한 분단이라는 결과를 마주하는 영화들 중에서 거의 예외적이라고 할 수 있을만큼 형제살해의 죄의식으로부터 자유로워 보이는 이유일 것이다. 박무영은 유중원을 '친구'라고 부르지만, 이 호칭은 이런 장르의 영화들이 선호하는 적대자들 간의 인정에 더 가깝다.(이를테면 〈히트〉의 알 파치노와 로버트 드니로가 그러했던 것처럼) 박무영에게 '내 형제'란 '우리 북녘의 인민'이며 유중원에게 형제는 동료 이장길이다. 나는 너와 형제가 아니다.

〈쉬리〉에 대해 할리우드 장르영화의 아류라고 말하는 것은 실은 너무 광범위해서 아무 것도 말하지 않는 것과 마찬가지다. 할리우드 장르영화란 대체 무엇인가? 장르는 무엇인가? 장르를 이미지−내러티브−캐릭터에 대한 관객의 기대치와의 오랜 교섭 속에서 이루어진 관습 장치라고 한다면, 〈쉬리〉가 장르영화라는 것은 적대를 장르화한다는 의미로 이해되어야 한다. 남과 북의 적대, 유중원과 박무영의 적대의 자리는 모듈처럼 수많은 적대의 쌍으로 대체 가능하다. 아마도 이것이야말로 〈쉬리〉가, 각각의 자국적 소재들을 지니고 있는 아시아 지역에서 어떻게 역사를 소재화할 수 있는가에 관한 하나의 샘플로서 국제적 어필이 가능했던 지점일 것이다.

3) 〈공동경비구역 JSA〉, 형제의 생성과 살해: 6·15 남북공동선언과 취향의 공동체

〈공동경비구역 JSA〉 역시 분리의 장소에서 시작된다. 이 장소는 우리가 알다시피 군사분계선으로 나뉘어져 있으며, '돌아올 수 없는 다리'로 명명된 다리의 이쪽과 저쪽으로 나뉘어져 있다. 그런데 이곳은 제목 그대로 '공동경비구역 Joint Security Area'이다. 공동으로

(joint) 관리(security)되는 이 장소(area)는 너무나 근접해서, 종종 그들은 좌표를 잘못 찍어 상대방의 영역에 들어오기도 하고(그러면 몰래 빠져나가야 한다. 이수혁 병장은 볼일을 보다 낙오되고 그러다가 지뢰를 밟았다) 벌판에서 서로 만나 담배를 한 대씩 교환해서 피우기도 한다.(각각 area, security, joint는 세 파트로 이루어진 이 영화의 챕터 제목이기도 하다.) 이 장소는 장소의 명명 그대로 양가적이다. 이곳은 절대적인 분리와(이를 넘어선다는 것은 목숨을 거는 일이다), 잠재적인 접촉을 피하기 위한 세심한 동선과 극도로 예민한 몸가짐이 필요한 곳이다.

“남한에는 〈국가보안법〉이라는 것이 있습니다.” 외국인 관광객을 안내하는 외국인 가이드가 이 말을 하는 순간 한 관광객의 모자가 군사분계선 저편으로 날아간다. 북한군 오경필 중사(송강호)가 모자를 건네주자 가이드가 감사의 말을 전한다. “〈국가보안법〉 상 잠입, 탈출, 군형법상 명령위반, 무단이탈 등 중죄를 저지른 겁니다. 남한 법에는 북한과의 어떤 소통도 금지하고 있습니다. 최악의 경우에는 제가 방금 한 행동으로 사형에 처해질 수도 있습니다.” 가이드의 설명이 이어지는 동안 카메라는 직각의 극단적 부감으로 이 장소를 시각화한다. 하늘색 지붕이 화면의 양편을 동일한 비중으로 점유하는 가운데 가로로 놓여있는 군사분계선과 세로로 길게 놓인 하수구에 의해 십자 형태의 도형으로 감지되는 이 장면의 추상성은 장소, 역사, 인간의 추상화에 대한 도발로 보인다. 우리는 영화의 마지막 장면에서 앞의 부감에서 동그란 군모로 보였던 네 명의 주인공 병사들의 ‘얼굴’, 결코 추상화될 수 없는 구체적인 그 얼굴들을 확인하게 될 것이다.

〈공동경비구역 JSA〉에서 가장 흥미로운 장면 가운데 하나는 이수혁(이병헌)이 북쪽 초소로 넘어가는 장면이다. 암전을 포함한 세 개의 숏으로 이루어진 이 장면은 일종의 트릭으로 이루어져 있다. 화면의 왼쪽부터 오른쪽으로 패닝하는 카메라가 남쪽 초소부터 다리를 거쳐 이수혁의 옆모습과 뒤편의 나무까지 이른다. 암전. 이번에는 패닝하는 카메라가 나뭇가지부터 이수혁의 정면 얼굴, 다리를 거쳐 북쪽 초소에 이른다. 초소, 다리, 이수혁이라는 동일한 대상으로 이루어진 첫 번째 패닝 숏과 세 번째 패닝 숏은 이 대상들의 순서를 통해(초소→다리→이수혁/이수혁→다리→초소) 같지만 다른 한 쌍의 이미지를 만들어낸다. 첫 번째 숏이 세 번째 숏으로 '감히' 이동하기 위해서는 두 번째 숏, 검은색 암전이 필요하다. 그러니까 이 암전은 영화적으로 설정된 비약이다. 마치 적대의 역사는 이 비약이 없다면 결코 뛰어넘을 수 없는 것처럼 보인다. 혹은 영화라는 장치야말로 이를 가능케 한다. 구멍과 같은 암전을 통해서만 이수혁은 적대의 역사를 뛰어넘을 수 있다.

이어지는 장면에서 북한군 병사 정우진(신하균)은 돌아가려는 이수혁에게 이렇게 말한다. "거 잘왔습네다, 분단의 반세기 그 오욕과 고통의 세월을 뛰어넘어 통일의 물꼬를 트러오신 이수혁 상병동지를 열렬히 환영합네다" 가장 어린 병사(정우진은 이제 만들어질 네 명의 '형제들' 가운데 막내 역할을 맡게 될 것이다)의 입에서 나오는 이 말이 코믹하게 들리는 것은 이 '공식적' 언어에 대한 믿음이 이미 상실되었음에도 불구하고 여전히 그것을 믿는 이 어린 병사의 순진함 때문이다. 이 말은 이수혁에 의해 성글게 모방되어 남성식(김태우)에게 발화된다. 분계선을 이미 넘어선 이수혁이 저편에서 머뭇거리는 남성식에게 말한다. "야 너 지금 분단의 반세기를 … 그 오욕과 고통의 세월을 뛰어넘어서 … 통일의 물꼬를 트러가는 거야 임마" "나중에 트면 안될까요?" 남한과 북한에서 공식의 언어는 너무 많이 오용되었다. 이 말은 부서진 채로서야 비로소 의미를 갖는다.

한편 정말로 단순하게 이 말은 말 그대로 많은 시간이 흘렀음을 지시한다('분단의 반세기'). 〈공동경비구역 JSA〉는 내전과 연루된 생물학적 기억이 희미해져갈 때, 어떻게 다시 형제가 만들어지고, 그리하여 '분단의 반세기'라는 저 시간의 흐름 속에서도 굳건한 이 동일한 구조 위에서 다시 형제살해가 반복되는가의 이야기이다. 그렇다면 어떻게 형제가 만들어지는가? 이 영화를 논하기 위해서는 형제살해 이전에, 이 통절한 죄의식의 서사(이것이야말로 얼마나 박찬욱적인 테마인가) 이전에 먼저 형제의 생성에 관해 말해야 한다.

무엇보다 이들은 놀이에 몰두한다. 공기놀이, 손바닥 밀치기, 닭싸움…. 이 놀이들은 그들의 신체를 접촉하게 할뿐만 아니라 지나간 유아적 시간을 복원시키는 것이기도 하다. 이 공유가 그들을 형제로 만들었을 때 이수혁이 묻는다. "정말로 전쟁 나면 우리도 서로 싸워야 돼?" 내전의 가장 잔혹한 상상태가 불현 입 밖으로 내뱉어졌을 때, 이수혁을 포함하여 '우리'로 그 자리에 있는 네 명의 병사들의 당혹스럽고 망연한 표정의 얼굴들이 수평의 패닝숏으로 차례로 보여진다. 이 씬이 일반적인 대화 씬을 구성하는 숏–리버스 숏으로 이루어지지 않고 있는 것은 이 질문이 너의 반응을 구하는 것이 아니기 때문이다. 수평 패닝의 원 내에 놓여있는 이들은 동일한 상태에 처해있다. 너는 나를 향해 총구를 겨누고, 나는 너를 향해 총구를 겨누는 몸서리쳐지는 상상. 그런데 한국전쟁은 남과 북의 전쟁만이 아니다. 그것은 더 상위의 힘에 의해 조종되는 것이다. 오경필에 따르면 '양키 놈들이 워게임을 하면 북남 모두 3분 내에 전멸이다.' 죽음을 상상하는 이 순간 오경필 중사가 말한다. "아 오마니 생각나는구만. 근데 광석이는 왜 그렇게 일찍 죽었다니?" 앞질러 말하건데 이 대사가 이 영화를 본 관객들 사이에서 가장 많이 회자된 것은 우연이 아니다.

오경필 중사–송강호가 카메라의 정면에서, 다시 말해 관객을 정면으로 마주보며 이 대사를 읊을 때 그가 말을 건네는 대상은 영화

속 병사들로부터 영화 바깥의 관객으로 확장된다. 김광석은 1996년에 죽었다. 1980년대의 민중가수에서 1990년대의 학전 1000회 공연이라는 기록을 가진 모던포크 가수로 이동해간 그는 2000년의 한국 관객들에게 1980, 90년대의 저 지나간 시간을 일거에 환기시키는 동시대의 이름이다. 이 말과 함께 〈이등병의 편지〉가 흘러나온다. 북한군의 입에서 나온 '광석이'와 〈이등병의 편지〉는 이 영화를 보고 있는 젊은 관객들에게까지 네 명의 병사들 사이에서 공유된 시간과 공유된 감정을 확장시키게 만드는 더할 나위 없이 효과적인 장치이다.

〈공동경비구역 JSA〉는 6·15 남북공동선언 직후에 극장 공개되었다. 적대가 아닌 평화와 공존의 비전이 제시된 이 순간에 이 영화는 서울 관객 250만 명, 전국관객 580만 명이라는 놀라운 숫자로 화답하였다.

그렇다면 하나의 의문이 남는다. 이 장치들을 통해서 만들어진 이 우정의 공동체는 과연 '민족 공동체'의 재형성인 것일까? 〈공동경비구역 JSA〉에 관한 2000년대 초반의 논의들이 한결같이 전제하고 있는 (긍정적인 의미에서든 부정적인 의미에서든) 민족주의에 관한 강조는 언설의 역사성이라고 할만한 것을 보여준다.[56] 물론 여기에는 2000년대 초반의 대중 민족주의에 대한 실감의 차원이 내재되어 있다. 2000년대 초반은 IMF '국란 극복'의 서사와, 미국에서 성공한 스포츠 스타들과, 월드컵의 열기 속에서 대중적 민족주의가 그 어느 때보다도 활성화되어 있던 당시였다. 그런데 이 국내적 맥락만으로는 이 영화가 누린 국제적 명망을 설명해내기는 곤란해 보인다. 〈공동경비구역 JSA〉는 위에서 언급한 것처럼 베를린영화제 경쟁에 진출했다.

---

56) 대표적으로 앞의 권은선의 논의, 또는 고부응, 〈《공동경비구역 JSA》에서의 민족 공동체-문화연구로서의 비교문학을 위하여〉, 《비교문학》 29권, 2002를 참고할 수 있다.

이 영화는 박찬욱이 국제 예술영화 서킷에 진입한 첫 번째 영화였다. 그로부터 4년 후 그는 〈올드보이〉로 칸에서 심사위원대상을 수상하였다. 민족적 서사로 이 영화를 해석하는 것은 틀리지는 않지만 이 텍스트에 내재되어 있는 보편성의 차원, 더 정확히 말하면 한국을 벗어난 장소로의 이전 가능성이 어디에서 비롯되는지에 관해 더이상 말할 수 없게 만든다.[57] 구체적으로 이것은 네 명의 병사들의 공동체를 어떻게 해석할 것인가의 문제이다. 다시 한번 이것은 다만, '민족 공동체'인가? 이수혁 병장은 오경필 중사에게 음악 테이프를 녹음해서 보낸다. 오경필에 따르면 한대수는 처음에는 좀 이상했는데 자꾸 들으니까 좋고, 김현식은 참 좋다. 급기야 오경필은 다시 한번 반복컨대, '광석이는 왜 그렇게 일찍 죽었다니'라고 중얼거리며 '광석이를 위해서 딱 한 잔만' 할 것을 제안한다. 이것이 만들어내는 것은 민족 공동체인만큼 또한 동시대적 취향을 공유하는 취향의 공동체이자 정서의 공동체이다. 적대와 새로운 공동체의 상상을 매개하는 취향의 문제란 사실 극히 로컬해 보이는 한편, 당대 세계 곳곳의 분쟁을 환기하는 글로벌한 이슈였을 터이기 때문이다.

〈쉬리〉와 〈공동경비구역 JSA〉는 2000년대의 대표적인 한국영화들이 보여줄 정치적이고 역사적인 로컬에 대한 천착과 글로벌한 어필이 어떻게 동시적으로 이루어지는가에 관한 가장 이른 두 가지 모델을 보여준다. 〈쉬리〉가 적대의 장르화 또는 기능화라고 할만한 것

---

57) 〈공동경비구역 JSA〉의 리메이크 판권은 〈글래디에이터〉의 시나리오 작가 데이빗 프란조니가 샀다. 2005년에 판권을 산 그는 2019년 이 리메이크 버전이 미국과 멕시코 국경을 배경으로 미 해병대와 멕시코 특수부대 사이의 총격전, 이를 조사하기 위해 헤이그에서 파견된 스페인 여성 변호사의 이야기가 될 것이라고 밝혔다.(Pierce Conran, "GLADIATOR Scribe Pens JOINT SECURITY AREA Remake," Feb 09, 2019.
https://www.koreanfilm.or.kr/eng/news/news.jsp?blbdComCd=601006&seq=5094&mode=VIEW

을 통해서 이를 가능하게 했다면(그럼으로 이 영화는 역사의 부채의식으로 부터 가장 멀리 떨어져 있는 한국영화가 되었다), 〈공동경비구역 JSA〉는 분단의 심부로 들어가 형제살해와 죄의식의 보편성을 획득한다.

4. 맺음말

1973년 영화진흥공사는 "영화를 통해 유신이념의 구현에 적극 참여하고 중흥을 모색하는 한국영화계의 제작방향을 실질적으로 선도하겠다는 다짐 아래 우수영화의 제작을 다각적으로 서둘러 (중략) 드디어 영화제작에 착수, 우리영화사에 새로운 '에포크'를 긋게 되"었음을 선언한다. 한국전쟁에 관한 두 편의 영화 〈증언〉(임권택)과 〈들국화는 피었는데〉(이만희)가 바로 그것인데, 특히 1950년 6월 25일부터 서울수복에 이르는 시간을 '기록'하게 될 〈증언〉은 "이 거창한 역사적 사실을 종합적으로 집대성하는 대작"이 될 것임이 공언되었다. "우리 영화사상 최대의 군지원"과 "우리 영화계가 지닌 모든 역량이 총동원"되어 만들어지는 영화 〈증언〉은 "제작 규모나 예술적인 측면에서도 국제 수준의 우수 대작영화를 기어코 이루고 말리라는 의욕의 산물"[58]이다. 1973년 12월 같은 지면《월간 영화》에서 〈증언〉의 제작을 담당했던 정진우는 "종래에 관객들이 가지고 있던 한국영화에 대한 불신을 해소시키고 해외시장 진출을 목표로 한"[59] 이 영화를 만드는데 한국영화계 전체가 최선을 다했음을 역설하고 있다.(참고로 이 호의 특집은 '세계 속의 한국영화, 해외에 자랑할 한국적 영상은 어떤 것인가'였다.) 1974년 1월에 개봉한 〈증언〉은 서울 관객 183,

---

58) 《〈증언〉과 〈들국화는 피었는데〉 제작 착수》,《월간 영화》 1973년 9월호, 35쪽.
59) 정진우, 〈6.25 영화 제작소고〉,《월간 영화》 1973년 12월호, 48쪽.

534명을 동원하며 1974년 한국영화 흥행 베스트 2위를 차지하였다.[60] 북한군의 남침에서 시작하여 이들의 만행을 김창숙의 '목격'과 보이스오버 내레이션을 통해 '증언'하고 있는 이 영화는 전국의 모든 중고교 학생들의 의무관람작이었다.

1973년 유신 체제가 대규모로 동원해낸 반공 프로파간다 영화가 세계성을 열망하는('국제 수준의' '해외시장 진출을 목표로'!) 이 장면은 지금 보면 거의 골계로 보일지 모른다. 그러나 이 열망은 그것이 이룩될지도 모른다고 생각하는 방책과 그 한계로 인해 흥미롭다. 이 영화의 제작자들은 '대작', 스펙타클이 이를 가능케 하는 것이라고 믿으려 했다. 〈증언〉은 군의 대대적인 지원을 받았으며, 특수촬영에만 4천만 원을 들였고, 일본 특촬팀을 초청하여 한강 폭파를 '미니어처' 촬영을 통해 실감나게 재현하고자 했다. 그러나 결과적으로 이는 기록영화적 핍진성을 주된 설득의 제재로 삼고 있는 이 영화에 불현 〈대괴수 용가리〉(1967)의 질감을 새겨넣었을 뿐이다.(이 영화의 일본 특촬팀은 〈대괴수 용가리〉와 같은 팀이 초청되었다.) 테크놀로지적 노하우란 하루 아침에 달성 가능한 것이 아니다. 급기야 제작자 정진우는 "한국영화 사상 최고의 제작비를 투입"했음에도 이 영화의 제작비가 실은 외국영화에 비해 얼마나 작은 것인지 토로한다. 그에 따르면 〈증언〉의 경험은 "한국영화의 세계시장 겨냥이라는 선에서 볼 때 아직도 훨씬 더 많은 제작비의 투입이 요구된다는 사실을 재삼 확인"한 것이었다. 그런데 정말로 그런 것일까? 결국 한국영화라는 물적 기반 위에서 규모의 언설이란 강박이 될 수밖에 없다. 아무리 많은 재원을 투입한다고 하더라도(이를테면 〈증언〉의 사례처럼 국가에 의한 막대한 동원) 전세계 시장을 대상으로 하는 할리우드 영화의 규모에 도달한

---

60) 〈한국영화 제작은 풍성, 흥행은 저조〉, 《월간 영화》 1974년 12월호, 19쪽.

다는 것은 불가능하다. 그럼에도 규모를 통해 세계 시장에 가닿을 수 있다는 저 믿음은(더 정확히는 믿고자 하는 의지) 실은 더 근본적인 봉쇄를 보아서는 안 된다는 금지의 상관물이다. 단도직입적으로 말해 이 금지는 생사여탈과 관련된 정치적 금지에 다름 아니다.

〈증언〉과 〈쉬리〉 사이의 거리, 혹은 〈증언〉과 〈공동경비구역 JSA〉 사이의 거리는 새삼 놀랍다. 이 글은 결국 이 거리가 어떻게 발생할 수 있었는지, 1990년대 말 2000년대 초라는 저 시간대에 어떻게 드디어 한국영화의 오랜 열망인 세계성의 획득이 가능해졌는가에 대한 정치적, 경제적, 제도적 기반에 대한 묘사이다. 남한이라는 국지성에 봉쇄된 것으로 이야기된 한국영화는 코리안 뉴웨이브와 스크린쿼터 논쟁을 거쳐 세계로 개방된 1990년대 말, 정치적으로는 동원의 예술에서 벗어나 산업으로서 진흥되어야 할 대상으로 법과 경제의 영역에서 재조정되었다. 이를 설명하는 데 있어 김대중이라는 일관된 문화적 자유주의자의 집권을 빼놓을 수는 없을 것이다. 김대중은 구체적으로 1980년대 영화운동에서 비롯된 정책 입안자들과 연결되어 있었다. 혹은 이 입안자들은 김대중이라는 상징적 이름을 통해 자신들의 정책적 비전이 현실화될 것이라고 믿어 의심치 않았다. 그것은 또한 IMF와 관련된 한국 사회의 새로운 구조조정의 산물이기도 한데, 이 시점에서 소비자−관객이라는 새로운 시민 형상이 생성되었다. 〈쉬리〉와 〈공동경비구역 JSA〉는 분단과 민주화라는 로컬 이슈를 매개로 한국영화가 어떻게 글로벌 어필이 가능한 문화 상품이 될 수 있는지를 정치경제학과 산업 전략의 양 차원에서 뚜렷하게 보여주는 사례들에 다름 아니다.

* 이 글은 이영재, 〈한국영화의 세계화, 정치경제학적 원천과 산업 전략〉, 《상허학보》 제70집, 상허학회, 2024, 537−581을 일부 수정한 것이다.

제3장. 한일 문화 교류의 새로운 양상:

김대중의 말을 통해 본 일본 대중문화 개방의 의미

남상욱 (인천대학교)

1. 들어가는 말: 김대중의 말로부터 일본 대중문화 개방 25주년의 의의 다시 묻기

2023년은 김대중 대통령과 오부치 게이조(小渕恵三) 일본 총리가 '21세기를 향한 새로운 한·일 파트너십을 위한 한·일 공동선언'을 한 지 25주년이 되는 해로, 한일 양국 미디어 모두 그 역사적 의의에 대해 다양한 형태로 언급했다. 그중에서도 한국 미디어에서도 많이 인용 보도된 기사가 《아시히 신문》이 오코노기 마사오(小此木政夫) 게이오대학 명예 교수와 나눈 인터뷰이다. 거기서 오코노기는 다음과 같이 말한다.

Q: 선언의 의의는 무엇이었을까요?

A : 일본 측이 과거에 대해 명확하게 사죄하고 한국 측이 그것을 받아들여, 미래지향의 한일관계를 맹세했다는 데에 최대의 의의가 있습니다. 따라서 관계가 악화되더라도 되돌릴 원점으로서 늘 의식되어 왔습니다.

Q: 선언 후, 문화를 중심으로 한 한일 시민교류는 확대되었습니다. 정치가 주도한 드문 예입니다.

A: 바로 그렇습니다. 김대중 정권에 의한 일본 대중문화의 단계적 개방이 오늘날 융성의 출발점이 되었습니다. 어쩌면 한일 공동선언의 최대 의의는 여기에 있을지도 모르겠습니다.[1]

오코노기의 지적대로 한일 관계가 악화될 때마다 자주 언급되어 왔던 것이 바로 김대중–오부치 선언이었고, 현재 한국 대통령인 윤

---

1) 〈日韓共同宣言から25年、外交にどう影響？小此木名誉教授に聞く〉, 《朝日新聞》 디지털, 2023년 10월 7일.
https://www.asahi.com/articles/ASRB673B5RB4UHBI01D.html

석열도 이를 통해 한일관계 개선의 정당성을 부여하려 했음은 잘 알려져 있다. 그런데 이 선언의 빈번한 소환은, 되돌아가야 할 그 '원점'에 있는 "일본 측이 과거에 대해 명확하게 사죄하고 한국 측이 그것을 받아들여 미래지향의 한일관계를 맹세한다"는 원칙이 지난 25년간 잘 지켜지지 않았기 때문임을 역설적으로 보여 준다. 따라서 오코노기는 한일 공동선언의 최대 의의는 그 원칙이 아니라 일본 대중문화의 단계적 개방 쪽에 있을지도 모른다고 말하는 것이다. 그렇다면 한국인들에게 25주년을 맞이한 일본 대중문화 개방의 의의는 무엇일까.

일본 대중문화 개방의 의의에 관해서는 이미 많은 언급과 연구가 있는데, 기존 연구에서 그 의의에 대해 가장 많이 언급되는 것이 한일 민간 교류의 본격화와 한국 문화산업 발전의 계기다.[2] 전자와 관련해 한영균은 개방을 통한 일본 대중문화 유입 경로 양성화가 일본 측에서도 긍정적 평가를 얻게 됨으로써 "일본 내 한국문화 소개 사례가 증가하고 양국 간의 공동제작 영화나 드라마 등이 방영"되고 이러한 흐름이 "한류 붐으로 이어져 양국 간의 문화수용이 상호교류 양상을 띠기 시작했다"고 주장한다.[3] 기미야 다다시(木宮正史)는 이러한 문화적 상호교류에 주목하여 한일 교류의 양상이 '비대칭에서 대칭'으로 변화했음을 강조하기에 이른다.[4] 후자와 관련해 김성민은

---

[2] 주요 논문은 다음과 같다. 강태웅, 〈거부에서 수용으로: 90년대 대중적 일본문화론의 특성과 변화〉, 《일본비평》 3, 2010; 남상욱, 〈일본 대중문화와 한국의 통치성: 자기 제한 장치에서 플랫폼 속의 소비재로, 나아가 규제 회피의 회랑으로〉, 《상허학보》 제54집, 2018; 오현석, 〈문화제국주의론에서 바라본 타자로서의 일본: 1990년대 일본대중문화개방과 관련된 담론을 중심으로〉, 《일본학보》 제118집, 2019; 장인성, 〈일본 대중문화 개방과 "자기 해방": 일본 대중문화 담론의 성격과 개방의 방향〉, 《국제문제연구》 22권 1호, 1998; 한영균, 〈일본 대중문화 개방정책의 현황 및 의의〉, 《일본문화연구》 제86집, 2023; 홍성태, 〈일본 대중문화 개방의 문화정치〉, 《문학과학》 제41집, 2005.

[3] 한영균, 〈일본 대중문화 개방정책의 현황 및 의의〉, 《일본문화연구》 제86집, 2023, 286쪽.

일본 대중문화 개방이 "문화산업을 성장시켜 세계시장에서 경쟁하기 위한 국가적 과제를 배경으로 한 것"으로, 한국에서의 '문화정치'라는 문제가 '문화경제'로 전환되어 간 계기가 되었다고 하며, 이는 국가적 행사로서 치러진 2002년 월드컵 이후 "문화의 교류가 어떻게 정치와 경제에 동원되지 않으면서 한일의 새로운 관계를 구축할 수 있을 것인가"라는 문제를 낳게 되었다고 지적한다.[5] 이러한 김성민의 지적은 정치적, 경제적 갈등을 해결하기 위한 문화의 동원이 바람직한지를 되돌아보게 만들지만, 그 이전에 '과연 문화가 정치 및 경제와 분리되어서 이야기될 수 있겠는가'라는 더 근본적인 물음을 낳는다. 즉, 일본 대중문화 개방이 한국의 정치, 경제와 어떻게 결부되었는지에 대한 더 면밀한 검토가 필요한 것이다.

이러한 문제의식에서 이 글에서는 일본 대중문화의 단계적 개방이라는 정책을 추진한 김대중의 문화 및 일본 대중문화 개방 관련 담화 및 기록에 초점을 맞춰 그 의의를 생각해 보고자 한다. 1924년에 태어나 1998년 제15대 대통령이 된 김대중은 오늘날 역대 한국 대통령 중에서도 독자적인 사상을 가진 정치인으로 평가받고 있다. 예컨대 김학재는 "한반도의 통일·평화 문제에 관해 자신만의 이론을 정립하고 이를 평생 실천한 인물"이자 "동시대에서 가장 국제화된 감각과 세계적 네트워크를 보유한 정치인"으로,[6] 류동민은 "'세력균형'과 '참여'를 두 가지 축으로 삼는 경제적 민주주의 개념"을 축으로 하는 경제사상을 지녔던 대통령으로,[7] 노명환은 "보편적 세계주의"

---

4) 木宮正史, 《日韓関係》(東京 : 岩波書店), 2021, 139쪽.

5) 김성민, 《일본을 禁하다: 금제와 욕망의 한국대중문화사 1945-2004》, 글항아리, 2014, 199-201쪽.

6) 김학재, 〈김대중의 통일·평화사상〉, 《통일과 평화》 9집 2호, 2017, 60.

7) 류동민, 〈김대중의 경제사상에 관한 검토: 경제적 민주주의 개념을 중심으로〉, 《기억과 전망》 23호, 2010, 166-169쪽.

라는 이념을 지니고 이를 실현할 수 있는 "지식정보화 시대의 실현과 문화산업"의 기초를 마련한 사상가로 각각 평가하고 있다.[8] 이러한 김대중의 사상은 단순히 이념적인 완결성만을 추구하는 것이 아니라, 현실과의 접촉을 통해서 수정되면서 만들어졌으며, 대통령이 된 이후에는 정책적으로 추진되었다는 점에서도 여전히 중요한 고찰의 대상이 되고 있다.

한편 이러한 김대중의 사상에 있어 일본과의 관계는 빼놓을 수 없다. 와다 하루키에 따르면 1973년 일본에서 일어난 김대중 납치 사건은 당시 일본 지식인들에게 큰 충격을 주었고, 이후 일본 사회가 김대중 구명 운동을 비롯해 한국의 민주주의 운동에 관심을 갖게 된 계기가 되었다고 한다.[9] 현대 한일관계에서 김대중의 중요성은, 류상영이 "한일관계에서 김대중의 존재와 그의 경험은 당시의 시대적 산물임과 동시에, 자신이 만들어낸 적극적 정치 행위의 결과이기도 하며, 그의 정치 행위는 당시의 시대 현실에 큰 영향을 미치기도 하였다"고 말한 바와 같이 아무리 강조해도 지나치지 않다.[10] 특히 '21세기를 향한 새로운 한·일 파트너십을 위한 한·일 공동선언'과 일본 대중문화 개방은 김대중의 중요한 업적인데, 이에 대한 심도 있는 학술적 논의는 아직 부족한 실정이다.

이 글에서는 사상가로서 김대중의 말보다는, 근대 국민국가의 대통령으로서 김대중의 말이라는 측면에 좀 더 주목하고자 한다. 이는 대통령의 말을 개인의 사상의 직접적인 투영이라기보다는, 상황에

---

8)   노명환, 〈한류를 위한 김대중의 기여와 미완의 김대중 사상 정책의 완성을 위한 한류의 의미와 역할: 민주주의 평화 상생 한반도의 분단극복과 세계시민주의를 위하여〉, 《역사문화연구》 제83집, 2022, 226-227쪽.

9)   류상영·와다 하루키·이토 나리히코 엮음, 《김대중과 한일관계: 민주주의와 평화의 한일현대사》, 연세대학교 대학출판문화원, 2012, 205-238쪽.

10) 앞의 책, 50쪽.

따라 달라지는 국가 통치 이념에 대한 재현이라는 관점에서 보기 위해서이다. 요컨대 이 글은 다음과 같은 관점에서 김대중의 말을 분석하고자 한다. 국가의 통치성을 대리=표상하는 대통령의 말속에서 일본 대중문화와 그 개방은 어떻게 표상되었고, 이는 한국 국민의 행동 양식에 어떠한 변화를 요청한 것일까. 그리고 김대중을 통해 발화되는 일본 대중문화 개방은 일본인들에게 어떻게 수용되었을까. 마지막으로 일본 대중문화 개방의 지연은 어떠한 문제를 포함하고 있을까.

이러한 물음을 바탕으로 이하 본문에서는 먼저 일본 대중문화 개방에 이르기까지의 1990년대 한국의 대내외적 상황 속에서 김대중의 문화 인식의 변화를 통해 한국 통치성의 변화를 살펴보고, 이어서 이러한 통치성의 변화가 일본 미디어와의 인터뷰를 통해서 어떻게 재현되며, 문화에 대한 상호 이해와 오해를 낳는지를 살펴본다. 마지막으로 임기 내에 일본 대중문화 완전 개방이 이르지 못한 데에 대한 상황을 되짚어 보며 김대중의 말로 대표되는 한국 통치성의 또 다른 변화를 살펴보고자 한다. 이러한 고찰을 통해 이 글은 일본 대중문화 개방의 의의를, 한국 통치성 속의 '문화' 개념의 재배치와의 관련성 속에서 찾고자 한다.

2. 신자유주의와 김대중의 '문화' 인식의 전환: 소비되는 '문화'에서 산업화되는 '문화'로

대통령 김대중의 일본 대중문화 개방 표상을 살펴보기에 앞서, 아직 대통령이 되기 이전인 1990년대 김대중의 세계 인식과 그 속에서 문화가 어떤 자리에 배치되고 있는지를 확인해 보고자 한다.

1992년 대선 패배 이후 김대중은 영국 케임브리지대학교 객원 교수로 지내면서 냉전 이후 유럽의 변화에 대해서 주의 깊게 살펴보고 있었다. 예컨대 1993년 3월 31일 앤서니 기든스(Anthony Giddens)와의 대담에서 김대중은 "현재 EEC(European Economic Community)나 유럽 또는 미국을 볼 때 경제적 이슈들에 집중하면서 경제 블록을 세우려고"하는 움직임에 대해 언급한 뒤, "선진국들이 그렇게 할 때 한국처럼 개발도상국들은 어떻게 할 수 있을까요?"라고 자문하는 한편, 이를 따라잡기 위해서 "유럽처럼 동아시아, 미국, 중동, 아프리카도 일종의 느슨한 지역적 연합을 이룰 수 있고 이것들이 언젠가는 아마도 세계 연합이 될 수도 있지 않을까요?"라고 기든스에게 반문한다.[11] 이러한 김대중의 문제의식은 5월 15일 바츨라프 하벨(Václav Havel) 체코 대통령과의 대담에서 훨씬 더 구체적으로 드러나고 있다.

과거 냉전 시대 때는 어느 한쪽에 가담하거나 제3세계에 속하면 입장이 쉬웠음. 냉전 종식 이후 대국들의 에고이즘(egoism, 자기중심주의)이 등장하는 듯함. 냉전 시대에는 서로가 자기편으로 끌어들이려고 애썼으나 이제는 그런 사실을 잊어버리고 상대도 안 해준다는 인상임. EC(European Community) 국가들은 과거 동구 공산권 나라들에 대해서 공산주의만 포기하면 도와도 주고 시장도 개방해 준다고 했는데 냉전 이후는 오히려 그 반대 현상이 일어나고 있음.[12]

김대중에게 탈냉전은, 냉전을 해소하고자 하는 서방 세계의 동력

---

11) 연세대학교 김대중도서관 엮음, 《김대중 전집 II : 제16권》, 연세대학교 대학출판문화원, 2019, 35-36쪽.
12) 앞의 책, 55쪽.

126

(지원)이 그 외부가 아닌 자기 자신에게로 되돌아오는 시대로 인식된다. 인터넷이라는 기술을 통해 기업 단위의 글로벌 자본주의가 국가의 틀을 넘어 본격적으로 움직이기 이전인 1993년에 김대중은 이미 국가 간 무한 경쟁 시대의 돌입을 예감하고 있는 것이다.

이러한 인식은 1993년 5월 24일 《월간조선》과의 인터뷰에서 보여 준 세계 체제 변화에 대한 진단으로 이어진다. 이에 따르면, 냉전 종식으로 이데올로기 대결이 종식되고 세계적 규모의 경제전쟁 시대로 돌입하면서, 노동력에 기반한 공업생산 중심에서 지식 중심의 정보 지식산업, 생명공학, 첨단기술산업 중심의 시대로의 전환하고, 미국의 힘이 약화되면서 서구 선진국 중심의 대서양 시대에서 중진국이 중심이 되는 아시아태평양 시대로의 전환된다고 한다. 이러한 인식에 기반해 그는 "한, 중, 일을 포함한 동북아시아가 먼저 이 지역 내의 안보협력 체제의 마련에 성공하고 나아가 동남아시아까지 포함한 경제적 공동협력체제의 구성에 성공한다면 틀림없이 21세기의 세계경제를 주도하는 세력으로 당당하게 등장할 수 있을 것"이라고 주장한다.[13] 요컨대 탈냉전 이후 세계적인 경제 체제의 변동에서 서구(선진국)에 맞서기 위해서는 아시아에 지역 안전보장을 기본 전제로 한 경제 공동체 구축이 불가피하다는 것이 김대중의 세계 인식이었다. 그리고 이러한 주장을 구체적으로 실천하기 위해 김대중은 1994년 1월 1일 아시아태평양재단을 출범시키게 되는데, 재단 창립 기념 연설에서 재단의 주요 사업으로서 평화적이고 단계적인 통일을 위한 사업에 초점을 맞추는 한편, "아시아 민주 발전과 밀접한 관계가 있는 다자간 안보 문제, 경제적 협력문제 그리고 문화 교류문제에 대해서 함께 토론할 생

---

13) 앞의 책, 172-174쪽.

각"이라고 밝히고 있다.[14)]

북한의 핵확산방지조약(Non Proliferation Treaty, NPT) 탈퇴와 김일성 사망 등으로 인해 한반도의 군사적 긴장이 높아지던 1994년 상황에서 김대중에게 가장 절실했던 것은 한반도 긴장 완화와 평화적·단계적 통일이었지만, 이를 위해서도 주변국은 물론이거니와 아시아 국가들과의 협력이 불가피함도 잘 알고 있었다. 그런데 이 시점에서 문화 교류는 어디까지나 민주주의와 한반도와 아시아의 평화라는 이념을 실현하기 위한 하나의 과정으로 요청될 뿐이다. 그 이유는 일부 국가들에서 '문화'가 민주주의와 경제 발전을 지연시키거나, 독재를 정당화하는 명목으로써 활용되고 있다는 점과 관련된다. 1994년 12월 15일 간행된 《포린 어페어스(Foreign Affairs)》에 기고한 〈문화란 운명인가?(Is Culture Destiny?)〉라는 글에서 김대중은, "외국의 제도를 적용할 수 없는 곳에 무차별적으로 강요하지 말라"고 하는 리콴유李光耀 싱가포르 총리의 말에 대해, "민주주의라는 제도가 아시아의 문화에 체질적으로 맞지 않아서 적용이 불가능한 것인가"라고 반문하며, 아시아의 민주주의적 전통을 풍부한 예시를 들어가면서 설명한다. 사실 리콴유처럼 탈냉전 이후 서구의 비서구권에 대한 문화적 영향력을 문화제국주의로서 비판하는 것은 어떤 의미에서 정당한데, 김대중은 아시아에서 시급한 것은 "민주주의를 확립하고 인권을 개선"하는 일이며, 여기서 가장 큰 장애는 "문화적 전통이 아니라 권위주의적 지도자들과 변명자들의 저항"이라고 일축하고 있는 것이다.[15)]

그런데 1997년 5월 19일, 15대 대통령 후보 수락 연설에서 김대

---

14) 연세대학교 김대중도서관 엮음,《김대중 전집Ⅱ: 제17권》, 연세대학교 대학출판문화원, 2019, 112쪽.
15) 앞의 책, 653-660쪽.

중은 "21세기란 군사력 대신 문화가 경제와 더불어 가장 중요시되는 세기다"라고 주장하여, 문화를 외교력과 경제력과 같은 위치로 격상시킨다.[16] 그리고 대선 후보 수락 연설 후인 1997년 7월 4일, 한국발전연구원에서 김대중은 "앞으로 7년이 지나면 경제적 국경이 없어지고 무한경쟁 아래서 국적에 상관없이 누구든지 국경을 초월하여 어디 가서든 사업하고 투자할 수 있는 시대"가 올 것으로 단언하는 한편, "WTO 체제 시대는 무력의 지원을 받을 필요가 없이 안전 경쟁 · 자유 경쟁 · 자유 활동의 시대로, 경제와 문화가 국력이 된다"고 주장한다[17]. 이른바 정부의 기능이 축소되는 대신 개인의 자유로운 경제활동이 중심되는 신자유주의 경제 체제의 도래를 기정사실화함과 동시에, 그 체제하에서는 경제와 더불어 문화가 새로운 가치로서 부상한다는 것이다. 김대중은 스티븐 스필버그(Steven Spielberg) 감독의 〈쥬라기 공원〉을 예로 들면서 다음과 같이 말한다.

경제도 대기업주의에서 중소기업주의와 벤처기업주의로 가고 있으며, 문화가 삶의 질을 높이고 정신을 풍요롭게 하는 기여로부터 한발 더 나아가 앞으로는 문화 산업이 국가경제에 지대한 기여를 하는 시대로 가고 있습니다. 관광산업 · 영상매체 산업 등 문화산업이 큰 기여를 할 것이라

---

16) 좀 더 자세히 보면 다음과 같다. 첫째, 21세기란 인류 역사상 최대 변혁의 세기이다. 지난 300년 동안 계속된 노동력에 의한 산업혁명의 세기로부터 이제 우리는 두뇌에 의한 지식 문명의 세기로 들어서고 있는 것이다. 둘째, 21세기란 오랜 대서양 시대에 종막을 고하고 아시아태평양 시대로 들어가는 것이다. 셋째, 21세기란 한편으로는 세계화의 기로, 그리고 다른 한편으로는 지방화의 방향으로 가면서 국민국가의 시대가 크게 후퇴하는 세기이다. 넷째, 21세기란 군사력 대신 문화가 경제와 더불어 가장 중요시되는 세기이다. 다섯째, 21세기란 민주주의가 동서를 막론하고 세계적으로 보편화되어가는 세기이다. 여섯째, 21세기란 전 세계가 시장경제체제인 WTO 속에 하나로 연결되는 세기이다.(연세대학교 김대중도서관 엮음, 《김대중 전집 Ⅱ : 제19권》, 연세대학교 대학출판문화원, 2019, 254-259쪽.)

17) 연세대학교 김대중도서관 엮음, 《김대중 전집 Ⅱ : 제19권》, 연세대학교 대학출판문화원, 299쪽.

생각합니다. 예컨대 스필버그 감독이 〈쥬라기 공원〉이라는 영화를 만들었는데, 이 영화 한편으로 8억 5000만 불의 실이득을 얻었습니다. 이것은 우리나라에서 자동차 150만 대를 수출해야만 얻을 수 있는 돈으로, 이만큼 수출을 하려면 1년 이상 걸립니다. 이렇게 조그마한 영화 한편으로 엄청난 부를 창출하는 문화의 위력을 발휘하는 시대가 됐다는 것을 볼 수 있습니다.[18]

위에서 보는 바와 같이 대선 후보 김대중은 문화가 삶의 질을 높이고 정신을 풍요롭게 하는 일종의 교양으로서 기능하는 데 멈추지 말고, 국가경제에 기여하는 '산업'이 되어야 한다고 말하고 있다. 그 예로써 〈쥬라기 공원〉의 순수익의 규모를 자동차 수출과 대비해서 설명하고 있는데, 이러한 비유는 전대통령인 김영삼 대통령으로부터 유래되었다는 사실은 잘 알려져 있다. 실제로 1993년에 〈쥬라기 공원〉의 히트에 큰 충격을 받은 김영삼은 1995년 11월 21일 스티븐 스필버그 감독을 접견해, 한국영화 발전 등에 관해 이야기를 나누며, 기술지원과 경험 전수를 부탁했다고 했을 정도다.[19] 사실 김영삼 정부는 1993년 발표한 '신경제 5개년 계획'에서 영상산업을 제조업 관련 지식서비스산업으로 명시했고, 1995년 3월 통산산업부는 영상산업에 대해 제조업에 준하는 대우를 받도록 하는 조치를 시행함으로써 영화업에 금융자본이 투입될 수 있는 법적 근거가 마련되었다. 그런 의미에서 본다면 문화산업을 강화하겠다는 김대중의 인식은 사실 김영삼 정부의 문화정책의 연장선상에 있다고 할 수 있다.

---

18) 앞의 책, 299쪽.
19) 행정안전부, 〈대통령기록관 기록컬렉션 일정일지기록 김영삼〉,
　　https://www.pa.go.kr/portal/contents/stroll/schedule/scheduleIndex.do?year=
　　1995&month=11&searchDate=1995-11-09)

그렇다면 왜 두 대통령 모두 세계화에 있어 문화의 산업적 측면을 이토록 강조할 수밖에 없었을까. 이를 이해하기 위해서는 첫째, 1980년대에서 1990년대에 걸쳐 한국의 문화 소비의 시장 규모가 확대되었다는 점, 둘째, 확대된 국내 문화 소비 시장에서 수출보다는 수입이 많다는 사실부터 이해할 필요가 있다.

예컨대 영화의 경우 냉전 종식 이전부터 미국 영화는 국내 영화에 견주어 그 질과 양에서 압도적인 경쟁력을 지니고 있었다. 따라서 만약 시장의 논리에 맡겨놓는다면 국내 영화산업이 고사할 수밖에 없다고 하는 위기감에서 국산 영화 방영 일수를 법제화한 스크린쿼터제가 1966년부터 시행되고 있었다. 하지만 1980년대 중반에 미국에 의한 영화시장 개방 압력으로, 외화수입 자유화와 외국영화사의 국내 직배가 가능해진다. 1988년부터는 UIP에 의한 직배가 시작되었는데, 이는 한국이 미국 영화의 주요 소비시장이 되었음을 추인하는 사건이었다. 요컨대 정부의 문화산업에 대한 강조 이면에는 이 시기 한국 사회에서의 문화의 소비와 생산의 불균형이라는 현실이 놓여 있었던 것이다. 따라서 김영삼-김대중 정부에게 있어 중요한 것은 문화 생산력을 높임으로써 양자의 불균형을 해소하는 일이었다.

하지만 이는 그리 쉬운 일은 아니었다. 국내적으로 이 시기는 생산 중심의 사회에서 소비 사회로 전환되던 시기였다. 남은영에 따르면 한국 사회는 1960-70년대 산업화 과정을 거쳐 1980년대에 이후에 이른바 '대중소비'의 시대로 진입했고, 1990년대에는 거의 전 영역에서 양적 소비로부터 질적 소비로의 전환이 일어났다고 한다.[20] 이에 대해 훗날 강준만이 "90년대는 '소비의 시대'였다. 절제 없는 소비

---

20) 남은영, 〈1990년대 한국 소비 문화: 소비의식과 소비행위를 중심으로〉, 《사회와역사》 제76집, 2007, 192쪽.

였다. 허세가 난무했다. 그건 지도층까지 지배한 시대정신"이었다고 비판한 것은 유명한데, 이 역시 '소비'라는 행위가 사회 구석구석에 작동하고 있다는 현실을 전제로 행해지는 것이었다.[21]

1990년대에는 물질적 소비만이 아니라 광고 등이 발신하는 기호와 이미지를 소비하는 새로운 소비문화가 출현했다. 이른바 X 세대로 불리는 그들은 10대 시절인 1980년대부터 이미 패션 소비를 통해 개성을 표현하면서 자기 세대의 아이덴티티를 구축했는데, 20대에 접어들면서부터 본격적인 문화 소비를 시작한다. 그들은 다양한 경로로 유통되는 음악이나 영화 소비를 통해 전 세대나 집단과의 차이를 만들기 위해 때로는 '경쟁'하고 '협력'하기도 했다. 이러한 소비는 강준만이 말한 '허세'(베블렌의 '과시적')적인 차원을 넘어, 장 보드리야르(Jean Baudrillard)가 말한 "커뮤니케이션 및 교환의 체계로서, 끊임없이 보내고 받아들이고 재생되는 기호의 코드로서, 즉 언어활동"으로 변모해갔음을 보여준다.[22] 보드리야르에 따르면 이러한 소비 행위는 단순히 자본의 이데올로기에 순응함을 뜻하지 않는다고 한다. 그는 "사람들의 생활을 더 유복하게 함으로서가 아니라, 반대로 그들을 게임의 규칙에 참가시킴으로써", "모든 이데올로기를 대신할 수 있"다고 주장한다. 요컨대 그들은 풍요로워지기 위해서도, 혹은 자본의 이데올로기에 순응했기 때문도 아니라, 커뮤니케이션 게임에 참여하기 위해 소비를 한다는 것이다.

소비 사회로 진입한 한국인들에게 세계화는 이러한 커뮤니케이션 게임을 반복하기 위한 절호의 기회이자 원천 소스의 확대였다. 당시

---

21) 강준만, 《한국 현대사 산책-1990년대편: 3당합당에서 스타벅스까지·1권》, 인물과사상사, 2006, 11쪽.

22) 장 보드리야르, 이상률 옮김, 《소비의 사회: 그 신화와 구조》, 문예출판사, 2015, 138쪽.

대다수 한국인에게 열린 세계라는 외부는 관광이나 유학 등의 직접적인 경험보다는 영화나 드라마, 음악 같은 문화 소비를 통해서 경험되었다. 대통령을 비롯한 기성세대가 〈쥬라기 공원〉을 통해 빠져나가는 돈의 양을 계산할 때, 젊은이들은 컴퓨터 그래픽(computer graphics, CG) 기술을 통해 공룡을 보는 문화적 경험을 사서 커뮤니케이션의 문맥으로 활용하기 시작한 것이다.

하지만 이러한 자유로운 외국 문화 소비가 거듭될수록 자국 문화산업이 불리한 위치에 놓일 수밖에 없게 되고, 이러한 문제의식 속에서 앞서 살펴봤듯이 이미 김영삼 정부 시절부터 문화산업 진흥을 위해서 노력해 오고 있었다. 중국 시장에서 조금씩 그 성과가 보이고 있었지만, 이를 통해서 문화산업을 둘러싼 수출입의 불균형이 곧바로 해소될 수 있는 것은 아니었다. 여기서 문화를 둘러싼 더 근본적인 인식 전환이 요청될 필요가 있었다. 즉, 개인의 소비 선택권을 중시하는 자유주의로부터 소비를 생산의 차원으로 되돌리는 신자유주의로의 전환이다. 예컨대 이 시기의 신자유주의를 이해하는 데 참조가 되는 것은 1970년 말 미셸 푸코(Michel Foucault)가 독일과 프랑스, 미국의 신자유주의에서 공통적으로 발견한 다음과 같은 특성일 것이다.

> 경제는 본질적으로 하나의 게임이라는 것, 경제는 참가자들 간의 게임으로서 전개된다는 것, 사회 전체는 이 경제 게임에 의해 관통되어야만 한다는 것, 그리고 국가는 이 경제 게임의 규칙들을 규정하고 그것들이 실제로 잘 적용될 수 있도록 보장하는 것을 본질적인 임무로 삼아야 한다는 것입니다.[23]

---

23) 미셸 푸코, 《생명관리정치의 탄생: 콜레주드프랑스 강의 1978~79》, 오트르망 옮김, 난장, 2012, 291쪽.

이러한 푸코의 인식은 앞서 봤던 소비 사회가 화폐로 교환한 상품을 통해 커뮤니케이션의 게임이라는 보드리야르의 인식과 일견 유사하게 보일 수도 있다. 하지만 푸코는 두 가지 점에서 보드리야르와 다르다. 먼저 그는 보드리야르와는 달리 이러한 사회 전체의 경제 게임화에 국가가 일정 역할을 담당하고 있음을 밝히고 있다. 즉, 푸코에 따르면 국가는 "경제 게임의 규칙들을 규정하고" 잘 수행될 수 있도록 보장하는 역할을 담당한다는 것이다. 위 인용에 이어서 그는 그 가장 대표적인 규칙으로 "그 누구도 애초부터 이 경제 게임에 참여하고자 하지 않았으며, 결과적으로 그 누구도 명시적으로 원하지는 않은 채 참가하게 되는 이 게임에서 아무도 배제되지 못하도록 하는 것"이라고 주장하기도 한다. 국가는 사회의 구성원에게 경제성에 입각해서 인지하고 사고하고 행동하는 존재, 즉 호모 에코노미쿠스(homo economicus)로 살도록 강제한다는 것이다. 둘째로 푸코는 현대 사회가 생산 중심에서 소비 중심으로 이동했다고 보는 보드리야르와는 달리, 현대 사회에서 여전히 생산성이 강조되고 있음을 강조한다. 미국의 신자유주의를 상세히 분석한 뒤 푸코는, 호모 에코노미쿠스가 노동과 임금, 임금과 상품을 교환하는 인간에서, "자기 자신의 자본, 자기 자신을 위한 자기 자신의 생산자, 자기 자신을 위한 '자기' 소득의 원천으로서"의 존재로서 변했다고 지적한다.24) 즉, 미국발 신자유주의는 모든 구성원에게 소비라는 행위조차도 '자기' 투자로서 전환하는 일종의 '기업'처럼 될 것을 요청하고 있다는 점을 푸코는 놓치고 있지 않다. 이제 국가는 개인에게 국가를 위해서 희생하도록 요청하는 것이 아니라, 끊임없이 자기 투자하도록 요청하게

---

24) 앞의 책, 319-320쪽.

되었다는 것이다.

여기서 다시 앞서 인용한 김대중 대통령의 연설로 돌아가 보자. 먼저 그는 대기업과 중소기업과 벤처기업과 문화를 나란히 놓음으로써, 문화예술인도 일종의 '기업'일 수 있음을 암시한다. 그 구체적인 사례로 〈쥬라기 공원〉의 감독 스필버그를 거론한다. 스필버그는 관객들을 기존에 없었던 감각적 쾌락을 제공해 주는 창의적 아티스트가 아니라, 자동차를 만드는 일종의 대기업에 필적하는 호모 에코노미쿠스의 롤모델로서 표상되는 것이다. 이러한 표상은 먼저 문화예술인들이 시장의 안으로 들어와 '게임'에 참여할 것을 요청하고, 둘째로 그들에게 문화예술의 가치를 화폐 가치(교환 가치)로서 생각하도록 만든다는 점에서 분명 푸코가 말한 의미에서 신자유주의적이라고 할 수 있다. 이렇게 국가는 단순히 시장에 개입하지 않는 데 그치는 것이 아니라, 이제까지 시장 안에 포함되지 않았던, 또는 이를 적극적으로 거부해 왔던 거의 마지막 보루였던 문화인마저 시장 질서 안으로 포섭하기 위해 유도함으로써 1980년대에 정치의 장에 근접했던 문화를 경제의 장으로 이동시키려고 한 것이다. 이에 따라 한때 정치적 투사였던 문화예술인은 문화산업 분야의 기업가로 거듭나게 된다.

그런데 1997년 당시 한국은 문화에 대한 이러한 김대중의 주장을 쉽게 받아들일 만한 상황은 아니었다. 주지하다시피 아시아 지역에 외환 유동성 위기가 찾아왔고, 한국 역시 예외는 아니었다. 무분별한 차입에 의존하여 과잉투자를 했던 국내 대기업들이 줄줄이 부도를 냈고, 마침내 11월 21일 한국 정부는 IMF에 구제금융을 신청하게 된다. 자동차나 철강 회사도 경쟁력이 떨어져 부도가 나는 상황에서, 국제 사회에서 제대로 된 경쟁조차 해 본 적이 없는 한국의 문화예술인이 김대중의 말처럼 "조그마한 영화 한 편으로 엄청난 부를 창출하는 문화의 위력을 발휘"할 수 있으리라고 믿는 사람은 당시로서는 얼마 되지 않았을 것이다.

그렇지만 1997년 12월 이른바 IMF 경제 위기 아래 치러진 대선에서 마침내 당선된 이후 김대중은 이러한 생각을 버리지 않았다. 당선인으로서 가진 신년 기자회견에서 김대중은 "21세기는 경제와 문화의 세기입니다. 문화가 국력입니다. 문화예술에 대해 적극적으로 지원하되 간섭은 배제하여 문화 선진국을 향한 토양을 만들고, 문화산업을 기간산업으로 육성하겠습니다"라고 말하며,[25] 정부의 문화 정책의 원칙을 표명한 후 문화를 산업화하는 데 그치지 않고, 기간산업으로 육성하겠다는 비전을 제시하기에 이른다.

김대중 정부의 문화정책을 매우 압축적으로 요약한 이 대목에서 놓쳐서는 안 되는 것은 김대중에게 '문화'와 '경제'가 쌍으로 인식되고 있다는 점이다. 이는 단순히 엄중한 IMF 관리 체계 아래 치러진 대선에서 김대중이 스스로를 경제 대통령으로 표상했기 때문만은 아닐 것이다. 앞서 살펴봤듯이 1990년대에 접어들면서 한국에서도 대부분의 문화가 시장의 내부로 들어오게 되었고, 그러한 상황에서 문화는 이미 그 자체로 경제의 범주로 옮겨가게 된 것이다. 그리고 이는 비단 한국만의 문제는 아니다. 예컨대 조지프 히스(Joseph Heath)와 앤드류 포터(Andrew Porter)는 1994년에 일어난 너바나(Nirvana)의 리드싱어였던 커트 코베인(Kurt Cobain)의 자살에 주목했는데, 그것은 자본주의에 반발하는 어떠한 반문화(counterculture)도 하나의 상품으로서 유통되어 불티나게 팔려나가게 되는 데 절망한 사건으로 인식되었기 때문이다.[26] 요컨대 신자유주의가 세계적으로 확대되어

---

25) 연세대학교 김대중도서관 엮음,《김대중 전집 I : 제1권》, 연세대학교 대학출판문화원, 2015, 4쪽.
26) 조지프 히스·앤드류 포터,《혁명을 팝니다》, 윤미경 옮김, 마티, 2006, 21-25쪽.

가는 1990년대에 이르면 자본주의 경제 시스템은 자신을 위협할 수 있는 어떠한 불온한 형태의 내용에 대해서도 하나의 상품으로서 포섭함으로써 체제 전복 가능성을 전면적으로 차단해 버리고 만다.

만약 이것이 도저히 부인할 수 없는 현실이라면, 김대중 대통령의 '적극적으로 지원하되 간섭은 배제한다'는, 이른바 팔길이 원칙도 다시 생각할 필요가 있다. 이는 단순히 권위주의 사회에서 민주주의 사회로의 전환에 걸맞은 문화정책의 원칙 표명만으로 해석되어서는 안 될 것이다. 문화가 이미 하나의 경제라면, 국가는 더이상 문화의 내용에 대해서 간섭할 필요가 없어진다. 왜냐하면 어떠한 '불온한' 내용을 가진 문화도 결국 하나의 상품으로서 시장에 유통된다면 경제성(교환 가치)에 의해 지배받기 때문이다. 이렇게 문화의 내용에 대한 가치평가가 시장경제에 의해 이루어지게 되다면, 국가는 문화의 내용에 간섭하기보다 그것을 상품이라는 형태로 시장에 공급하기 위한 프로세스로서 문화의 산업화를 촉진하는 데 주력하면 된다.

물론 이러한 김대중의 인식은 쉽게 받아들여지지 않았다. 예컨대 대통령 취임 이후 1998년 4월 고위공직자를 대상으로 한 강연의 질의응답에서 오지철 문화관광부 문화산업국장은 "대통령께서는 여러 기회에 21세기에는 문화산업이야말로 국가의 기간산업이기 때문에 국가 전략산업으로 육성할 필요가 있다고 강조"했지만, "일부에서는 문화산업이 국가기간산업이 될 수 있겠는가에 대해서 의문을 가지고 있는 분들도 있"다며 문화산업의 진흥에 대한 기본 신념이나 철학을 묻는다. 이에 김대중은 "문화산업이 국가의 기간산업이 아니라는 생각을 하는 분들이 있다고 하는데, 이것은 잘못된 생각"이라며 다시 한번 고부가가치 사업으로서 문화산업의 중요성을 강조하는 한편, 그것이 "우리나라 이미지를 세계에 심는" 기능도 수행하고 있다고 덧붙인다.[27] 이렇게 문화의 경제성을 거듭 강조하는 김대중의 말로부터, 역설적으로 이 시기까지 한국에서 문화가 여전히 비경제적인 활동으로 인식되고 있었음을 유추할 수 있다. 바로 이 지점에서 김대중 정부의 일본 대중문화 개방은 중요한 계기가 된다.

3. 신자유주의 시대의 문화교류: '문화' 보호를 둘러싼 인식 차이

대통령 당선 직후인 1998년 1월 22일 《아사히신문》과의 인터뷰에서 한일관계에 대해 묻는 질문에 대해 김대중은 다음과 같이 말한다.

> 양국 관계를 보면 일본은 전전이 끝나지 않았고 한국은 전후가 시작되지 않았습니다. 전후 청산은 독일이 먼저 했는데 피해국 입장에서는 개운치 않는 부분이 있습니다. 하물며 한국에서는 세월이 지나도 일본에 대해 아직 남아 있는 것이 있습니다. 한편 일본에는 평화헌법이 있고 비핵 3원칙이 있습니다. 개도국에 대한 원조는 세계 제일입니다. 그러나 한일 양국 간에는 불행한 과거가 있습니다. 이를 분명히 인식하고 해결해야 합니다.
>
> 한국에서는 일본 문화 개방에 반대하고 있습니다. 그것은 옳지 않습니다. 문화 쇄국주의만큼 자국에 불리한 것은 없습니다. 우리는 중국의 문화를 받아들였습니다. 그러나 받아들이는 것만으로는 안 됩니다. 재창조가 필요합니다.[28]

---

27) 연세대학교 김대중도서관 엮음, 《김대중 전집 I : 제1권》, 연세대학교 대학출판문화원, 2015, 195-198쪽.
28) 앞의 책, 37쪽.

납치 사건으로 말미암아 이미 일본에서 잘 알려진 김대중은 대통령이 되기 이전에도 수차례 일본 미디어와 인터뷰를 했는데, 그때마다 한일관계와 관련해서는 일본의 한국에 대한 사과를 원칙으로 삼으면서도 통일 및 안보, 경제 부분에서의 협력을 강조해 왔다. 그런 김대중이 일본 문화 개방 반대가 옳지 않다고 공식적으로 단언한 것은 이때가 처음이다.

물론 김영삼 정부하에서도 일본 대중문화를 개방하려는 시도는 있었다. 1994년 2월 24일 문화체육부는 1단계로 국제가요제와 문화행사 등에서 일본어 가창, 일본 배우의 국산 영화 출연, 한－일 합작영화 제작 등을 허용하고, 2단계로 일본어 대중가요 가창 및 음반 수입, 일본과 제3국 간 합작영화 수입을 허용하며, 3단계로 극영화 수입을 허용한다는, 단계적 개방 방안을 밝히며 공론화 작업에 들어갔는데, 끝내 실현되지는 못했다[29]. 연구자들 사이에는 그 요인으로 독도 영유권 분쟁, IMF 경제위기 등이 거론되고 있는데,[30] 그렇다면 일본 대중문화의 개방이 경제주권이 빼앗긴 IMF 관리 체제하에서 이루어졌다는 사실은 어떻게 해석할 수 있을지가 의문으로 남는다. 즉 위에서 김대중이 일본 대중문화 개방 반대가 옳지 않다고 단호하게 발언할 수 있었던 것은, 오히려 이때가 시장 개방과 사회 구석구석에 경쟁 체제의 확립을 요청하는 IMF 관리 체제였다는 사실과 따로 떼어 놓고 생각할 수 없는 것 아닐까.

사실 1990년대 김영삼 정부의 일본 대중문화 개방 추진은 반대 여론으로 인해 좌절되었다. 반대의 이유로서 주로 제기된 것은 문화

---

29) 〈일 대중문화 단계적 개방: 정부 방침 일본배우 국산영화 출연등 우선 허용〉, 한겨레신문, 1994년 2월 25일.

30) 한영균, 〈일본 대중문화 개방정책의 현황 및 의의〉,《일본문화연구》제86집, 2023, 271쪽.

적인 종속, 저질시비론, 국내산업 보호로 요약할 수 있다.[31] 이것들은 각기 다른 문화 인식에 기반하고 있는데, 문화적 종속은 문화를 민족적 정체성으로, 저질시비론은 그것을 일종의 교양 체계로, 국내산업보호는 문화를 일종의 산업으로 본다. 1990년대는 이렇게 '문화'에 대한 각기 다른 인식이 혼재되어 있었고, 이러한 인식들은 일본 대중문화를 일본문화(민족정체성), 저질문화(하위문화), 위협적인 산업(비교우위의 산업)들로 인식시켜, 개방을 지연시키는 기제로 작용했다. 뒤집어 생각해보면 1990년대 일본 대중문화에 대한 반발은 시장 개방에 대해 반발하는 중요한 기제로 여전히 '문화' 개념이 힘을 발휘하고 있었음을 보여준다. 다시 말해 일본 대중문화 개방의 지연은, 문화라는 개념이 1990년대 내내 전방위에 걸쳐 진행되었던 시장 개방에 반대하는 마지막 저항선으로도 활용되고 있었음을 보여준다. 그리고 그런 의미에서 일본 대중문화 개방은, 민족 · 교양 · 정신 문화라는 심리적 저항선마저 무너뜨리는 국가 경제의 예외 상태로서 IMF 관리 체제를 기다리지 않으면 안 되었다.

　IMF는 한국 정부에게 자본이 요구하는 개혁을 수행하도록 요구했고, 이를 받아들일 수밖에 없었던 대통령은 기업인, 공무원, 노동자 등 거의 전 영역의 사람들이 고통을 부담하도록 요청했다. 이러한 상황에서 문화, 또는 문화인만이 예외일 수는 없었다. 그런 의미에서 일본 대중문화 개방은 김대중이 말한 것처럼 단순히 문화쇄국주의의 극복하는 데 있는 것이 아니라, 글로벌 자본주의 시스템에 어떻게든 적응하려고 노력하는 국가에 문화 개념을 활용하여 저항하려는 움직임을 봉인하고자 하는 것이었다고 할 수 있다. 덧붙여 김영삼 정부에서 시작된 문화산업의 보호라는 측면에서 봤을 때도 어차피 개방해

---

31) 장인성, 〈일본 대중문화 개방과 "자기 해방": 일본 대중문화 담론의 성격과 개방의 방향〉, 《국제문제연구》 22권 1호, 1998, 68-69쪽.

야 할 것이라면 IMF 관리 체제에서 개방하는 것이 유리했다. 왜냐하면 경기 침체 때문에 일본 대중문화가 경제적으로 큰 타격을 줄 가능성이 상대적으로 낮았기 때문이다.

그리하여 1998년 10월 일본을 방문한 김대중은 8일 오부치 게이조 일본 총리와 '21세기를 향한 새로운 한·일 파트너십을 위한 한·일 공동선언'에 서명한다. 이후 진행된 공동기자회견에 앞서 행한 모두발언에서 오부치 총리는 "일본 정부를 대표해서 우리나라가 과거의 일정기간 한국 국민에게 식민지 지배에 의한 커다란 피해와 고통을 안겨준 역사적 사실을 겸허히 받아들이고, 그것에 대해 통절한 반성과 마음으로부터의 사죄를 하였"음을 공식화했고, 김대중 대통령은 "양국이 과거의 불행한 역사를 극복하고 21세기를 향한 미래지향적 관계를 발전시켜나가는 데 합의"했고, 이에 대한 구체적인 방안 가운데 하나로 일본 대중문화의 단계적 개방을 공식화한다. 이에 대해 오부치 일본 총리는 "대통령의 대일 문화개방 방침의 결정은 커다란 전진"이라고 화답했다.[32)]

같은 날 일본 국회에서 행해진 연설에서도 김대중은 일본 대중문화 개방이 "미래지향적인 한·일 관계를 위한 그 상징적 의미가 매우 크다"고 주장하는 한편, 일본이 "우리의 단기외채 연장에서 그 3분의 1이 넘는 79억 달러를 중장기 외채로 전환시켜" 준 데에 감사의 말을 전하면서, 아시아 경제를 위해 더 많은 투자를 해 달라고 요청한다.[33)] 이러한 김대중의 말을 보면 일본 대중문화 개방에는 외환 위기 시 일본의 한국에 대한 지원에 대한 일종의 보답 같은 성격도 감지된다.

---

32) 연세대학교 김대중도서관 엮음, 《김대중 전집 I : 제2권》, 연세대학교 대학출판문화원, 2015, 21-25쪽.
33) 앞의 책, 40-43쪽.

그런데 일본 NHK와의 인터뷰 중의 다음 대목은 김대중에게 일본 대중문화 개방은 단순히 경제적 지원에 대한 보답만을 의미하지 않는다.

질문: 문화교류는 정신적인 부분도 있으나, 동시에 문화산업을 지킨다는 측면도 있습니다. 일본문화에 대해서 폐쇄적이었던 것은 한국의 문화산업을 보호한다는 측면이 있었습니다. 앞으로 일본문화 개방과 관련, 문화산업의 보호·육성에 대해서는 어떻게 생각하시는지요?

김대중: 과거에는 그런 것을 명분으로 해서 개방을 반대했습니다. 과연 그렇게 해서 얼마나 성공했는지 생각해 볼 필요가 있습니다. 우리가 시장경제로 나아가는 이상 경쟁에서 이기려고 해야지, 막아놓고 혼자 하면 발전이 없습니다. 지금은 과거와 같이 민족주의 시대, 민족경제의 시대, 자기 국경의 테두리 안에서 하는 경제의 시대가 아니라, 세계 속에서 1등을 해야 하는데, 막아서 해 보았자, 국내에서 1등을 해 보았자 세계에서 1등을 하지 못하면 소용없습니다. 그러므로 우리가 문화산업에서 발전하고, 이기기 위해서도 받아들여야 합니다. 미국 것, 유럽 것도 받아들이는데 왜 일본 것만 받아들이면 안 되는가, 이러한 자세를 가지고 당당하게 임해야 한다고 생각합니다.

질문: 한일 간의 문화교역에서 한국의 수입초과만 계속되어도 안 될 것입니다. 한국 문화가 일본에 좀 더 받아들여지도록 하는 노력도 필요하지 않을까요?

김대중: 국교정상화 이후 33년이 되도록 국가의 상징이 되는 분이 방문하지 못했다는 것은 결코 바람직한 일도 아니고, 자연스러운 일도 아닙니다. 가능하면 월드컵 이전에 이루어질 수 있기를 바라고 있습니다. [34]

---

34) 앞의 책, 56쪽.

일본 대중문화 개방으로 인해 한국의 문화산업이 큰 타격을 받을 수도 있음을 걱정하는 NHK의 질문[35]에 대해, 위에서 보듯이 김대중은 일본 대중문화 개방은 한국 문화산업의 글로벌 경쟁력 강화를 위해서 반드시 필요하다고 답한다. 이러한 양자의 대화 양상은 문화교류에 있어 양국의 차이를 극명하게 드러낸다는 점에서도 주목할 필요가 있다.

NHK는 먼저 한국에서 그동안 일본 대중문화 반대의 명분으로 삼았던 자국의 문화산업을 지킨다는 측면에 대해 일종의 이해를 보인다. 일본의 공영방송인 NHK는 1980년대 무역 불균형을 해소하라는 미국의 압력 속에서 미국의 스포츠나 드라마를 수입 방송하게 되었지만, 한편으로는 자국의 문화산업을 보호한다는 것도 공영 방송의 사명이기도 하기 때문에 역사 드라마를 비롯해 스모나, 요세, 가부키 등의 문화전통(산업)을 지켜 나가는 데 큰 힘을 기울여 왔다. 거기에는 미국 중심의 세계화라는 흐름 속에서 일본을 비롯한 동아시아 문화 자체도 미국 중심으로 균질화될지도 모른다는 우려를 읽을 수 있다. 사실 1980–90년대의 일본 대중문화는 세계화가 미국 중심의 문화로 균질화되지 않고 다양성을 추구하는 방향으로 진행될 수도 있음을 보여주는 하나의 사례로서 세계적인 경쟁력을 획득했음을 이해한다면, 미국에 이어 일본 대중문화의 타자로서 한국 대중문화가 성장하기 위해서는 산업적인 측면에서 보호와 육성은 어느 정도 불가피하지 않은가, 하는 것이 NHK로 대표되는 일본의 인식이라고 할 수 있겠다.

이에 대해 김대중은 일본 대중문화 개방에 맞서 지켜야 할 문화로

---

[35] 전집에 따르면 질문자는 나카히라 노보루(中平立) 전 일·북한 수교교섭 대표, 기시 토시로(岸俊郎) 서울지국장, 그리고 구니야 히로코(国谷裕子) 아나운서라고 한다.(앞의 책, 51쪽.)

서 '민족'이나 '전통' 등을 일절 언급하지 않을 뿐만 아니라, 글로벌 시장경제 시대에 "자기 국경의 테두리 안에서 하는 경제"로서 문화산업은 의미가 없다고 단언한다. 이는 그가 일본 대중문화를 한국의 문화산업, 즉 생산자의 관점에서만 이야기할 뿐 그 수용자인 한국 소비자들의 관점에서는 일절 언급하지 않는다는 점과도 무관하지 않을 것이다. 김대중에게 일본 대중문화는, 마치 전자산업이 그러했던 것처럼 어디까지나 한국 문화산업의 발전을 위해 참조하고, 분석하고, 경쟁하고, 넘어서야 할 대상으로 요청될 뿐, 그것을 소비함으로써 한국인이 일본 대중에 대한 이해의 지평을 넓히거나, 고단한 삶을 잠시 잊게 해 주는 새로운 오락거리로 향유할 가능성은 거의 고려되지 않고 있다.

실제로 방일 기간 동안 김대중의 연설문 등을 살펴보면 전후 일본 대중문화가 자신들에게 일본의 문화로서 어떤 의미를 갖고, 세계 속에서 어떻게 평가되고 있는지에 대해서는 일절 함구한 채로, 일본 대중문화 개방의 의미에 대해서 말하고 있음을 확인할 수 있다. 물론 개인으로서 김대중이 한국 담론 공간에서 일본 대중문화 개방에 대한 반대 의견으로서 언급되는 '폭력성'과 '선전성', 혹은 찬성 의견으로 언급되는 세계적으로 인정받는 '독자적 미학'에 대해서 전혀 모르지는 않았다.[36] 또한 일본 대중문화가 전전의 군국주의적 문화와는 달리 '민주주의'라는 정치적 실현과 깊은 관련이 있음도,[37] 《이경규에서 스필버그까지》를 통해 대중문화와 한국의 민주주의의 관련성을 언급하고 있는 김대중이 모르고 있었다고 보기는 힘들다.[38] 그럼에도 대통령으로서 김대중은 일본 대중문화에 대한 내용적 언급은 일

---

36) 김대중, 《이경규에서 스필버그까지》, 조선일보사, 1997, 79-80쪽.
37) 鶴見俊輔, 《戰後日本の大衆文化史》, 東京: 岩波書店, 2001, 99-100쪽.
38) 김대중, 《이경규에서 스필버그까지》, 조선일보사, 1997, 19-38쪽.

체 회피한 채, 그 개방의 의미를 세계 경제 체제 속에서 설명할 뿐이다.

이러한 김대중의 말에 대해 NHK는 문화교역에서도 일본의 노력도 필요하지 않냐며 반문한다.[39] 80년대 이래로 경제 영역에서 미국과의 무역 불균형 문제로 큰 곤혹을 치렀던 일본인들에게는, 문화교역에서도 불균형이 생기고, 그에 대한 불만이 반일 감정의 격화로 이어지지 않을까 하는 불안이 없지 않았을 것이다. 그런 의미에서 위 질문은 김대중으로부터 한국 정부가 일본 대중문화를 개방한 이상 일본 정부도 일본인들이 한국의 대중문화에 접근할 수 있는 기회를 더 많이 만들어 달라는 답을 끌어내기 위한 것으로 볼 수 있다. 하지만 이에 대해 김대중은 통역상의 문제 때문이었는지 알 수 없지만 엉뚱하게도 천황의 한국 방문이 성사되길 기대한다고 대답할 뿐이었다.

이러한 대화를 통해 1998년 시점에서 일본의 경우 한국의 일본 대중문화 개방을 경제적인 이익보다는 21세기에 걸맞는 수평적인 한일 문화 교류의 일환으로 보고자 했다면, 한국의 경우 그것을 한일의 문화 교류보다는 세계에 경쟁할 수 있는 자국의 문화산업을 만들기 위한 필수적인 '절차'로 봤음을 엿볼 수 있다. 이러한 한일의 일본 대중문화 개방을 둘러싼 인식의 차이는 단순히 문화를 둘러싼 선진국과 후진국의 입장 차이로 설명할 수는 없다. 압도적인 경제적 우위에 있는 미국이 한국에 대해 어떤 태도를 취했는지를 보면 알 수 있기 때문이다. 따라서 그 차이는 1990년대 이후 진행되는 세계화와 그에 따른 문화에 대한 재인식의 차이 속에서 해명되는 편이 나을 것이다.

---

39) 연세대학교 김대중도서관 엮음, 《김대중 전집 I : 제2권》, 연세대학교 대학출판문화원, 2015, 56-57쪽.

비록 버블은 붕괴되었다고는 해도 G7 회원국이면서 유엔 안보리 상임이사국 진출을 꿈꾸면서도 '새로운 아시아주의'40)를 추구했던 일본 정부의 입장에서 봤을 때 일본 대중문화 개방이 경제적 이익보다는 이른바 '평화국가'라는 이미지를 주변국에게 심어 주기 위해 중요했다면, 경제 위기를 경험하면서 '무한경쟁'으로서 세계화를 경험한 한국 정부의 입장에서는 문화 역시 교류보다는 자국 문화의 '경쟁력'을 높일 수 있는 매개로 인식되었던 것이다. 즉 자국의 문화를 수용/소비하는 주체를 중시한 일본과는 달리, 한국은 문화의 생산적 가치를 중시할 수밖에 없었던 것이다. 실제로 김대중은 일본 방문 동안 일본 문화계 인사 초청 간담회에서, "21세기는 문화의 세기"임을 강조하며, "일본과 한국의 문화교류는 한국의 문화산업의 발전에도 매우 유익한 영향을 줄 것"으로 생각해, 오부치 총리에게 한·일 양국 문화인을 중심으로 문화교류협의회를 만들기를 제안했다고 설명한다.41)

실제로 대통령 김대중의 말 속에서 일본 대중문화의 실질적 수용자인 한국의 '대중'이라는 주체에 대한 언급이 보이지 않는다. 이는 일본 방문을 마친 뒤 한국으로 돌아와서 행한 문화의 날 기념식 연설 〈21세기 세계일류 문화국가를 향해서〉에서 더 분명하게 확인할 수 있다. "문화의 날을 맞아 문화입국을 향한 우리 모두의 의지를 다시 한 번 되새기고자"하는 목적으로 행한 이 연설에서 그는 정부가 추진하려고 하는 문화정책을 천명한 것으로 유명한데, 거기서 일본 대중문화 개방은 다음과 같이 언급될 뿐이다.

---

40) 송주명, 《탈냉전기 일본의 국가전략: 안보내셔널리즘과 새로운 아시아주의》, 창비, 2009, 105-160쪽.
41) 연세대학교 김대중도서관 엮음, 《김대중 전집 I : 제2권》, 연세대학교 대학출판문화원, 2015, 88-90쪽.

> 이번 저의 일본 방문을 통해 천명한 일본과의 문화교류도 이러한 자신
> 감에서 우러나왔던 것입니다. 일본과의 문화교류는 우리 문화에 새로운
> 자극을 주게 될 것이며, 해방 이후 반세기 동안 받아들인 서구문화와 더
> 불어 우리의 문화세계를 더욱 풍요롭게 할 것입니다.[42]

위에서 보다시피 김대중은 일본 대중문화 개방을 "일본과의 문화교류"라고 하면서, 대중이라는 말을 아예 생략한다. 물론 이는 일본 대중문화는 일본문화에 속하고 이 연설이 대중을 향해서가 아니라 문화예술인을 향해서 행해지고 있기 때문에 비롯된 것으로 이해할 수도 있다. 이 연설에서 김대중은 문화예술인을 문화예술의 생산자로서 규정하고, 그들에 대한 제도적·물질적 지원을 강화하는 일환으로 "문화예술의 생산자와 소비자가 손쉽게 만날 수 있는 각종 문화시장"을 활성화하겠다고 할 뿐 아니라, "21세기는 문화의 세기이다. 문화경쟁의 장에서 이긴 자가 승자가 될 것이다."라는 학자들의 말을 인용하며 문화산업의 중요성을 몇 번이나 강조하지만, 그 문화경쟁에서 승자를 판단하는 한국의 대중에 대한 언급은 거의 보이지 않는 것이다.[43] 이는 일본 대중문화 개방이라는 정책이 역설적으로 이를 소비하는 대중의 존재를 후경화하는 채로 진행되었음을 역력히 보여 준다.

일본 대중문화 개방을 공식화했음에도 이를 소비하게 될 한국 대중에 대한 언급의 회피는 앞서 언급했듯이 문화 교류상의 불균형을 고려한다면 반드시 비판할 수만은 없다. 하지만 대통령의 언어 속에서 보이는 이러한 회피는 한국의 문화콘텐츠 이름을 직접 언급하는 일본 총리의 언어 양상과는 대조적으로, 이후 양국 정치인들의 언어 속에 나타나는 한일 문화 교류의 특징을 이루게 된다.

---

42) 앞의 책, 115-116쪽.
43) 앞의 책, 115쪽.

4. 김대중 정부의 일본 대중문화 개방 지연의 의미

일본 대중문화 개방 이후, 이미 많은 논자들이 지적하고 있듯이 영화, 방송, 만화, 음악 등 전 영역에 걸쳐 시장 점유율은 미비했던 반면, 일본에서 영화 〈쉬리〉가 크게 성공하면서 〈겨울연가〉의 히트로 표면화될 '한류' 붐의 조짐이 보이기 시작했다.[44] 따라서 오늘날에는 김대중의 예견대로 일본 대중문화 개방이 결과적으로는 한국 문화산업의 발전을 촉진했다고 보는 것이 가장 일반적인 견해가 되었다.

이를 굳이 부정할 필요는 없지만, 당시로서는 마땅히 이루어져야 할 일본과의 문화 교류가 겨우 정상화되었다는 점이 더 중요했다. 일본 대중문화 개방 2년 뒤인 2000년 9월 22일, 김대중은 일본 방문 동안 한·일 문화인과의 간담회에서 다음과 같이 말한다.

> 이러한 오랜 문화교류의 역사를 지닌 우리 양국이 최근 반세기 동안 담을 쌓고 문화교류를 외면했던 것은 참으로 유감스러운 일이었습니다. 그러나 1998년 10월 저의 일본 방문으로 한·일 협력의 신시대가 열리면서 문화의 교류도 급류를 타게 된 것은 매우 다행한 일이 아닐 수 없습니다.
>
> 최근 들어서는 긴자 거리의 최신 유행이 불과 며칠 안에 서울에서 그대로 재현되고 있습니다. 서울 동대문시장의 패션이 매일같이 일본으로 직수입되고 있습니다. 한국영화 〈쉬리〉가 일본에서 100만 명의 관객을 동원하고 있으며, 일본의 인기 남성 듀엣인 '차게와 아스카'는 서울공연에

---

44) 한영균, 〈일본 대중문화 개방정책의 현황 및 의의〉, 《일본문화연구》 제86집, 2023, 276-279쪽; 남상욱, 〈일본 대중문화와 한국의 통치성: 자기 제한 장치에서 플랫폼 속의 소비재로, 나아가 규제 회피의 회랑으로〉, 《상허학보》 제54집, 2018, 139-141쪽.

서 수많은 우리나라 젊은이들을 열광시켰습니다.

한·일 양국의 문화가 가까워질수록 한·일 양 국민 간의 교류와 친선은 더욱 확대되고 신뢰는 더욱 깊어질 것입니다. 전문가들은 말하고 있습니다. 상호신뢰의 확대야말로 국가내에서의 저비용과 고효율의 공동체 운영을 촉진시킬 것이며, 국제적으로는 상호안전과 번영을 증진시킬 것이라는 것입니다.[45]

김대중은 한국 정부는 정부 수립 이후 일본과의 문화 교류를 외면하다시피 했지만, 1998년 일본 대중문화 개방 이후부터는 한일 양국의 문화는 패션, 영화, 음악 등 대중문화의 영역에서 거의 동시적으로 교류되고 공유되기 시작했다고 말한다. 그 대표적인 예로서 그가 언급하는 것은 2000년 8월 26, 27일 서울 잠실 올림픽공원 내 체조경기장에서 열린 〈차게 & 아스카〉 공연인데, 이것은 실제로 2천 명 이상의 관중을 대상으로 하는 대중음악 공연을 허가하는 일본 대중문화 3차 개방 조치로 처음 가능해진 것이었다.

그런데 이를 보도한 동아일보에 따르면 공연 첫날 공연장에는 관람객 6천여 명이 모였는데, 그중 절반인 3천여 명이 일본인이었다고 한다. 더불어 이 기사는 이번 공연이 "일본 가수의 한국 무대 첫 본격 진출이란 의미를 인식해 대규모 팬들이 현해탄을 건너와 '바람을 잡았다'"는 점, 국내 지명도가 낮은 일본 록그룹 공연에 한국 대기업들이 협찬한 것은 문제가 있다는 점을 지적하고 있다.[46] 이러한 면에서 봤을 때 일본 대중문화 개방 이후 한국에서의 일본 대중문화 개방

---

45) 연세대학교 김대중도서관 엮음, 《김대중 전집 I : 제5권》, 연세대학교 대학출판문화원, 2015, 187쪽.

46) 허협, 〈[대중음악] 日록그룹 '차게&아스카' 잠실공연〉, 《동아일보》, 2000년 8월 27일. https://n.news.naver.com/mnews/article/020/0000023327?sid=103〉(검색일: 2023년 10월 1일)

은 그 수용의 내용적인 측면에서 여전히 미진했다고 볼 수 있다.

그럼에도 김대중은 일본 대중문화 개방 이후 한국에서도 마치 일본 대중문화에 대한 '열광'적인 붐이 일어난 듯이 말하며, 이를 계기로 양국의 문화가 더욱 가까워지고, 국민 간의 교류와 친선이 확대와 신뢰가 깊어질 것이라고 주장한다. 이어서 그는 1998년 일본의 대중문화에 대한 개방을 실현하겠다고 밝힌 이후 세 차례에 걸쳐 개방을 실시해 이제 남은 것은 방송 분야인데, 이 또한 2002년 월드컵 공동 개최와 더불어 해결될 것이라며 낙관한다. 그런데 이 시점에서 김대중의 말에서 주목할 점은, 문화교류를 통한 한일 양국의 상호신뢰 확대가 경제적 이해관계에 머물지 않고, "국제적인 상호안전과 번영"으로 이어질 수 있다고 주장하는 대목이다.

사실 2000년에는 한반도에서 중요한 정치적 사건이 있었다. 6월 15일, 김대중은 대통령으로서 남북 분단 이후 처음으로 평양을 방문해 6월 15일 남북 공동선언을 발표했다. 이러한 한반도 정세의 변화는 김대중의 문화 인식에도 일정 부분 영향을 끼치게 된다. 실제로 그는 이 간담회에서도 상당 부분을 6 · 15 남북 정상회담에 관해 이야기하는 데 할애한 후, 북한과의 문화 · 관광 교류가 이미 시작되었다고 하며, 그 의의를 "상호이해와 신뢰 속에 민족의 동질성을 회복하여 장차 안전한 통일에의 길을 열게 되"는 데에서 찾는다. 즉, 경제 위기 속에서 일본을 대상으로 철저히 경제성 위주로만 파악되어야 했던 문화는, 북한을 대상으로 "상호이해와 신뢰"를 획득하고 "민족의 동질성 회복"을 위한 매개로 변화하게 된다. 따라서 이 시점에서 김대중에게 "이제 상당히 진전된 한 · 일 간의 문화교류"는 "남북한과 일본 간의 3각 문화교류"로 이어져, 궁극적으로는 동북아 긴장 완화라는 이상을 추구하기 위한 일종의 디딤돌과 같은 기능을 수행하는 장치로 변모하게 되는 것이다.

한편 변화는 일본에서도 있었다. 같은 해 4월 5일에는 '21세기를 향한 새로운 한·일 파트너십을 위한 한·일 공동선언'에 서명한 오부치 게이조 일본 총리가 뇌경색으로 사망했다. 그 뒤를 일본은 "천황을 중심으로 하는 신의 나라"라고 인식한 모리 요시로(森喜朗)가 취임하게 되면서, 우경화의 징후가 보이기 시작되었다. 실제로 2000년 4월 전후 일본사를 '자학사관'으로 규정하고 이를 극복하기 위해 결성한 '새로운 역사 교과서를 만드는 모임'은 자신들이 작성한 《새로운 역사 교과서》와 《새로운 공민 교과서》에 대한 문부성 검정을 신청했다. 이 교과서의 기술에 대한 이의제기가 상당수 있었음에도 2001년 4월 일부만 수정된 채로 검정 합격을 받게 된다. 이러한 상황에서 한국 정부는 2001년 7월 일본 대중문화 개방과 역사교과서 문제의 분리불가라는 정부의 기본방침을 결정하고, 일본이 성의 있는 조치를 취할 때까지 영화의 전면 개방과 위성 및 케이블 TV 애니메이션 개방이 포함된 4차 개방 검토 중단을 공식화한다. 이런 상황에서도 2001년 4월 총리가 된 고이즈미 준이치로(小泉純一郎)가 2001년 8월 13일 야스쿠니신사 참배를 강행했고, 이러한 사실이 한국 미디어를 통해 보도되면서 일본에 대한 국민 정서가 급속도로 악화된다.

역사 문제를 둘러싼 논란이 있는 상황에서도 김대중과 고이즈미 총리는 2001년에만 세 번 만났고, 2002년 3월 22일에는 고이즈미 총리가 방한해 정상회담을 가졌다. 이후 열린 한·일 공동 기자 회견에서 "일본 대중문화에 대한 개방 중단 조치를 풀 계획이 있"는가라는 일본 기자의 질문에 대해 김대중은 다음과 같이 대답한다.

> 문화는 원칙적으로 개방돼야 하고 문화쇄국주의는 누구에게도 도움이 안 됩니다. 그러나 한일 간에는 특수한 관계 때문에 개방이 늦춰졌고 또

지금까지는 점진적으로 행해 왔습니다. 그러나 작년 10월 20일 고이즈미 수상과 7개 항에 합의하고 그것이 현재 순조롭게 진행되고 있습니다. 이 문제의 순조로운 진행을 통해서 우리는 과거를 청산하고 미래지향적으로 나갈 수 있는 기틀이 이루어질 것으로 믿습니다. 따라서 우리도 병행해서 문화의 개방에 대해서는 필요한 과감한 조치를 앞으로 취해 나가야 할 것입니다. 양자를 서로 병행하면서 실천해 나갈 것입니다.[47]

여기서 2001년 10월 20일 고이즈미와 합의했다고 하는 7개 항이란 역사교과서 문제, 야스쿠니 신사 참배, 꽁치조업 문제, 한일 항공협력, 일본입국사증면제, 돼지고기수출, 투자협정인데,[48] 그중에서 특히 역사교과서와 야스쿠니 신사 참배 문제가 대중문화 개방을 늦추는 직접적인 요인임을 김대중은 2001년 연두 내외신 기자회견에서도 밝힌 바 있다.[49] 문화쇄국주의에 대해 비판적일 뿐만 아니라 북한의 개방을 이끌어내 평화 체제를 구축하기 위해 일본의 협력을 바라는 김대중으로서는, 가능한 임기 내에 일본 대중문화의 완전 개방을 위해 일본이 지켜줘야 할 일종의 가이드라인을 기자에게 제시한 것으로 볼 수 있다. 하지만 주지하다시피 오부치 총리의 사망 이후 그 약속은 지켜지지 않았고, 결국 김대중 정부에서 일본 대중문화의 완전 개방은 이루어지지 않았다.

완전 개방의 지연은 일본의 우경화가 직접적인 원인임은 두말할

---

47) 연세대학교 김대중도서관 엮음, 《김대중 전집 I : 제8권》, 연세대학교 대학출판문화원, 2015, 51쪽.

48) 부형권, 〈[한-일 개별정상회담] 고이즈미 "비자면제 실현 노력"〉,《동아일보》, 2001년 10월 21일.
https://www.donga.com/news/article/all/20011021/7750472/1(검색일: 2023년 10월 1일)

49) 연세대학교 김대중도서관 엮음, 《김대중 전집 I : 제7권》, 연세대학교 대학출판문화원, 2015, 322쪽.

나위가 없지만, 그 이면에는 홍성태가 지적했듯이 "문화는 규제되는 것이다, 규제의 주체는 국가권력이다"는 국가주의적 규제라는 훨씬 근본적인 문제가 놓여 있다.[50] 홍성태에 따르면 문화에 대한 규제는 국가권력의 작동방식을 보여준다고 하는데, 이러한 관점에 따르면 일본 대중문화에 대한 개방과 규제 모두 국가가 문화에 깊숙이 개입하고 있음을 보여주는 사례라고 볼 수도 있다. 그런데 역사적 변동을 시야에 넣는 푸코의 통치성의 관점에서 본다면, 일본 대중문화에 대한 개방 지연이라는 방식의 규제로부터 신자유주의 시대의 국가 통치 방법의 또 다른 측면을 읽어 낼 수도 있다.

앞서 우리는 일본 대중문화 개방은 한국인에게 경제적 인간으로 살 것을 촉구하는 방식으로 이루어졌음을 확인했는데, 역사 문제를 근거로 이루어진 대중문화 개방의 지연은 한국인에게 스스로가 '역사'적 인간임을 잊지 말 것, 즉 경제적 인간만이 아님을 환기시키는 방식으로 이루어진다. 그런 의미에서 이는 일견 민족주의로의 후퇴로 보일 수도 있다. 하지만 거시적으로 보면 21세기 초는 신자유주의에 기반한 글로벌 자본주의가 확대되는 동시에, 경제적 타협으로는 도저히 해결할 수 없는 역사와 문화를 둘러싼 갈등도 불거진 시기이기도 했다. 미국발 소비문화를 통해 지역과 생활이 균질화되는 한편, 이를 거부하는 움직임도 본격화된 것이다. 일본 대중문화 개방 지연도 문화를 둘러싼 이러한 전 세계적 흐름 속에서 벌어진 것이다.

한일 양국 정부는 전 세계적인 신자유주의의 흐름 속에 맞춰 한편으로는 사람과 물건, 돈이 자유롭게 국경을 넘어 이동할 수 있도록 노력하지만, 다른 한편으로는 국경을 넘을 수 없는 내셔널 히스토리나 전통이라는 문제도 간과할 수 없게 된 것이다. 물론 문화는 개념

---

50) 홍성태, 〈일본 대중문화 개방의 문화정치〉, 《문학과학》 제41집, 2005, 143쪽.

정의를 어떻게 하느냐에 따라 그 둘 어디에도 속할 수 있고 양자를 포괄할 수도 있는데, 이는 국가가 자신의 통치 이념에 맞춰 그것을 어디에 둘 것인지를 선택할 수 있음을 의미한다. 김대중 정부는 초기에는 일본 대중문화 개방을, 후기에는 완전 개방의 지연을 선택한 것이다.

이는 일차적으로는 외교적 협상 카드로서 '문화'의 유용성을 재인식했음을 의미한다. 하지만 그보다 더 중요한 것은 경제 위기 속에서 오직 시장만이 전부였던 김대중 정부가 다시 시장 '바깥'의 유용성에 대해서도 재인식했다는 사실이다. 이는 어떤 의미에서 징벌적인 조치로 보이지만, 비단 김대중 정부에만 해당되는 것은 아니다. 주지하다시피 9·11 이후 미국은 테러 지원국을 글로벌 시장 바깥으로 몰아냈다. 글로벌 시장으로부터의 추방 혹은 규제는 시장 개방과 하나의 쌍을 이루는 21세기의 교류의 대표적인 형태를 취한다.

물론 근대 이후 국가는 물질적, 혹은 정신적인 부분에서 자신의 안전에 위협이 되는 것을 발견하고, 그것을 시장 바깥에 둠으로써 스스로를 보호하고자 해왔다. 그럼으로써 국가는 국민의 생활을 보호하는 존재로서 그 존재 이유를 증명하고자 했던 것이다. 그런데 이러한 국가의 행위는 역설적으로 여전히 시장 바깥이 있으며 그곳에 무엇인가가 존재함을 환기시키고 만다. 일본 대중문화는 시장 바깥에 꽤 오래 체류함으로써 그것이 마치 한국의 국가 이성에 위협적인 듯한 느낌을 불러일으켰는데, 그것의 완전한 시장 진입 지연이 오히려 누군가에게는 '반문화'로서 그 존재 의미를 지속시키는 이유가 되기도 했다. 그렇게 지연된 일본 방송국이 제작한 드라마와 버라이어티쇼는 상품이 아니라 '불법 복제품'이란 이유로 온라인상에서 '불법'적으로 유통되었고, 그렇게 일본 대중문화는 쉽게 구할 수 없는 금수품으로서 생명력을 조금 더 연장할 수 있게 되었다.

5. 맺음말

퇴임을 앞둔 2003년 1월 24일 외신기자들과 오찬을 했을 때 한일관계에 대한 질문에 대해 김대중은 "대통령으로서 중요한 임무 가운데 하나가 한일관계를 흔들림 없는 우호친선관계로 하는 것"이라 전제한 후, 그 노력의 성과로서 과거사에 대한 일본 정부의 사과와 월드컵, 일본 대중문화 개방을 예로 들었다. 덧붙여 고이즈미 총리가 "야스쿠니 신사를 대체하는 시설을 만들겠다는 약속"을 이행하면, 대중문화의 완전한 개방이 이루어질 것인데, 임기 내에 그것이 해결되지 못한 데에 대해서 유감을 표명했다.[51] 관련해서 한국에서 일본 대중문화 개방은, 게임과 음반의 전면 개방을 포함한 2004년 제4차 개방, 비디오 전면 개방과 드라마, 뮤직비디오 지상파 방영 외 전면 개방을 포함한 2006년 추가 개방을 통해서 거의 이루어졌다. 물론 일본인 중에서는 여전히 한국 내 일본 대중문화 개방이 부족하다는 의견도 있지만,[52] 유튜브나 넷플릭스 같은 글로벌 OTT 서비스가 일반화된 오늘날 지상파 방송에 대한 규제는 거의 의미가 없어졌다는 점에서 일본 대중문화는 거의 완전히 개방되었다고 할 수 있을 것이다.

IMF 경제위기 속에서 대통령이 된 김대중에게 일본 대중문화의 개방은 무엇보다도 글로벌 시장경제 체제하에서는 문화예술인조차도 예외 없이 시장 속에서 다른 문화와 경쟁하는 인간으로 살아야 함을 요청하는 메시지로서 표상되었다. 문화를 무한경쟁하는 산업의

---

51) 연세대학교 김대중도서관 엮음,《김대중 전집 I : 제8권》, 연세대학교 대학출판문화원, 2015, 387쪽.
52) 문정인·양기호 엮음,《한일 국교정상화 50주년과 한일관계: 1998년 김대중·오부치 한일파트너십 선언의 함의》, 연세대학교 대학출판문화원, 2016, 120쪽.

일부로 보는 이러한 김대중의 말을 통해 문화 개념이 국가 통치의 필요성에 따라 전유될 수 있음을 확인할 수 있다. 한편 일본 대중문화 개방을 자국 문화산업의 경쟁력 강화라는 측면에서 표상하는 김대중의 말은 수용자 중심의 문화교류를 통해 대칭적 관계를 맺고자 했던 일본인들의 기대와는 어긋났지만, 결과적으로는 경제적으로 열세에 있던 한국이 일본과 대칭적 관계를 맺는 데 기여하게 된 것은 분명하다. 다만 김대중 정부는 경제 위기가 진정된 이후 교과서 문제 등으로 인한 일본 대중문화의 완전 개방을 지연하게 되었는데, 이는 21세기에도 여전히 국가가 자신의 통치성 유지를 위해 어떠한 문화를 시장의 바깥에 둘 수 있는 권력을 가지고 있음을 보여 준다. 그런 의미에서 한국인들에게 일본 대중문화 개방은 그 지연을 포함해서 기미야 다다시가 말하는 것처럼 긍정적인 의미로만 볼 수 없지 않을까. 왜냐하면 이는 국가와 문화가 비대칭적 관계에 있음을 보여 주기 때문이다.

그런 의미에서 본다면 김대중 정부의 한일 대중문화 개방을 바람직한 한일관계의 원점으로 간주하고자 하는 것 역시 비판적으로 생각할 필요가 있다. 이는 어디까지나 대중적 차원의 교류에 대한 국가의 공식적인 역할을 암암리에 전제하고 있기 때문으로, 대중문화 개방 이전에 이미 있었고, 현재 뉴미디어 등을 통해 국가의 공식적인 개입 없이도 이루어지고 있는 다양한 대중 교류의 의미를 퇴색시키지는 않을지 우려되기 때문이다.

* 이 글은 남상욱, 〈김대중의 말을 통해 본 일본 대중문화 개방의 의미〉, 《일본비평》 30호, 서울대학교 일본연구소, 2024. 266–297을 일부 수정한 것이다.

제4장. 문화산업정책의 형성과 문화의 국가기간산업화

최영화 (인천연구원)

1. 들어가는 말

1) 연구목적 및 연구방법

국내에서 '한류(韓流, Hallyu, Korean Wave)'와 관련된 논의는 그것의 등장 시점인 1998년부터 미디어를 중심으로 시작된다. 당시는 1997년 말에 발생한 IMF 경제위기 속에서 김대중 정부가 '문화산업의 국가기간산업화'를 공약으로 내세우며 출범한 때였다. 당시 한류는 정부 정책의 결과로 발생한 현상이 아니었지만 단순한 우연의 결과물도 아니다. 탈냉전과 세계화, 시장개방, 초국적 미디어의 발달이라는 전 지구적 여건 변화와 맞물려 등장한 것으로 보는 편이 합당하다. 김대중 정부의 문화산업정책 또한 이러한 국제정세의 변화와 한국사회의 민주화 및 경제적 변화 속에서 전략적으로 설정되었다.

김대중 정부 시기에 문화를 산업으로 보는 관점이 국내에 본격적으로 도입되었고, 문화산업을 '검열과 통제'의 대상이 아닌 '진흥과 육성'의 대상으로 바라보는 관점의 전환도 이루어졌다. 이에 따라 실질적인 정책 추진기반이 마련되었으며, 차기 정부에서도 이를 계승하여 현재까지 문화산업정책이 지속적으로 추진되어오고 있다. 따라서 아시아 지역의 유력한 문화현상이었던 초창기 한류는 국가정책의 추진 결과라고 할 수 없지만, 현재 전 세계 시장에 진입한 K콘텐츠산업은 김대중 정부 시기부터 시작된 문화산업정책으로부터 직간접적인 영향을 받아 성장해왔다고 할 수 있다.

그러나 최초의 문화산업정책이 만들어진 지 25년이 지난 현시점까지 김대중 정부의 문화산업정책의 형성과 영향, 성과를 종합적으로 고찰한 연구는 거의 이루어지지 않은 것으로 보인다. 이는 정책의 영향과 성과에 대한 분석은 차후에 이루어질 수밖에 없는 일이기 때문이기도 하다. 이 글에서는 김대중 정부를 중심으로 문화산업의 국가기간산업화라는 정책적 관점의 형성과 변화에 대한 기존의 다양한 연구를 재검토하면서 주요 쟁점과 공과를 성찰하고자 한다. 이를 위해 우선 1990년대 말, 2000년대 초라는 시대적 배경과 김대중 정부의 문화산업정책과의 관계를 살펴볼 것이다. 또한 김대중 정부의 문화산업정책이 이후 정부의 문화산업정책에 미친 영향도 들여다볼 것이다. 다만 김대중 정부의 문화산업정책 추진 성과와 관련해서는 이것이 단기간 내 드러나는 것이 아니어서 양적 평가만으로 판단하기에는 명백한 한계가 있다. 그러므로 이와 관련해서는 국내 문화산업 담론과 연계하여 고찰하고자 한다. 이를 위해 김대중 정부 재임기(1998~2003)뿐만 아니라 김영삼 정부 시기부터 최근까지 발간된 행정자료와 관련 논문, 보고서, 저서, 언론기사 등을 폭넓게 검토하고자 한다.

2) 선행연구 검토 및 문제의식

최근까지 발간된 선행연구를 검토한 결과, 김대중 정부의 문화산업정책과 관련한 연구는 크게 '정책연구'와 '학술연구'로 구분할 수 있다. 김대중 대통령의 집권 초기부터 김대중 정부 관련 연구가 이루어졌으나, 문화산업정책에 집중한 연구는 많지 않으며 주제도 다양하지 않다. 주로 역대 정부의 문화산업정책을 개괄하고 정책 기조 및 예산 규모 등을 비교 분석하는 연구가 많이 이루어졌다.

먼저 정책연구는 정책 목표의 달성을 위해 대안을 제시하는 '사전적 연구'와 정책 시행 이후 '사후적 평가'를 중심으로 한 연구로 구분할 수 있다. 정책연구는 김대중 대통령 재임 시기인 2002년에 설립된 한국문화관광연구원(구 한국문화정책개발원)에서 주로 진행되었다. 정상철 외(2001)의 연구는 중화권을 중심으로 발생한 초창기 한류의 원인과 의의, 현황을 조명하고, 한국 문화산업의 해외 진출을 위한 지원방안을 제안하는 사전적 연구로 볼 수 있다. 사후적 평가를 목적으로 한 연구로는 이연정 외(2005)와 김규찬 외(2015)가 있다. 두 연구는 각각 1994년에 문화산업국이 신설된 이래 10년, 20년간의 문화산업정책 환경의 변화, 분야별 현황 진단 및 전망, 전문가 인식 및 평가 등을 주요 내용으로 한다. 김규찬 외(2017)의 경우, 그간 경제적 성과 추구에 매진해온 문화산업정책을 비판적으로 평가하고, 문화산업의 사회문화적 성과에 주목할 수 있도록 정책 목표를 재설정할 것을 제안하기도 한다. 이러한 정책연구 보고서는 김대중 정부의 문화산업정책이 이전 정부의 정책과 어떠한 연계점을 가지며 이후에 어떠한 방식으로 계승되었는지, 그리고 어떠한 차이점을 지니는지를 살피는 데 유용한 시사점을 줄 수 있다.

학술연구는 정책연구에 비해 문헌연구 중심의 담론분석 성격이 좀 더 강하며 상대적으로 주제가 다양하고 또 비판적인 성격을 지닌다. 정권 초기에는 주로 대통령의 정책 목표를 검토하기 위한 담론연구가 이루어졌다. 김동환 외(1999)와 임의영(2001)은 각각 '지식정보사회', '지식정보화' 담론과 국정 목표를 분석했는데, 특히 임의영(2001)은 지식정보화 담론이 실질적으로 경제발전의 논리이지 민주주의 실현을 위한 것이 아니라고 비판한다. 원용진(1999)도 《새 문화정책》(1998)의 주요 전략과 과제를 살펴보면서 김대중 정부의 문화산업정책에 내재된 문화의 경제화 논리를 비판한다. '문화'를 시장주의적 관점에서 산업화, 경제화하려는 데 대한 당시의 우려를 읽을 수 있다. 한편, 이명수(2007)는 김대중 정부의 문화산업정책이 어떠한 배경 속에서 추진된 것인지 이해하는데 단초를 제공해준다. IMF 전후 국가의 역할이 어떻게 변화해왔는지 분석하는데, 김대중 정부의 시장중심적인 개혁이 신자유주의 패러다임을 사회 전반에 내재화하는 역할을 했다고 평가한다. 이러한 맥락에서 권창규(2014)는 1997년 IMF 경제위기 이후 문화가 경제회생을 위한 미래형 산업으로 각광받으며 국가의 기간산업으로 자리매김하게 된 역사와 의미를 비판적으로 조명한다. 김기현(2012), 배관표·이민아(2013), 이진석(2021)의 경우, 정책연구와 마찬가지로 역대 정부의 문화정책과 문화산업정책을 비교 분석한다. 황설화(2019)는 각 정부의 문화정책 키워드를 도출해 정부별 문화정책 이념(문화의 민주화, 문화민주주의)을 분석하고, 이진석(2021)은 역대 정부의 문화콘텐츠산업 정책을 개괄적으로 살펴본 뒤 정책적 보완 방안을 제시한다. 김대중 정부 시기에 처음으로 등장한 한류에 관한 연구도 진행되었다. 최영화(2013)는 한류 정책의 전략과 메커니즘을 분석하면서 한류에 영향을 미친 정부별 문화산업정책의 연속성과 차별성을 검토했다. 노명환(2022)은 김대중 정부가 한류에 어떻게 기여했는지 검토하면서 김대중 대통령의 평화·상생·보편적 세계주의 사상과 한류 및 팬덤의 초국적 활동과의 상호관계성을 살펴본다.

김대중 정부의 문화산업정책 관련 선행연구들은 김대중 정부의 문화산업정책에 대해 엄밀하게 분석하기보다는 대체로 역대 정부의 문화산업정책을 개괄하거나 비교하는 과정에서 부분적으로 다루는 경우가 많다. 김대중 정부가 문화산업진흥체계를 구축했다는 데는 이견이 없으나 김대중 대통령의 사상과 문화산업정책 간 관계, 국내외 정치·경제·사회·문화를 아우르는 시대적 배경과 정책과의 관계를 전략적으로 고찰한 연구는 여전히 미흡하다. 또한 김대중 정부의 문화산업정책에 대한 평가도 문화산업의 매출량에 대한 양적 평가를 중심으로 이루어졌다. 김대중 정부가 문화산업정책의 기틀을 쌓은 지 25년이 지났으나 아직까지 문화산업정책의 초기 비전 설정과 현재까지 이어지는 영향을 중심으로 한 성과 및 한계에 대해서는 연구가 충분히 이루어지지 않은 것이다. 따라서 이 글은 김대중 정부의 문화산업정책의 형성 배경과 요인을 다층적으로 살펴보고, 김대중 정부의 문화산업에 대한 사상과 당시의 정책 비전이 후대에 미친 영향을 현재적 관점에서 재평가하고자 한다.

2. 김대중 정부 문화산업정책의 배경

1) 문화산업에 대한 철학과 사상

'문화산업 진흥'은 김대중 대통령이 취임사에서 처음 언급한 이후 매번 대통령 취임사에서 빠지지 않고 있으며, 각종 선거에서 대표적 공약으로 자리매김할 정도로 정책적 위상이 높아졌다.[1] 김대중 대통령은 취임사에서 "세계는 지금 유형의 자원이 경제발전의 요소였던 산업사회로부터 무형의 지식과 정보가 경제발전의 원동력이 되는 지식정보사회로 나아가고 있습니다"라고 선언하며 "문화산업은 21세기의 기간산업입니다. 관광산업, 회의체산업, 영상산업, 문화적 특산품 등 무한한 시장이 기다리고 있는 부의 보고입니다"라고 강조했다.[2]

지식과 문화를 경제발전의 원동력이자 부의 보고로 보는 관점은 김대중 대통령이 1980년 5.17사건(김대중내란음모사건)으로 전두환 신군부에 의해 청주교도소에서 수감생활을 하던 1980년대 초반 무렵부터 가지고 있었던 것으로 보인다. 1981년에 가족에게 보낸 옥중서신에서는 앨빈 토플러(Alvin Toffler)의 《제3의 물결》과 피터 드러

---

1) 김규찬, 〈한국 문화콘텐츠산업 진흥정책의 내용과 성과: 1974~2011 문화부 예산 분석을 통한 통시적 고찰〉《언론정보연구》제50권 1호, 2013, 303쪽.
2) 김대중, 〈김대중대통령 취임사〉, 《동아일보》, 1998년 2월 25일.

커(Peter Ferdinand Drucker)의 《단절의 시대》를 "일생을 두고 재독, 삼독할 책"이라며, 21세기는 지구촌 시대이자 세계인의 시대가 될 것이고 인간의 여가생활이 큰 과제가 될 것이라고 전망한 바 있다.[3] 자서전에서는 토플러의 《제3의 물결》을 "새로운 시대의 지침서"라고 일컫는다. "지금은 자본, 노동, 토지 등이 경제의 핵심 요소인데 미래는 정보와 지식 그리고 창의력이 핵심"이며 "훗날 '정보화 대국'을 향한 꿈은 여기서 비롯되었다"고 밝혔다.[4]

주지하듯이 토플러는 제1의 물결(농업혁명)과 제2의 물결(산업혁명) 과는 다른 제3의 물결이 새로운 문명의 도래를 촉진시킬 것이라고 내다보고 정보화 시대의 공동체나 새로운 노동자의 출현을 설파한 바 있다.[5] 김대중 대통령은 제3의 물결이 곧 지식정보혁명이고 그로 인해 지식정보사회가 도래할 것이라고 내다본 것이다. 따라서 "지식·정보 혁명의 시대는 우리에게 주어진 절호의 기회"라고 인식하고 "산업화는 늦었지만 정보화는 앞서가자"는 논리를 내세웠다.[6] 정보화를 "큰 자본 안 들이고 엄청난 부가가치를 내는" 문화산업의 성장 조건이 되는 것으로 인식하고 있었던 것이다.[7]

또한 김대중 대통령은 경제발전의 핵심이 '사람'이라며 "자원이 아무리 풍부해도 이를 경제적으로 운영해나갈 인간적 자원이 없으면 결코 경제적 성공은 이룰 수 없다"고 강조했다.[8] 이는 지식과 정보를 바탕으로 일하는 '지식근로자(knowledge worker)'라는 개념을 처음으로 사용하며 인적자원의 중요성을 설파한 드러커와 관점과도

---

3) 김대중, 《옥중서신 I : 김대중이 이희호에게》, 시대의 창, 2019, 227, 250쪽.
4) 김대중, 《김대중 자서전 1》, 삼인, 2010, 442쪽.
5) 앨빈 토플러, 《제3의 물결》, 홍신문화사, 2017.
6) 김대중, 《김대중 자서전 2》, 삼인, 2010, 160-161쪽.
7) 연세대학교 김대중도서관, 《김대중 전집 I : 제7권. 지식정보화 강국의 꿈을 이루다》, 연세대학교 출판문화원, 2015, 21쪽.
8) 김대중, 《옥중서신 I : 김대중이 이희호에게》, 446쪽.

일맥상통한다.9) 이것이 김대중 정부 시기에 등장한 창조적 혁신을 주도하며 새로운 부가가치를 창출해내는 '신지식인' 개념의 모태가 되었다.

1998년 국민의 정부 출범 이후, 김대중 대통령의 언설을 살펴보면 문화와 문화산업에 대한 경제적 관점이 더욱 뚜렷하게 드러난다. 특히 피터 드러커가 "21세기는 문화산업에서 각국의 승패가 결정될 것이다. 최후 승부처가 바로 문화산업이다"10)라고 한 말은 대통령의 연설에서 여러 차례 반복 인용된다.11) 문화와 창의력은 지식기반국가의 핵심적인 역량이고, 문화산업은 국가 경제의 핵심산업이며, 이를 주도하는 것이 신지식인이라고 본 것이다. 1999년 김대중 정부의 국정홍보처가 선정한 '신지식인 1호'가 희극인이자 영화감독인 심형래라는 사실에서 알 수 있듯이, 창의성과 혁신을 통해 부가가치를 만들어내는 '신지식인'이란 국가가 선택한 성장모델로서 지식기반경제의 대표산업인 문화산업 영역에서 요구되는 유연한 지식노동자를 지시하는 것으로 볼 수 있다.

김대중 대통령의 이러한 철학과 사상은 집권 초부터 발표된 다수의 문화산업 중장기 비전과 계획에 반영되어 적극적으로 추진된다.

---

9) Peter F. Drucker, *Landmarks of Tomorrow*, New York: Harper, 1959.

10) 피터 드러커, 《위대한 혁신》, 한국경제신문사, 2006.

11) 〈세계도자기엑스포 2001 경기도〉 개막식에서는 "이 시대의 저명한 미래학자인 피터 드러커는 21세기의 주력산업은 문화산업이라고 했습니다"라며 "인류는 지금 21세기를 맞아 새로운 문화시대를 살고 있습니다. 문화가 국력을 좌우하고 경제의 핵심이 되는 시대입니다. 우리는 지금 얼마나 경쟁력 있는 문화상품을 개발하고 육성하느냐에 따라 나라의 경제발전과 국가의 위상이 결정되는 그러한 시대에 살고 있는 것입니다"라고 강조했다(연세대학교 김대중도서관, 《김대중 전집 I : 제7권》, 4쪽). 그 밖의 연설에서도 "21세기는 지식기반경제의 무한경쟁 시대"이자, "문화적 역량과 창의력이 개인과 나라의 경쟁력을 좌우하고 삶의 질을 결정하는 문화의 세기"이고, "21세기 지식기반경제시대에는 육체적 힘이 아니라 지적·문화적 힘이 중요"하므로, "정부는 IT·BT·NT·ET·CT 등 지식기반산업을 주도할 고급인력 양성체제를 구축하여 범정부적으로 추진해 나갈 것"을 여러 차례 선언한다(연세대학교 김대중도서관, 《김대중 전집 I : 제7권》, 48, 211, 222쪽; 《김대중 전집 I : 제8권》, 289쪽).

2) 문화산업정책의 대내외적 배경

김대중 정부의 문화산업정책은 단지 개인적 사상이나 철학에 따라서 추진된 것이 아니다. 국가정책은 '국가의 목표를 추구하기 위하여 정부가 직접 계획을 세워 달성하고자 하는 일'[12]로, 대내적 상황과 대외적 여건 속에서 전략적으로 설정되기 마련이다. 따라서 김대중 정부의 문화산업정책이 수립되고 추진되게 된 대내외적 배경과 요인을 함께 검토할 필요가 있다. 이는 정책 설정의 의의나 당위성, 성과를 검토하기 위해서도 필요하다.

(1) 대외적 배경: 정치 · 경제 · 문화의 세계화

우리나라에서 문화산업정책이 등장하기까지의 전 지구적 맥락을 정치 · 경제 · 문화 부문의 세계화라는 관점에서 조명해 보고자 한다. 정치사회학자 제솝(Bob Jessop)에 따르면, 한 국가의 축적전략(accumulation strategy)은 "단순히 자의적, 합리적, 의지적인 것이 아니"며, 자본순환의 지배적 형태, 자본의 국제화의 지배적 형태, 국제적 조건, 국내외적 세력들 간의 역관계 속에서 결정된다.[13] 김대중 정부가 문화산업을 '국가기간산업'으로 표방한 것도 자의적인 선택의 결과가 아니며, '자본의 국제화의 지배적 형태'와 '국제적 조건'을 고려하여 전략적으로 선택한 것으로 보는 것이 타당하다. 1990년대에 문화산업정책이 처음 등장하면서 발전해오기까지의 과정을 지구적 정치 · 경제 · 문화적 관계 속에서 살펴봄으로써 김대중 정부의 문화산업정책의 출현 배경이 된 세계사적 · 정치경제학적 조건들을 확인

---

12) 국립국어원 표준국어대사전, 〈국가정책〉
   (https://stdict.korean.go.kr/search/searchResult.do) (검색일: 2023년 8월 13일).
13) Bob Jessop, *State Theory: Putting the Capitalist State in its Place*, Cambridge: Polity Press, 1990, 200.

166

할 수 있을 것이다.

한국에서 문화산업이 국가기간산업으로 등장하게 된 정치적 배경부터 살펴보자면 크게 '탈냉전', '홍콩반환', '한중수교', '일본문화 개방'이라는 사건에 주목할 수 있다. 1989년 동서독의 통일을 시작으로 1991년에 소련과 동구권의 사회주의체제가 붕괴되어 시장경제체제로 전환된 데 이어서, 1990년대에는 중국이 본격적으로 개혁·개방 정책을 전개하며 세계자본주의 체제로 통합됨에 따라 세계체제는 정치·경제·문화·지리적으로 재편된다. 전 세계가 미국 주도의 본격적인 세계화 국면에 들어가게 된 것이다. 뿐만 아니라, 1997년에 홍콩이 중국에 반환됨으로써 아시아의 지정학적·문화적 세력 구도에도 큰 변화가 초래된다.

지구적 수준에서 탈냉전이라는 세계화 흐름이 특히 '아시아'라는 지역에 어떠한 정치·경제·사회·문화적인 변동을 초래했는지에 대해서도 별도로 고찰해볼 필요가 있다. 1990년대 초반까지만 해도 한국과 일본, 한국과 중국, 중국과 일본의 문화적 관계는 적대적인 면이 컸다. 1998년 김대중 정부에 들어서 일본 대중문화가 제한적으로 한국에 개방되기 시작하나, 중국의 경우 상하이 지역을 제외하고는 일본의 대중문화가 접근하는 것이 불가능했고, 대만에서도 1993년까지 일본의 텔레비전 시리즈물의 수입이 금지됐다.14) 한국과 중국의 경우에도 한중수교가 1992년에 이루어지지만, 문화적인 교류가 시작된 것은 1990년대 중후반부터다. 태국과 베트남 등 동남아시아와 문화산업 간 제휴와 협력을 맺는다는 것도 1990년대 초반까지는 요원한 일이었다.15)

그러나 1990년대 말 무렵에 이르러 개발도상국이던 아시아 각국

---

14) 프레데릭 마르텔, 《메인스트림》, 문학과지성사, 2012, 325쪽.
15) 이동연, 《아시아 문화연구를 상상하기》, 그린비, 2006, 375-376쪽.

이 점차 경제발전을 이루어내면서 소비문화 시장의 규모가 비약적으로 커짐에 따라 아시아 내 문화산업이 확장되고 교류가 본격화되기 시작한다. 특히 중국의 경우, 개혁개방과 미디어 자유화 조치에 따라 프로그램에 대한 수요가 꾸준히 늘어나고 있음에도 불구하고, 시설과 장비, 전문인력의 부족으로 프로그램을 직접 생산하기가 어려웠다.[16] 게다가 "아시아의 할리우드"[17]라고 일컬어지던 홍콩의 영화산업마저 1997년 중국 반환을 앞두고 산업적 기반 자체를 송두리째 미국으로 옮겨버려 새로운 방송 프로그램의 공급원이 절실히 요구되는 상황이 발생한다.[18] 당시 중화권의 문화산업은 홍콩이 콘텐츠를 공급하고, 대만이 배급과 자본 지원을 담당하고, 중국이 시장을 제공하는 식으로 구성되어 있었으나 홍콩이 반환되면서 콘텐츠 공급원이 무너지자 배급시장인 대만도 무너지고, 소비자들의 수요도 끊기게 된 것이다.[19]

이처럼 홍콩의 대중문화를 대체할 새로운 문화산업 콘텐츠가 부재한 상황에서 중국이 자국 내 문화소비자들의 욕구를 충족시킬만한 대중문화를 가지고 있지 못하던 공백기에 한국의 대중문화가 시기적절하게 중국에 수용되어 한류가 부상할 수 있었다고 분석된다.[20] 대외경제정책연구원(KIEP)의 여론조사에서도 한국 대중문화의 우수성(30%)보다 중국 내 대체적 대중문화의 부재(65%)가 한류 현상의 주된

---

16) Hong Junhao. "Media/Cultural product exchanges between China and Taiwan" *Gazette*, vol. 59(1), 1997, 61-75; 손병우·양은경, 〈한국 대중문화의 현주소와 글로벌화 방안: 한류(韓流) 현상을 중심으로〉, 《사회과학연구》 제14권, 2003, 147-171쪽; 허진, 〈중국의 한류현상과 한국 TV드라마 수용에 관한 연구〉, 《한국방송학보》 제16권 제1호, 2003, 496-529쪽.

17) 프레데릭 마르텔, 《메인스트림》, 266쪽.

18) 허진, 〈중국의 한류현상과 한국 TV드라마 수용에 관한 연구〉, 505쪽; 김성수, 〈글로컬적 관점에서 본 한류에 대한 재평가〉, 《인문콘텐츠》 제18호, 2010, 326쪽.

19) 강내희, 〈신자유주의와 한류〉, 《중국현대문학》 제42호, 2007, 291-292쪽.

20) 신윤환, 《동아시아의 한류》, 전예원, 2006.

요인으로 지목된 바 있다.[21] 게다가 2001년에 중국이 세계무역기구 (WTO)에 가입하면서 문화산업의 개방이 의무화됨에 따라 외국의 대중문화를 받아들일 수밖에 없게 된 것도 중국 내 한국 대중문화의 유입에 기여한 요인로 볼 수 있다. 당시 탈냉전, 홍콩반환, 한중수교, 일본문화 개방이라는 정치적 배경 속에서 한국은 아시아를 중심으로 문화산업 수출시장을 새로이 확보할 수 있게 된 것이다. 따라서 김대중 정부가 경기침체와 IMF 경제위기로부터 벗어나기 위해 문화산업을 국가의 새로운 성장동력으로 지목하고 이를 정책적으로 지원한 것은 국익에 부합하는 전략적 선택이었던 셈이다.

한국에서 문화산업정책이 부상하게 된 경제적 배경을 살펴보기 위해서는 지구적 자본주의 축적체제 및 축적전략의 변동과 한국경제의 세계화 사이의 관계를 검토해야 한다. 1990년대 말부터 2000년대에 들어서 문화산업이 국가 경제의 신성장동력으로 선택된 데에는 '신자유주의의 세계화'와 '포스트포드주의로의 이행'으로 요약될 수 있는 지구적 경제 질서의 변화와 지구적 자본주의 축적전략의 대변동이 주요한 배경이 되었다. 세계화의 효과가 가장 두드러지게 나타나는 영역은 경제 부문이라고 할 수 있다. 경제 질서의 세계화는 "재화와 서비스를 포함한 생산물은 물론이고 자본, 노동력, 기술과 같은 생산요소가 기술적 또는 제도적 장애를 극복하고 국경을 자유롭게 넘나드는 현상"을 일컫거나[22], "모든 것을 시장의 힘 아래로 종속시키는 과정"으로 간주된다.[23] 자본의 자유로운 행보를 보장하기 위한 세계화의 기저에는 이른바 '신자유주의' 이데올로기가 자리 잡고 있

---

21) 대외경제정책연구원, 〈한류의 경제적 효과와 정책 시사점에 관한 설문 조사〉 《KIEP 동향분석속보》 제01-38호, 2001; 신윤환, 〈동아시아 "한류" 현상: 비교 분석과 평가〉《동아연구》 제42집 2002, 21쪽.
22) 서울사회경제연구소, 《이명박 정부 경제정책의 기조와 평가》, 한울, 2012, 173쪽.
23) 한스 피터 마르틴·하랄트 슈만, 《세계화의 덫》, 영림카디널, 2003.

다. 신자유주의는 1970년대 중반 이후 위기에 처한 세계자본주의가 채택한 새로운 축적전략으로서, 1980년대 영국의 대처리즘(Thatcherism)과 미국의 레이거노믹스(Reaganomics) 정책을 거치며 세계경제의 헤게모니를 장악하게 된다. 1990년대 동구권의 붕괴와 중국의 개혁개방으로 각국의 시장이 개방되자, 사회의 모든 영역에 시장원리가 도입되며 자유시장 질서를 가로막는 규제가 철폐되는 등, 자본의 자유로운 이윤 추구를 위한 신자유주의적 세계화는 한층 가속화되기에 이른다.

이와 같이 변화된 국제적 조건 속에서 자본의 축적을 보장하기 위한 각국의 경쟁이 심화되면서 자본의 축적전략도 대규모 노동과 자본을 투여해야 하는 경직된 대량생산체제가 특징인 포드주의에서 유연하고 네트워크화된 생산에 기반하며 혁신을 통해 생산성 증대를 지향하는 '포스트포드주의'로 이행하게 된다.[24] 포스트포드주의의 핵심은 '유연한 축적(flexible accumulation)'이라고 할 수 있는데, 이는 노동과정이나 노동시장, 제품, 소비패턴의 유연성에 그 뿌리를 두며, 전혀 새로운 생산 부문의 출현, 금융서비스 공급의 새로운 방식, 새로운 시장, 그리고 무엇보다도 상업적·기술적·조직적 혁신의 강화 등이 주요한 양상을 이룬다.[25] 포드주의의 대량생산체제에서는 상대적으로 유연성이 없는 반숙련 노동이 지배적인 역할을 했으나, 포스트포드주의 생산과정은 숙련된 기술을 가진 유연한 지식노동을 필요로 한다. 이와 같이 포스트포드주의에 의해 재구조화된 세계경제의 양상이 지식 소프트웨어에 대한 의존도가 크고 지식의 창출과 응용을 강조한다는 점에서 제숍은 이를 '지식기반경제'로 특징화하며 이것이 1990년대의 지배적인 경제적 서사였다고 말한

---

24) 봅 제숍, 《자본주의 국가의 미래》, 양서원, 2010, 144-145쪽.
25) 데이비드 하비, 《포스트모더니티의 조건》, 한울, 1997, 179, 186쪽.

170

다.[26]

　이런 점에서 볼 때, 한국에서 '지식기반경제' 담론이 유입되어 새로운 시대적 패러다임으로서 유행한 것이 1997년 IMF 경제위기 이후 김대중 정부 시기(1998-2003)라는 사실은 우연이라고 할 수 없다. 한국에 신자유주의가 본격적으로 전파된 시점은 국제통화기금(IMF)으로부터 구제금융을 지원받던 1997~1998년이다. 이 시기에 출범한 김대중 정부에게 최대 과제는 경제적 국난을 극복하고 경제를 재도약시키는 것이 되었다. 당시 IMF는 자금 지원의 조건으로 한국사회에 신자유주의 정치경제로의 급속한 전환을 강요하는데, 이에 따라 금융·기업·노동 부문에 대규모 구조조정이 이루어지고, 한국의 정치경제는 시장개방과 자유화를 지향하는 신자유주의적 발전 경로를 본격적으로 밟게 된다.[27] 포드주의적 발전국가 체제를 더이상 지속하기 어려워지자, 그에 대한 대책이자 발전전략으로서 국민의 정부는 '지식기반경제'라는 지구적 자본주의 축적체제의 변화에 적극적으로 편승해 '문화산업'의 육성이 시대적 과제임을 천명하고, 이를 위한 국가적 조치를 추진하게 된 것이다.[28] 한국의 경우에 IMF 경제위기가 신자유주의적 정치경제로 전환하고, 새로운 성장모델로서 포스트포드주의 지식기반경제로 이행하는 데 결정적인 계기가 된 셈이다.[29] 요약하자면, 김대중 정부의 문화산업정책에 영향을 미친 지구-경제적 요인은 바로 신자유주의의 세계화와 지구적 축적위기에 대한 대응으로부터 비롯된 포스트포드주의 체제로의 이행이며, 이것

---

26)　밥 제솝,《자본주의 국가의 미래》, 140-148쪽; Bob Jessop, "Critical Semiotic Analysis and Cultural Political Economy," *Critical Discourse Studies*, vol.1, no.2 2004, 168-170.
27)　지주형,《한국 신자유주의의 기원과 형성》, 책세상, 2011, 207쪽.
28)　문화관광부,《문화산업비전 21》, 2000, 1쪽.
29)　지주형,《한국 신자유주의의 기원과 형성》, 225쪽.

이 한국사회에 지식기반경제화를 유입시켜 문화산업에 대한 국가적 관심과 지원을 촉발시킨 것이다.

김대중 정부의 문화산업정책의 등장에 영향을 미친 문화적 배경을 지목하자면 '정보화', '디지털 혁명', 'SNS의 세계화'라고 할 수 있다. 1990년대 말 인터넷의 확산으로 인한 지구적 미디어 환경의 변동으로 인해 문화의 생산―유통―소비 구조에 엄청난 변화가 발생하고, 그것이 문화상품의 초국적 생산―유통―소비의 기반이 되었다. 초국적 미디어의 발달로 인해 전 지구적 자본의 이동뿐만 아니라 상품, 정보, 이미지, 대중문화가 국경을 넘나들며 새로운 흐름, 관계, 상상력을 만들 수 있는 조건이 크게 확장된 것이다.[30]

먼저, 초국적 미디어의 등장은 문화의 '생산' 측면에 큰 영향을 미쳤다. 디지털 기술의 발달과 초국적 미디어의 확산은 기존의 문화산업과 정보산업의 융합을 초래해 문화콘텐츠의 디지털화를 이끌게 된다. 디지털 매체가 발달함에 따라 이를 채울 '콘텐츠'에 대한 요구가 커지면서 '문화콘텐츠'가 새로운 정보상품으로 부상하게 된 것이다.[31] 이와 같이 콘텐츠에 대한 수요가 증가하자 콘텐츠산업에 대한 중요성이 급격히 커지면서 세계 각국은 콘텐츠산업을 국가의 전략산업으로 육성하는 계획을 내놓기 시작한다. 대표적으로 영국이《창조적인 영국(Creative Britain)》(1998) 정책을 내놓고 '창조산업'[32]이

---

30) Arjun Appadurai, *Modernity at Large: Cultural Dimensions of Globalization*, Minneapolis: University of Minnesota Press, 1996.

31) 문화관광부,《콘텐츠코리아비전 21》, 2001.

32) 영국에서는 '문화산업' 대신 '창조산업(creative industry)'이라는 용어를 사용한다. 이는 문화산업의 가장 핵심적인 요소가 바로 창의성이라는 점을 강조하려는 뜻으로 볼 수 있다. 영국의 창조산업에는 대중문화나 상업문화뿐만 아니라 순수예술까지 13개 분야가 포함되는데, 구체적으로는 ①광고, ②영화와 비디오, ③건축, ④음악, ⑤미술과 골동품 시장, ⑥공연예술, ⑦컴퓨터와 비디오 게임, ⑧출판, ⑨공예, ⑩소프트웨어, ⑪디자인, ⑫TV와 라디오, ⑬패션이 이에 속한다. (김정수,《문화행정론》, 집문당, 2006, 225쪽.)

라 명명한 문화콘텐츠산업을 국가적으로 지원해 큰 성과를 거둔다.[33]

한국의 경우에는 김대중 대통령이 문화관광부 연두보고에서 "문화관광부가 중심이 되어 콘텐츠산업에 국운을 걸고 관련 시책을 추진"(2001.2.14)하라고 지시함에 따라 콘텐츠산업에 대한 종합적인 지원체제가 구축되기에 이른다. 다음 장에서 자세하게 살펴보겠지만, 당시에 만들어진 법적, 제도적 지원체계와 각종 콘텐츠산업 육성 전략으로 인해 분야별 콘텐츠산업이 국가의 지원을 받으며 성장하게 된다.

정보화와 디지털화는 문화의 '유통'에도 변화를 일으켰다. 정보화와 디지털화는 문화의 유통구조에 '기술적 민주화'를 이루어내는데 크게 기여한다. 과거에는 방송국과 같은 전통적인 매체산업이 독점적 지위를 지니고 있어 문화상품의 유통 기회 자체가 극히 제한되고, 그로 인해 문화콘텐츠 제작자가 유통업자에게 종속될 수밖에 없는 구조였다. 그러나 초고속 인터넷의 확산으로 인해 문화콘텐츠의 유통채널이 비약적으로 확대되고 다양화되면서 문화상품의 초국적 유통과 수용도 훨씬 쉬워지게 되었다. 무엇보다 인터넷을 기반으로 한 포털사이트와 개인 홈페이지 및 블로그, 마이스페이스(2003), 페이스북(2004), 유튜브(2005), 트위터(2006) 등 전 지구적인 SNS의 출현으로 말미암아 개인이 직접 콘텐츠를 유통할 수 있게 된 것이 문화상품의 지구적 확산에 결정적인 요인이 되었다.

정보통신기술의 발달과 지구적 미디어의 확산이 문화의 '소비'에 미친 영향은 어떠한가. 정보화, 디지털화, 지구적 미디어의 발달은 각국 문화소비자들의 대중문화에 대한 '접근비용'을 크게 낮추어 문

---

33) 매일경제 한류본색 프로젝트팀, 《한류본색-아시아를 넘어 세계로, 문화강국 코리아 프로젝트》, 매일경제신문사, 2012, 90-92쪽.

화의 초국적 소비를 증진시켰다. 디지털 기술의 특성상 물리적 거리에 상관없이 콘텐츠의 동시 전송이 가능해 시간과 공간의 제약에 구애받지 않고 많은 사람이 언제나, 쉽고, 또 저렴하게 문화콘텐츠를 소비하는 것이 가능하게 되었기 때문이다. 아시아를 중심으로 등장한 한류가 현재 전 세계로 영향력을 확대해나가게 된 데에는 무엇보다 지구적 미디어의 확산이 가장 주요한 역할을 했다고 할 수 있겠다.

(2) 대내적 배경: 역대 정부의 문화산업정책

한 국가의 문화산업정책의 형성을 유기적으로 파악하기 위해서는 지구적 정치 · 경제 · 문화적 조건과 함께 한국사회의 정치 · 경제 · 문화적 요인도 동시에 고려해야 한다. 정권별 문화정책을 국내외적 정세 변화 속에서 포착하려는 시도는 문화산업정책을 국면적인 전략으로 파악할 수 있게 해준다.

김대중 정부의 문화산업정책의 형성과 성과를 검토하기 위해서는 국가적 차원에서 문화산업의 진흥체제를 처음으로 도입한 김영삼 정부의 문화산업정책부터 후속 정부의 정책까지 통시적으로 살펴볼 필요가 있다. 김대중 정부의 문화산업정책이 이전 정부의 문화산업정책의 연장이기도 하므로, 김대중 정부의 문화산업정책의 형성에 영향을 미친 문화산업정책의 경로의존적 영향을 검토하기 위해서이다. 이전 정부의 문화산업정책과의 연관성 속에서 김대중 정부가 문화산업의 육성을 위해 추진한 정책의 구체적인 전략을 분석할 때, 그것의 특수성도 밝혀낼 수 있을 것이다.

1980년대 말까지 한국의 문화산업정책은 진흥보다는 규제에 초점이 맞춰져 있었다. 그러던 것이 김영삼 정부 시기에 '세계화'와 '신자유주'의 이념이 한국사회에 수용되고 '문화'를 육성시켜야 할 '산업'

으로 바라보는 정책적 관점이 도입되기 시작한다. 김영삼 정부는 정치적으로 이전의 권위주의 군사정부와 구별되는 민주적 '문민정부'의 출발점이며, 민주화 이행의 시작과 동시에 세계화를 경험하면서 경제적으로는 신자유주의적 지향을 분명히 했다는 점에서 김대중 정부의 문화산업정책과 비교·평가하기 위한 준거점으로 삼을 만하다.

문민정부는 1994년 말에 1995년을 '세계화', 즉 지구화의 원년으로 선포하고(지주형, 2011: 141), 우루과이라운드 협상(1994)과 세계무역기구(WTO)체제 출범(1995) 및 경제협력개발기구(OECD) 가입(1996)을 통해 짧은 기간 안에 세계화 추세에 적극적으로 편승한다. 당시 한국경제는 1980년대 이후 장기화하는 세계자본주의의 경기침체에 직면하기 시작한 데다, 선진자본주의의 보호무역 및 대외개방 압력의 심화, 중국·아세안(ASEAN) 등 새로운 개도국의 부상이라는 자본축적의 위기 상황에 직면하고 있었다. 과거의 노동집약적 산업과 수출 위주의 성장전략으로는 축적위기를 감당할 수 없게 되자, 문민정부는 '신한국 창조'를 국가정책의 목표로 설정하고 《신경제 5개년 계획》(1993)을 발표하는데, 이 계획의 목적을 "제도 및 의식의 개혁을 통하여 경제적 자유와 정의를 구현하며 경제구조 및 질서의 질적인 변화를 토대로 경제 선진화 및 국제화에 부응"하기 위함이라고 밝힌다.[34] 문민정부가 내세운 '신경제', '신한국'이라는 구호는 문자 그대로 한국사회의 제도와 의식, 구조, 질서 일체를 바꾸겠다는 지향점을 압축적으로 보여준다.

신경제 계획과 함께 추진된 '문화의 세계화' 전략 또한 세계자본주의의 경기침체에 대한 대응의 일환으로 출현했다. 세계화와 신경제 정책이 문화정책에 미친 영향이라면 문화산업에 대한 정책적 시각이

---

34) 대한민국정부, 《신경제 5개년 계획(1993-1997)》, 1993; 소문상, 〈'신경제 5개년 계획'의 의미와 문제점〉, 《정세연구》 제48호, 1993, 44쪽.

크게 바뀐 것이라고 할 수 있다. 문민정부의 문화산업 진흥정책의 방향과 과제는 《신한국 문화창달 5개년 계획(1993~1997)》과 《문화비전 2000》(1997)에 잘 나타나 있는데, '한국문화의 세계화'와 '문화의 산업화'가 정책 목표로 강조되면서 고부가가치를 창출하는 자원으로서 문화와 문화산업을 적극적으로 인식했다.[35] 문민정부는 "신경제란 모든 국민의 참여와 창의를 경제발전의 원동력으로 하는 경제"[36]라며 문화산업을 최초로 '국가발전의 수레바퀴'로 지목하기도 했다.[37] 이런 점에서 문민정부의 문화산업정책은 세계화라는 지구적 정세 변화에 대한 전략적 대응이자 자본축적을 위한 성장전략으로서 고안된 것이라고 볼 수 있다.[38]

문화의 세계화를 위해 문화산업의 육성을 선언한 문민정부가 한국 문화산업정책의 형성에 기여한 바는 무엇보다도 행정기구의 개편을 통해 문화산업을 전담하는 부서를 설치하고, 해마다 문화산업 분야에 예산을 배정하도록 한 것이다.[39] 1990년대에 들어서 부가가치가 높은 유망업종으로 부상한 문화산업을 정책적으로 지원하고 육성하기 위해 문민정부는 1994년에 정부의 직제에 처음으로 '문화산업국'을 신설한다. 초기 문화산업국은 문화산업기획과, 영화진흥과, 영상음반과, 출판진흥과의 4과 체제로 시작했는데, 이러한 조직적 편제를 통해 문화산업 육성이 단순한 정책 제시에 그치지 않고 이를 뒷받침할 수 있는 정책 도입의 기제를 마련한 것이다.[40] 그러나 문화산

---

35) 박조원 외, 《참여정부의 문화산업 정책과 향후 과제》, 한국문화관광연구원, 2007, 12쪽: 유진룡 외, 《엔터테인먼트 산업의 이해》, 넥서스 BIZ, 2009, 474쪽: 김규찬 외, 《문화산업정책 20년 평가와 전망》, 한국문화관광연구원, 2015, 52쪽.
36) 대한민국정부, 《신경제 5개년 계획(1993-1997)》, 1993.
37) 소문상, 〈'신경제 5개년 계획'의 의미와 문제점〉, 45쪽.
38) 원용진, 〈'국민의 정부' 문화정책〉, 《문화/과학》 제17호, 1999.3, 186쪽.
39) 이연정 외, 《문화산업정책 10년, 평가와 전망》, 한국문화관광연구원, 2005.
40) 김정수, 《문화행정론》, 집문당, 2006, 305쪽: 김창수, 《문화공공성 개념에 입각한 각

업국의 설치에도 불구하고 실질적인 정책의 실행으로 연결되지는 못했다. 문화산업 부문에 편성된 예산 자체가 미미한 수준이었고, 문화산업을 지원하기 위한 법적 근거가 부재했으며, 체계적인 정책 사업을 추진할 전문조직도 갖추지 못했기 때문이다.[41]

이와 같이 문화산업 개발의 필요성과 중요성을 제고했으나, 그것을 적극적으로 육성하려는 계획으로 연결되지는 못했다는 점에서 문민정부의 문화산업 정책은 수사적인 구호로밖에 기능하지 못했다는 평가를 받기도 한다.[42] 그럼에도 신자유주의의 세계화 흐름 속에서 문민정부가 경제발전을 목표로 문화산업 진흥체제를 도입한 것이 추후 문화산업정책의 본격적 실행을 위한 토대를 마련한 것으로 볼 수 있다.

이어서 김대중 대통령의 한국은 IMF로부터 구제금융을 받는 조건으로 '글로벌 스탠더드'에 따라 금융, 기업, 노동 부문에서 신자유주의로의 급속한 전환을 추진하게 된다.[43] 게다가 당시는 세계적으로 'IT(Information Technology) 혁명'을 통해 '지식기반경제'로의 이행이 촉진되던 때이기도 하다. 1996년에 OECD 회원국들이 스스로의 성장모델을 구상하기 위해 사용하기 시작한 용어인 '지식기반경제'는 "산업자본 시대에 형성된 경제구조와 패러다임이 지식 중심의 경제구조와 패러다임으로 전환되는 것"을 의미하는데, 이처럼 변화된 경제 패러다임에 걸맞은 새로운 발전전략으로서 '지식기반사회' 담론이 국민의 정부 시기에 한국사회에도 본격적으로 유입되어 지배적인 담론으로 정착

정권별 문화산업정책 비교 연구》, 한양대학교 신문방송학과 박사학위논문, 2009, 95쪽.

41) 박조원 외, 《참여정부의 문화산업 정책과 향후 과제》, 한국문화관광연구원, 2007, 16쪽; 유진룡 외, 《엔터테인먼트 산업의 이해》, 넥서스 BIZ, 2009, 474쪽.

42) 이제, 〈문화부문 계획과 집행의 연계에 관한 연구〉, 《문화정책논총》 제11집, 1999, 288쪽; 김창수, 《문화공공성 개념에 입각한 각 정권별 문화산업정책 비교 연구》, 78쪽.

43) 지주형, 《한국 신자유주의의 기원과 형성》, 250-311쪽.

하게 된다.44)

안으로는 IMF 경제위기라는 경제난을 해결하고, 밖으로는 정보화·지식기반경제화라는 세계적 흐름에 뒤처지지 않기 위해, 국민의 정부가 내놓은 대책이 '정보고속도로'를 비롯한 IT 인프라의 구축과 '문화산업의 국가기간산업화'다. IMF 사태에서 확인된 우리나라 산업구조의 개편 필요성과 동아시아에서 간헐적으로 나타난 한류 현상, 여야 정권교체에 따른 새로운 정책 이슈의 발굴 필요성 등은 '문화산업 진흥'을 문화정책의 주요 분야로 부상시킨 것이다.45) 당시 '문화의 세기', '문화대통령' 등 국정 운영 전반에 '문화'와 관련된 수식이 넘쳐나고, 문화정책의 패러다임이 '문화산업'으로 전환되게 된 이면에는 "문화산업은 21세기 국가경쟁의 최후 승부처"46)라는 진단과 그에 따른 위기의식이 자리하고 있었다. 국민의 정부가 발표한 《문화산업비전 21》(2000)에서 "문화산업의 경쟁력 부재는 민족문화 및 국가경쟁력 상실을 의미"한다며 "'산업화'는 후발국이 선진국을 따라 잡을 수 있었으나 '정보화'는 불가능"하다47)고 언급한 것도 이러한 위기의식을 대변한다.

문민정부가 '세계화'라는 정세 변화와 '신경제'라는 축적체제의 변화 속에서 문화산업에 대한 중요성을 인식하고 진흥체제를 도입하기는 하나 실질적인 추진에는 소극적이었던 것과 달리, 국민의 정부는 '지식기반경제'라는 축적체제의 변화에 적극적으로 편승해 문화산업의 육성이 시대적 과제임을 천명하고 이를 위한 국가적 조치를 강력

---

44) OECD, *Science, Technology and Industry Outlook*, OECD Publishing, 1996; 재정경제부·한국개발연구원, 《새천년의 패러다임: 지식기반경제 발전전략》, 1999, 311-320쪽; 서동진, 《자유의 의지 자기계발의 의지: 신자유주의 한국사회에서 자기계발하는 주체의 탄생》, 돌베개, 2010, 54-60쪽.
45) 김규찬, 〈한국 문화콘텐츠산업 진흥정책의 내용과 성과〉, 276-308쪽.
46) 피터 드러커, 《위대한 혁신》, 한국경제신문사, 2006.
47) 문화관광부, 《문화산업비전 21》, 2000, 1쪽.

하게 추진한다.48) '문화강국'이라는 목표 설정 아래, 문화산업을 국가발전의 핵심 동인으로 활용하기 위한 정책적 지원체계를 확립하고 실질적인 사업들을 본격적으로 진행한 것이다.49) 이에 따라 문화산업의 육성을 위한 법·제도·정책적 지원체제 전반이 구축되고,50) 이것이 실행될 수 있도록 국가 예산의 비중도 급격히 늘어난다. 그 결과 2000년에는 문화관광부의 예산이 처음으로 국가 전체 예산의 1%를 넘게 되는데,51) 국가 전체 예산에 비하면 여전히 부족하지만 문화산업 육성 의지를 상징적으로 보여주기엔 충분하다고 할 수 있다.

국민의 정부가 문화산업의 실질적 육성과 추진을 위해 매년 중장기 정책 비전과 구체적인 정책과제를 발표한 것도 문민정부와의 차이점이다. 국민의 정부 문화정책의 기본 골자는 1998년에 발표한 《새문화정책》에 담겨있다. '지원은 하되 간섭은 않는다'52)는 이른바 '팔길이 원칙(Arm's Length Principle)'을 기조 삼아, 문화산업에 대한 제도적·재정적 지원을 강화하고 문화활동에 장애가 되는 각종 규제를 철폐하는 등 대폭적인 규제 개혁을 추진한 것이다.53) 《새문화정책》 외에도 국민의 정부는 《문화산업진흥 5개년계획》(1999), 《문화산업비전 21》(2000), 《콘텐츠코리아 비전21》(2001)과 같은 문화산업 진흥을 위한 중장기 계획을 연이어 수립한다. 다음 장에서

---

48) 문화관광부, 《문화산업비전 21》, 1쪽.
49) 문화체육관광부, 《한류백서》, 2013, 167쪽.
50) 김정수, 《문화행정론》, 310쪽; 유진룡 외, 《엔터테인먼트 산업의 이해》, 474쪽; 임학순, 〈우리나라 문화정책 연구 경향 분석(1998-2007)〉, 《문화정책논총》 제21집, 2009, 25쪽.
51) 문화관광부, 《2003 문화산업백서》, 2003, 15쪽.
52) 문화관광부, 《2001 문화정책백서》, 2001, 28쪽.
53) 임병호, 〈문화는 인간의 정신적 가치〉《문화예술》, 한국문화예술위원회, 2001; 김경욱, 〈팔길이 원칙과 문화정책〉, 《민족예술》, 2000.11.

좀 더 자세히 살펴보겠지만 김대중 정부는 문화산업의 진흥을 위한 정책, 제도, 법, 예산, 기관 등의 체제를 모두 구축함으로써 문화산업을 지원할 수 있는 실질적인 기반을 마련했다.

노무현 대통령의 참여정부(2003-2007)가 출범하던 시기의 세계경제 흐름은 산업 발전의 축이 제조업 생산에서 지식기반 서비스산업으로, 더 나아가 창의적인 문화산업이 기반이 되는 '콘텐츠기반경제'(content based economy)로 이행하고 있었다.[54] 기술적으로 시간과 장소에 구애받지 않고 자유롭게 네트워크에 접속할 수 있는 유비쿼터스(ubiquitous) 환경이 도래하고, 이로 인해 지식기반경제 체제가 심화되면서 세계 각국은 앞다퉈 문화생산의 원동력으로서 '창의성'을 국가의 정책 의제로 설정하기 시작한다.[55]

한국도 참여정부에 이르러 문화를 '창의성의 요람'이라고 전제한 중장기 문화육성계획인《창의한국》(2004)을 발표했다.《창의한국》에서는 21세기 국가발전의 성장동력을 '창의적 문화'로 보고, 창의성 · 다양성 · 역동성을 문화정책의 기조로 제시하며,[56] '창의적인 문화시민', '다원적인 문화사회', '역동적인 문화국가'를 문화정책의 3대 목표로 설정했다. 이 가운데 문화산업과 관련해서는 '문화산업의 고도화'를 추진과제로 제시하고 세계 문화산업 5대 강국 목표를 실현하

---

54) 롤프 옌센, 〈미래는 문화다: 경험경제로의 길〉,《글로벌문화포럼 2007 서울: 글로벌 컨버전스 시대의 문화》, 한국문화관광연구원, 2007년 3월 28일; 이병민, 〈참여정부 문화산업정책의 평가와 향후 정책방향〉,《인문콘텐츠》제9호, 2007, 206쪽.

55) 영국이 먼저 '쿨 브리타니아(Cool Britannia)'를 정부 슬로건으로 내세우며 국가적 차원에서 문화를 '창조산업'으로 재정의하고 제조업과 다른 산업 분야에 문화적 창조성을 접목시키는 전략(Creative Britain)을 추진하여 성과를 거두자, 미국(창조적인 미국(Creative America)), 중국(화조(華潮) 육성 전략), 일본(쿨 재팬(Cool Japan)) 등 세계 각국이 이에 영향을 받아 '창의성'을 내세운 문화산업육성전략을 발표한다(매일경제 한류본색 프로젝트팀,《한류본색…》, 90, 143, 162, 215쪽).

56) 문화관광부, 〈문화는 "꽃"이 아닌 "토양"이어야: 〈창의한국-21세기 새로운 문화의 비전〉 발표〉 보도자료, 2004년 6월 8일.

기 위해 문화산업 경쟁력 기반 강화, 문화콘텐츠 창작·유통구조 개선, 국내 수요기반과 해외진출 역량 강화, 문화산업 환경인프라 확대, 지원기관 효율성 강화, 지역문화산업 활성화 등의 세부계획을 담았다.[57]

참여정부는 '창의적 문화기반경제시대'의 성장동력으로서 콘텐츠산업의 진흥체제를 정비하고, 각종 콘텐츠 제작기반시설을 구축하는 한편 문화기술대학원(CT대학원)을 설립해(2005) 창작기반 확충과 문화산업 전문인력의 양성에도 노력을 기울인다.[58] 당시 문화산업의 분야가 점점 더 방대해지고 그 추세가 융합이나 복합에 의한 장르 간 파괴여서, 이에 대응하기 위해 출범 이후 몇 차례에 걸쳐 문화산업과 관련한 행정기구를 개편하고, 국가 행정부처 간 협력체계를 구축하기도 했다.[59]

한류를 '산업적'으로 활용하기 위한 계획도 참여정부에서 논의하기 시작한다. 참여정부가 발표한 《세계 5대 문화산업 강국 실현 참여정부의 문화산업 정책비전》(2003.12.)에서 한류가 문화산업의 전체 구도 안에서 문화강국으로 가기 위한 전략적 교두보로 배치된다. 이는 세계 경제 성장의 원동력이 문화콘텐츠로 전환되고 있다는 인식 아래, 문화콘텐츠의 양과 질이 국가경쟁력을 좌우하게 될 것이라는 전망에서 비롯된 대응책이라고 할 수 있다.

2005년에는 문화콘텐츠산업 진흥 중장기 계획인 《문화강국 (C-KOREA) 2010》을 발표했다. 이 계획에서는 3C(창의성(Creativity), 문화(Culture), 콘텐츠(Contents))를 바탕으로 문화·관광·레저 스포

---

57) 문화관광부, 《창의한국》, 2004.
58) 문화관광부, 《문화강국(C-KOREA) 2010》, 2005, 8-19쪽.
59) 문화관광부, 《2004 문화정책백서》, 2005; 이연정 외, 《문화산업정책 10년, 평가와 전망》.

츠 등 다양한 콘텐츠를 산업적으로 활용하여 2010년까지 '세계 5대 문화산업 강국'을 실현하겠다는 목표와 함께 10대 핵심과제를 제시했다. 이 가운데 4개(국제 수준의 문화산업시장 육성, 문화산업 유통구조의 혁신, 저작권산업 활성화를 위한 기반구축, 한류 세계화를 통한 국가브랜드파워 강화)가 문화콘텐츠산업 진흥을 위한 실천전략으로 구성되었다.[60]

참여정부 시기에 문화산업은 양적인 측면에서 급성장하고 문화산업의 수출량도 크게 증가했으나, 문화산업정책에 대해서는 구조적 한계가 있었다고 평가된다. 타 부처의 투자 규모와 비교했을 때 상대적·절대적으로 문화산업에 대한 지원의 폭과 깊이가 여전히 부족하고, 콘텐츠 창작기반 환경 조성이나 선진적인 시장구조 조성이 미흡했다는 것이다. 또한 문화산업 지원에 경도되어 순수예술과의 상생발전을 위한 정책개발도 부족했다고 평가된다.[61]

3. 김대중 정부 문화산업정책과 국가기간산업화

1) 문화산업 지원근거 마련

(1) 문화산업 관련 법률 제·개정

김대중 정부는 문화산업의 지원을 위한 법률과 제도, 지원체제를 처음으로 마련했다. 가장 대표적인 것이 1999년에 제정된 〈문화산업진흥기본법〉이다. 국가와 지자체의 문화산업 지원 책무를 법률로 명문화하면서 문화산업정책이 본격적으로 행정체계에 등장하게 된다. 〈문화산업진흥기본법〉이 문화산업 전반을 대상으로 하는 기본법이라면, 〈콘텐츠산업진흥법〉(구 〈온라인디지털콘텐츠산업발전법〉)

---

60) 문화관광부, 《문화강국(C-KOREA) 2010》, 8-19쪽.
61) 박조원 외, 《참여정부의 문화산업 정책과 향후 과제》, 56-59쪽.

은 온라인 디지털콘텐츠 관련 산업 기반을 조성하고 지원하는 것을 목적으로 한다. 당시 문화산업의 디지털화가 가속화되고 인터넷을 통한 디지털콘텐츠의 유통이 비약적으로 확대될 것으로 전망되면서 이에 대응한 정책지원기반을 신속히 구축한 것이다.

〈표1. 김대중 정부 시기 제정된 문화산업 관련 주요 법률〉

법률명	제정일	주요 내용
문화산업진흥 기본법	1999.2.8.	· 총칙(목적, 정의, 책임, 중 · 장기 계획 등) · 창업 · 제작 · 유통 지원 · 문화산업기반시설 조성 및 운영 · 한국문화산업진흥위원회 설치 및 운영 · 문화산업진흥기금 설치 및 운용
콘텐츠산업 진흥법 (구 온라인디지털 콘텐츠산업발전법)	2002.1.14.	· 총칙(목적, 정의) · 온라인디지털콘텐츠산업발전 추진체계 · 온라인콘텐츠산업의 기반조성 · 온라인콘텐츠제작자의 보호

출처: 국가법령정보센터(검색일: 2023년 10월 1일).

그 밖에도 〈출판문화산업진흥법〉(구 〈출판및인쇄진흥법〉)을 제정(2002.8.26.)하고, 〈방송법〉, 〈영화진흥법〉, 〈음반 · 비디오물및게임물에관한법률〉을 여러 차례 개정하며 각 문화산업 영역의 규제를 완화하고 전문화를 도모했다. 특히 2001년에 상영등급분류보류 조항 위헌판결에 따라 〈영화진흥법〉을 개정(2002)하여 '등급보류제'를 폐지하고 '제한상영가' 부문을 신설한 것은 통제와 검열에서 진흥과 육성으로 정책 기조가 변화하고 영화 제작의 자율성이 제도적으로 보장받게 된 계기로 평가된다.[62] 이처럼 문화산업 진흥을 위한 법률

---

62) 함충범, 〈2000년대 초 한국영화 정책의 특징적 경향: IMF사태 이후 김대중 정권의 〈영화진흥법〉 개정을 통해〉《현대영화연구》 vol.10, no.3, 통권19호, 2014, 9-30쪽.

적·제도적 토대를 마련하고 재정비함으로써 문화산업에 대한 인식이 규제의 대상에서 진흥의 대상으로 전환하게 되었다.

(2) 문화산업 관련 중장기 계획 수립

김대중 정부는 〈문화산업진흥기본법〉과 〈콘텐츠산업진흥법〉에 따른 중·장기 기본계획도 최초로 수립했다. 출범 이후부터 준비하여 1년만에《문화산업발전 5개년 계획》(1999)을 발표했으며, 당시 콘텐츠시장의 팽창과 규제개혁 추진 등 국내외 문화산업환경의 급변화에 대응하여 기 수립된 계획을 보완한《문화산업비전 21》(2000)과 《콘텐츠코리아비전 21》(2001)을 연이어 발표하여 추진했다.

〈표2. 김대중 정부 시기 수립된 주요 문화산업 계획〉

문화산업발전 5개년계획 (1999년)	보완 → 발전	문화산업 비전 21 (2000년)	디지털화 → 콘텐츠화	콘텐츠코리아 비전 21 (2001년)

출처: 문화관광부, 《콘텐츠코리아비전 21》, 1쪽.

《문화산업진흥 5개년 계획》(1999)과《문화산업비전 21》(2000)에는 영상·게임·음반·출판산업 및 문화상품 지원에 관한 추진과제와 문화산업 종합지원체제의 구축 관련 내용이 포함되었고,《콘텐츠코리아비전 21》(2001)은 "21세기 문화대국·지식경제강국 구현"이라는 정책비전 아래 '한국문화콘텐츠진흥원 설립'을 포함한 5개 추진과제와 18개 세부과제가 제시됐다.[63]

---

63) 문화관광부, 《콘텐츠코리아비전 21》, 2001.

〈표3. 김대중 정부 시기 문화산업 계획 내용〉

계획명	연도	주요 내용
문화산업 발전 5개년 계획	1999	· 문화산업 인프라 구축 · 문화산업 분야 간 정보공유체제 마련, 연관효과 제고 · 전문인력 양성 위한 교육기관 설립, 조기 양성체계 구축 · 해외시장 수출전략 상품개발, 수출 활성화 여건 조성 · 문화산업전문투자조합 설립 유도, 창업 촉진 등 투자환경 조성
문화산업 비전 21	2000	· 영상산업: 21세기 세계 주요 영상산업국으로 도약 · 게임산업: 세계 3대 게임수출강국 진입 · 음악산업: 세계 10위권 진입 · 출판산업: 세계시장점유율 4.4% 달성 · 문화상품: '문화의 상품화 · 상품의 문화화 전략' 추진 · 문화산업 종합지원체제의 구축: 문화산업의 시너지효과 극대화
콘텐츠 코리아 비전 21	2001	· 디지털시대에 부응하는 법령 및 제도 정비 · 문화콘텐츠 창작역량 확충 · 산업발전 기반 조성을 위한 인프라 구축 · 지식기반경제를 선도할 전문인력 양성 · 전략적 마케팅으로 세계시장 진출 확대

출처: 문화관광부, 《문화산업비전 21》, 2000; 문화관광부, 《콘텐츠코리아비전 21》, 2000; 김규찬 외, 《문화산업정책 20년 평가와 전망》, 2015.

또한 한국표준산업분류에 문화산업 업종세분 및 특수분류를 신설(1999.12.)하여 문화산업 현황을 파악하기 위한 객관적 통계자료가 구축될 수 있도록 했다.[64] 그 밖에도 당시 한류를 주도하던 영화산업의 5개년 중장기 계획인 《한국영화 진흥 종합계획》(2000)이 처음

---

[64] 문화산업통계는 1997년 《통계로 보는 문화산업》이라는 이름으로 처음 발간되어 《문화산업통계》(2000~2009), 《콘텐츠산업통계》(2010~)로 명칭이 변화해 왔다. 그러나 통계청 승인을 얻기 전인 2003년 통계치까지는 문화산업 분야에 대한 정의가 확립되지 않았고 조사항목의 일관성 또한 유지되지 않아서 통계자료의 연속성을 보장할 수 없었다(김규찬, 〈한국 문화콘텐츠산업 진흥정책의 내용과 성과〉, 286-287쪽).

으로 수립되기도 했다. 당시 수립된 종합계획은 영화진흥위원회 사업의 기본 틀로서 현재까지 이어지고 있다.

(3) 문화산업진흥기금 조성 및 예산 확충

〈문화산업진흥기본법〉(1999.2.8. 제정) 제33조에 명시된 문화산업진흥기금을 정부의 출연금으로 설치하여 문화산업 진흥을 위한 융자 재원으로 활용할 수 있도록 한 것도 주목할 만한 일이다. 김대중 정부는 1999년에 문화산업진흥기금을 540억 원 규모로 신설했으며, 2003년까지 5,000억 원 규모로 조성하겠다는 계획을 발표했다.[65] 목표에는 못 미치지만 실제로 매년 국고출연금, 공익자금, 방송발전기금, 운영수입 등으로 2002년 말 기준 2,228억 원의 기금을 조성해 문화상품 개발 융자사업, 유통구조 및 시설현대화 융자사업, 문화산업 전문 투자조합 출자사업 등에 지원했다.[66] 기금 규모가 타 기금에 비해 적지만 자본축적이 안 되어 투·융자를 받기 어려운 영세 중소 문화산업 기업의 육성과 문화상품의 창·제작 기회 확대에 일부 기여했을 것으로 예상된다.

또한 문화 부문에 정부예산의 1% 이상을 배정하고 문화산업 예산을 크게 확충하는 등 실질적인 정책 추진을 위한 재정 지원도 이어졌다. 〈표 4〉에서 확인할 수 있듯이 전 정부인 김영삼 정부가 수립한 문화산업국 예산(1994~1998년)은 문광부 예산 대비 1.8~4.4% 수준에 그쳤으나, 김대중 정부가 수립한 문화산업국 예산(1999~2003년)은 문광부 예산 대비 11.7~15.3%로 총액과 비중이 모두 크게 확대됐다. 예산을 확보함으로써 문화산업 기반 조성과 전담기관 설립, 문화산업 분야별 지원사업 추진이 실제로 가능할 수 있었다.

---

65) 문화관광부, 《문화산업비전 21》, 2000.
66) 문화관광부, 《2003 문화산업백서》, 2003, 29쪽.

〈표4. 김영삼-김대중 정부 시기 문화산업 예산 변화〉 (단위: 억원, %)

연도		정부 예산 총액	문화관광부 예산		문화산업국 예산		
			예산 총액	정부 총예산 대비 비중	예산 총액	문광부 총예산 대비 비중	정부 총예산 대비 비중
김	1994	476,262	3,012	0.63	54	1.8	0.01
영	1995	567,173	3,838	0.68	152	4.0	0.03
삼	1996	629,626	4,591	0.73	189	4.1	0.03
정	1997	714,006	6,531	0.91	132	2.0	0.02
부	1998	807,629	7,574	0.94	168	2.2	0.02
김	1999	884,850	8,563	0.97	1,000	11.7	0.11
대	2000	949,199	11,707	1.23	1,787	15.3	0.19
중	2001	1,060,963	12,431	1.17	1,474	11.9	0.14
정	2002	1,161,198	13,985	1.20	1,958	14.0	0.17
부	2003	1,151,323	14,864	1.29	1,890	12.7	0.16

출처: 문화관광부, 《2003 문화산업백서》, 15쪽;
김규찬 외, 《문화산업정책 20년 평가와 전망》, 33쪽.

* 정부별 구분은 집권 시기와 별도로 예산 편성 시점을 기준으로 함.

2) 문화산업 지원기관 및 시설 설립

문화산업 중장기 계획에 따른 정책사업을 추진하기 위해 행정조직의 재정비 및 지원기관과 시설의 설립도 지속적으로 이루어졌다. 1990년에 신설된 문화부를 김영삼 정부가 문화체육부로 개편(1993)하고 문화산업국을 신설(1994)한 데 이어 김대중 정부는 문화체육부를 문화관광부로 재정비(1999)하고 여러 차례 개편을 진행했다. 2002년에는 문화산업국이 문화산업정책과, 출판신문과, 방송광고과, 영상진흥과, 게임음반과, 문화콘텐츠진흥과 6과 체제로 재정비되었다. 김대중 정부 당시 문화산업국의 빈번한 직제 개편은 〈문화산업진흥기본법〉 제정과 같은 법적 기반을 토대로 장르별 진흥정책이 자리를 잡아가는 역동적 과정으로 이해할 수 있다.[67]

한편 〈영화진흥법〉에 따라 공연예술진흥협의회를 영상물등급위원회로 전환(1999)하고 영화진흥공사를 영화진흥위원회로 전환(1999)하는 등 지원기관도 제·개정된 법률에 따라 재편했다. 이와 함께 문화산업 분야별 지원을 전담할 지원기구도 설립했다. 한국게임산업개발원(1999), 한국문화콘텐츠진흥원(2001), 한국문화번역원(2001) 등을 설립하는 과정에서 '지원은 하되 간섭하지 않는다'는 '팔길이 원칙'을 핵심 운영원리로 삼았다.

〈표5. 김대중 정부 시기 문화산업 조직 개편 및 지원기관 설립〉

구분	내용
문화부 행정조직	· 문화관광부 직제개편: 문화산업총괄과(신설), 출판진흥과, 영화진흥과, 영상음반과, 신문잡지과(신설), 방송광고행정과(신설)(1998) · 문화산업국 직제개편: 문화산업총괄과, 출판신문과, 영상진흥과, 게임음반과, 문화상품과(1999) · 문화상품과 → 문화콘텐츠진흥과로 명칭 개정(2001) · 문화산업국 직제개편: 문화산업정책과, 출판신문과, 방송광고과, 영상진흥과, 게임음반과, 문화콘텐츠진흥과(2002)
문화부 산하기관	· 공연예술진흥협의회 → 영상물등급위원회 전환(1999) · 영화진흥공사 → 영화진흥위원회 전환(1999) · 한국게임산업개발원 설립(1999) · 방송진흥원 → 방송영상산업진흥원 개편(2001) · 한국문화콘텐츠진흥원 설립(2001) · 한국문학번역원 설립(2001)

출처: 문화관광부, 《2003 문화산업백서》, 23-24쪽;
김규찬 외, 《문화산업정책 20년 평가와 전망》, 12쪽.

3) 문화산업 지원사업 추진

김대중 정부의 문화산업 지원정책의 초점은 문화산업을 지식경제

---

67) 김규찬 외, 《문화산업정책 20년 평가와 전망》, 12쪽.

의 핵심산업으로 육성하는 데 있다. 문화산업을 21세기 국가기간산업으로 육성하기 위해 정부는 영화, 영상, 게임, 음악, 출판, 애니메이션, 방송, 광고 등 각 분야의 기반시설을 확충하고 전문인력 양성, 고부가가치 문화상품의 개발, 한국 문화산업의 해외 진출 확대 등을 추진했다.

지원사업을 사업목적에 따라 구분하면 크게 행사지원, 정책개발, 기술개발, 인력양성, 기반조성으로 분류할 수 있고, 사업수단별로는 시설지원, 기관지원, 창작지원, 유통지원, 소비지원, 진흥기반으로 구분할 수 있다. 장르별로는 김대중 정부 이후 지원 대상 분야가 다양화되었다.[68] 또한 특정 장르를 명시하지 않은 '문화산업 진흥 일반' 예산의 비율이 전체의 40%를 넘어서는 양상을 보여, 개별 장르보다 산업 기반 조성에 상당한 예산을 투입했음을 알 수 있다.[69]

2002년도 기준 문화산업 지원사업은 아래 표에서 확인할 수 있듯이 8개 분야를 중심으로 이루어졌다.[70]

〈표6. 김대중 정부 시기 문화산업 지원사업〉　　　　　(2002년 기준)

구분	내용
문화산업 진흥 일반	· 문화산업의 토대 강화를 위한 재정 지원(문화산업진흥기금 운용, 융자사업, 투자조합지원사업) · 해외진출 활성화 위한 문화산업 해외 견본시 참가 지원 · 우수 문화콘텐츠 현지어 버전 제작 지원

---

68) 노태우 정부까지 영화와 출판 장르만 존재하던 문화산업 예산은 김영삼 정부 때 음악, 게임, 만화, 애니메이션 장르가 추가되었고, 김대중 정부 이후 신문과 방송이 추가로 편입되고 캐릭터도 하나의 장르로 자리하면서 오늘에 이르고 있다(김규찬, 〈한국 문화콘텐츠산업 진흥정책의 내용과 성과〉, 295쪽).
69) 김규찬, 〈한국 문화콘텐츠산업 진흥정책의 내용과 성과〉, 294-295쪽.
70) 문화관광부, 《2002 문화산업백서》, 11쪽.

출판산업	· 법 · 제도적 기반 마련 · 출판산업의 정보화 지원 · 출판산업 인프라 구축 지원(파주출판문화정보산업단지 조성) · 출판산업의 세계화 지원(국제도서전 참가, 국제행사 개최) · 출판콘텐츠 육성 지원(우수 학술도서 및 문광부 추천도서 선정 · 구입, 전자출판 시장 형성 및 활성화 지원) ·
방송영상 산업	· 해외진출 지원(국제방송영상 · 문화콘텐츠 견본시 개최 지원, 해외 방송영상시장 진출, 수출용 방송프로그램 재제작 지원) · 제작 부문 지원(독립제작자 제작시스템 구축 지원, 우수 파일럿 방송프로그램 제작 지원) · 인력 양성 지원(독립제작사 프로듀서 양성 아카데미 지원, 사이버 방송영상 아카데미 지원, 디지털 방송영상랩 구축 지원)
영화산업	· 해외 진출 및 국제교류 지원(해외 주요 견본시 및 국제영화제 한국영화 홍보관 설치 · 운영, 국내 국제영화제 지원) · 영화관람층의 저변 확대(찾아가는 영화관 사업) · 우수 콘텐츠 지원(우수 비디오 선정 및 시상)
애니메이션 캐릭터 만화산업	· 해외 진출 및 국제교류 지원(해외 견본시 참가, 현지어 버전 제작 지원, 애니메이션 · 만화 페스티벌 지원) · 제작 활성화 지원(극장용 애니메이션 파일럿 프로그램 제작 지원, 애니메이션 시나리오 공모전, 영상만화 대상 공모전) · 애니메이션 · 캐릭터 · 만화 연계 및 시너지 창출 지원(공동제작실 운영)
게임산업	· 해외 진출 지원(해외 전시회 참가 지원, 현지어 버전 제작 지원) · 제작 활동 지원(우수 게임 사전 제작 지원, 우수 게임 선정 및 시상, 게임 전문 투자조합 운영) · 인력 양성 지원(한국게임산업개발원의 게임아카데미 지원)
음악산업	· 음악 전문 투자조합 운영(우수 음악콘텐츠 제작 투자) · 음반 수출 및 해외 전시회 참가 지원
문화원형 콘텐츠화 사업	· 문화원형 자료 집대성 및 디지털 리소스 센터 구축 · 문화원형 응용 콘텐츠 개발 지원

출처: 문화관광부, 《2002 문화산업백서》, 11−19쪽.

4. 김대중 정부 문화산업정책의 성과와 한계

김대중 정부의 문화산업정책에 대해서는 대체로 긍정적 평가가 많지만 부정적 평가도 함께 이루어지고 있다. 김대중 정부의 문화산업정책을 평가하기 위해서는 김대중 정부가 처한 특수한 상황도 고려해야 할 것이다. 1997년 말 금융위기에서 비롯된 심각한 경제위기가 초래한 IMF 관리체제는 집권 5년 안에 벗어나야 할 최우선 당면과제였다. 따라서 해방 이후 최초로 선거를 통해 여·야간 평화적인 정권교체를 이루었고, 애초 '민주주의와 시장경제의 병행 발전'이라는 전략을 채택했으나, IMF 위기 속에서 김대중 정부는 민주주의의 확립보다는 점차 시장경제의 활성화에 경도되었다는 비판을 받는다.[71]

문화산업정책에 대한 비판도 이와 유사한 맥락에서 진행되었다. 문화산업을 차세대 국가기간산업으로 선정하면서, '문화'보다는 '산업' 쪽에 지원이 편중되었고, 순수·비영리적인 문화예술활동보다 영리적이고 부가가치가 높은 경제활동인 문화산업으로 문화정책이 편향되었다는 비판이 제기되었으며, 문화산업과 문화예술과의 연계 및 상호지원 부족과 문화정체성의 약화를 우려하기도 했다.[72]

이 장에서는 이와 같은 기존의 평가를 다시 살펴보며 김대중 정부의 문화산업정책의 성과와 한계를 25년이 경과한 현재 시점에서 재검토하고자 한다. 김대중 정부의 문화산업정책이 문화산업의 지속적인 발전에 효과가 있었는지, 그리고 사회문화적으로는 어떠한 영향

---

71) 김창수, 《문화공공성 개념에 입각한 각 정권별 문화산업정책 비교 연구》, 103쪽; 김기현, 〈문화산업 정책의 변동에 관한 소고〉, 《문화콘텐츠연구》 제2호, 2012, 62쪽.
72) 문화관광부, 《2002 문화산업백서》, 26쪽; 박조원 외, 《참여정부의 문화산업 정책과 향후 과제》, 16쪽.

을 미쳤는지에 대해서도 다시 살펴볼 필요가 있다.

1) 성과 검토

문화산업정책의 성과를 개념화하고 측정하는 데는 다양한 방법론이 활용될 수 있겠으나, 정책 실행주체인 정부 스스로가 제시한 목표의 달성 여부를 파악하는 것이 타당할 수 있다.[73] 김대중 정부의 정권 말기에 최초 발간된 《2002 문화산업백서》에는 5년간 문화산업 육성 시책의 성과와 그에 대한 자체 평가가 수록되어 있어 우선적으로 참고할 만하다.

《2002 문화산업백서》에서는 국민의 정부의 문화산업 진흥에 관한 정책 성과가 크다고 평가한다. 가장 큰 성과는 문화산업 진흥에 대한 국민적 합의를 이끌어낸 것이라고 말한다. 문화의 경제가치에 대한 인식이 보편화되고 문화산업이 차세대 성장산업이라는 공감대가 확산되어 문화산업의 중요성에 대한 국민의 인식이 제고되었으며, 이에 따라 문화산업 진흥에 정부 정책의 우선순위가 부여되었다는 것이다. 이러한 인식 아래 문화산업 진흥을 위한 법·제도적 정비가 이루어졌고, 관련 재정이 안정적으로 확보되어 적극적인 진흥정책을 펼 수 있었다는 것이 국민의 정부 문화산업 정책의 주요한 성과로 평가된다. 또한 문화산업 지원기관의 설립 및 재정비로 문화산업정책의 효율적 추진을 가능하게 했으며, 문화산업 인프라의 확충과 전문인력의 양성체제 마련도 지속가능한 문화산업의 성장에 기여한 것으로 평가되고 있다.[74]

그러나 《문화산업백서》(현 《콘텐츠산업백서》)에 제시된 당해년도 사업 실적이나 문화산업 부문별 현황이 정부의 예산 투입과 사업 추진

---

73) 김규찬 외, 《문화산업정책 20년 평가와 전망》, 275쪽.
74) 문화관광부, 《2002 문화산업백서》, 22-24쪽.

에 따른 즉각적인 성과인지는 사실 엄밀하게 분석하기 어렵다. 이러한 이유로 역대 정부의 문화산업 정책의 내용과 성과를 실증적으로 분석하거나 평가하려는 시도는 그간 많지 않았다. 박정희 정부부터 이명박 정부까지 약 40년에 걸쳐 문화산업 진흥예산 투입에 따른 정책의 성과를 실증적으로 분석한 김규찬은 "문화콘텐츠산업 진흥을 위해서는 인력 양성이나 창작지원, 유통구조 개선 등을 위한 장기적 투자가 요구되는데, 당연하게도 이는 단기적 효과로 나타나기 어려운 특성이 있다"며 "예산 투압에 따른 성과를 평가할 때는 시간 차이를 반드시 고려해야 타당한 분석이 될 수 있다"고 강조한 바 있다.[75] 해당 연구에 따르면 정부의 문화산업예산의 산업적 영향력은 다소 제한적이며 예산 투입에서 성과 실현까지 대체로 2~4년의 시간을 필요로 하는 것으로 나타났다. 또한 정부마다 하드웨어 조성사업에 가장 많은 예산이 집중되었지만 시설지원 예산은 문화산업 성과와 아무런 관련성을 보이지 않는 것으로 분석되었다. 그에 반해 콘텐츠 창작 및 유통 지원과 같은 소프트웨어 지원 예산은 일정한 시차를 두고 성과를 보여 향후 문화산업이 장기적으로 발전하기 위해서는 시설보다 인력에 투자가 필요하다는 시사점이 도출되었다. 그렇다면 김대중 정부 시기에 투입된 문화산업예산의 정책적 효과가 노무현 정부 시기에 일정부분 발현되었을 것으로 예상할 수 있다.

특히 창작지원과 유통지원 예산이 김영삼 정부까지 매우 낮은 수준을 보이다가 김대중 정부에서 크게 증가해 전체 문화산업예산 가운데 연평균 14%의 예산이 꾸준히 배정되었으며, 유통지원 예산도 김대중, 노무현 정부에서 17% 내외 수준을 보이다가 이명박 정부에서 10% 수준으로 하락했다는 분석과 연관해서,[76] 창작 및 유통 지

---

75) 김규찬, 〈한국 문화콘텐츠산업 진흥정책의 내용과 성과〉, 279쪽.
76) 김규찬, 〈한국 문화콘텐츠산업 진흥정책의 내용과 성과〉, 294쪽.

원에 따른 성과가 노무현 정부 시기에 실제로 발생했는지를 살펴볼 필요가 있다. 참여정부(2003~2007) 시기 문화산업정책의 성과를 평가한 박조원 외(2007)의 연구에 따르면, 문화산업통계조사 결과 국내 문화산업의 시장 규모는 연평균 10.5%의 높은 성장세를 보였고, 영화(60%), 온라인 게임(80%), 음악(80%), 캐릭터(40%), 만화(30%) 산업의 경우 국산 콘텐츠의 시장 점유율이 높아 안정화 기반을 마련하고 있다고 평가되었다. 문화산업의 수출 증가율도 2003년에서 2005년 사이에 40%를 기록할 정도로 급성장한 것으로 나타난다.[77] 통계청의 승인을 얻은 2004년 이후 발표된 문화산업통계에 따르면 문화산업 매출액도 2003년 기준 44조 원에서 지속적으로 증가하여 2014년 기준 94조 원대로 성장한 것으로 나타난다. 그 사이 전 세계적으로 파급력을 키워온 한류도 영향을 미친 것으로 분석된다.[78]

이러한 연구 결과들을 종합해보면 김대중 정부 시기에 문화산업정책의 토대를 구축하고 예산을 크게 확충하여 분야별 지원을 다각화한 것이 한국 문화산업의 초기 육성과 지속적인 성장에 실제로 성과를 보였다고 할 수 있을 것이다. 국가적 위기 극복을 위한 처방으로서 문화산업을 국가전략산업으로 육성하겠다는 정책적 지향과 초고속 정보통신망이 한류의 토대를 쌓는데 기여했다는 점에서도 긍정적으로 평가된다.

2) 한계 검토

앞서 살펴본 《2002 문화산업백서》에서는 성과 외에 한계도 제시하고 있다. 우선 문화산업의 국가기간산업화를 주장한 초기부터 '문화의 산업화'에 대한 우려가 많았던 만큼 문화예술과 문화산업을 함

---

77) 박조원 외, 《참여정부의 문화산업 정책과 향후 과제》, 56-58쪽.
78) 김규찬 외, 《문화산업정책 20년 평가와 전망》, 275쪽.

께 지원하기 위한 노력이 필요했으나, 창조성의 원천인 문화예술 분야와 문화산업 간 연계 및 상호지원을 위한 프로그램이 부족했다는 평가가 있다.[79] 이러한 문제점은 개선되지 못하고 노무현 정부에게서도 꾸준히 지적되었다. 정책 대상이 생산자 중심이며 순수예술과 문화산업의 상생발전을 위한 정책 개발 및 콘텐츠 창작기반 조성이 미흡하고, 다양한 정책주체의 역할 정립을 통해 산업 발전의 선순환 구조를 창출하는 측면이 부족했다는 지적이다.[80]

또 다른 한계점으로는 산업별 통계의 부족과 전략 분야별 해외시장에 대한 정보 부족으로 인해 객관적 근거에 기초한 분야별 세부계획의 수립과 성과관리가 미흡했다는 것이 지적되었다. 김대중 정부 2년차인 1999년에 문화산업 업종분류를 한국표준산업분류에 신설하여 통계자료가 구축될 수 있도록 했으나 2004년까지는 통계청 승인통계가 아니었고 조사항목의 일관성도 부족하여 문화산업계의 현황을 일관되게 파악하기에는 한계가 있었던 것이다. 문화산업 생태계의 여건을 면밀히 파악할 수 없으므로 생산(창작)-유통(배급)-소비(향유)의 가치사슬별로 필요한 전문인력을 양성하는 데에도 부족함이 있었다고 평가된다.[81]

정책 추진 과정에서는 정보통신부, 산업자원부, 방송위원회, 문화관광부 등 정부 부처 간 업무의 중복으로 인해 문화산업계에 혼란이 발생했다는 문제점이 지적되었다.[82] 정보화와 문화산업이 밀접한 관련이 있고 김대중 정부 시기에 문화산업 영역에 '신문'과 '방송'이 추가되면서 동시에 유사 사업이 추진되다 보니 업무 중복과 예산 낭

---

79) 문화관광부, 《2002 문화산업백서》, 26쪽.
80) 대통령자문정책기획위원회, 〈사회비전2030: 선진 복지국가를 위한 비전과 전략〉, 2006, 233쪽; 김기현, 〈문화산업 정책의 변동에 관한 소고〉, 62쪽.
81) 박조원 외, 《참여정부의 문화산업 정책과 향후 과제》, 16-17쪽.
82) 문화관광부, 《2002 문화산업백서》, 26쪽.

비가 발생했다는 것이다. 김대중 정부가 문화산업의 핵심 영역인 방송정책 기능을 부여한 방송위원회를 신설함으로써 이후 문화산업정책이 여러 부처로 분산되고 정보통신기술(ICT) 산업 분야 등에서 문광부 및 정보통신부, 방송위원회, 지식경제부와 업무 구분이 명확하지 않아 부처 간 정책 갈등과 혼선이 빚어지고, 법정 기금들의 개별적 지원 등 급변하는 산업정책 환경에 효과적으로 대처하지 못하는 정책구조가 되었다.[83] 이러한 문제로 인해 김대중 정부뿐만 아니라 노무현 정부와 이명박 정부에서도 정부 조직을 여러 차례 개편하며 문화산업 여건 변화에 대응해나갔으나 문화콘텐츠가 미디어산업과 융복합되는 경향이 더욱 강화되면서 최근까지도 부처 통합 등의 대안이 제기되고 있다.[84]

한편 김대중 정부의 문화산업정책 자체의 한계가 아니라 그것의 사회문화적 파급효과에 대해 '문화의 경제화'를 강화하는 '문화도구주의'를 도입했다는 점에서 비판이 제기되기도 했다. 문화산업정책은 '문화정책'이면서 동시에 '산업정책'이므로 통상적인 산업성과지표(매출액, 수출액, 고용자 수 등)만으로 평가한다면 문화산업의 사회문화적 파급효과를 간과하게 될 수밖에 없다. 김대중 정부의 문화산업정책은 문화와 경제의 관계, 좀 더 구체적으로는 지구적 경제위기가 국가의 문화와 문화정책에 미치는 영향을 보여주는 사례로 삼을 만하다. 신자유주의의 세계화라는 지구적 정치경제의 변동 속에서 축적위기에 대한 대책으로 문화산업을 적극적으로 육성하고 문화콘텐츠 시장의 개방을 위해 대대적으로 규제를 완화함에 따라, 문화가 경제와 시장의 영역으로 본격적으로 이행하고, 한국에서 소비자본주

---

83) 김기현, 〈문화산업 정책의 변동에 관한 소고〉, 61쪽.
84) 박서연, 〈미디어전문가들 "과기부·방통위·문체부 통합, 일부 합의제 적절"〉, 《미디어오늘》, 2022년 3월 23일.

의의 축적과 문화시장의 자유화 경향이 강화되기 시작하기 때문이다. 이런 점에서 국민의 정부가 문화국가의 실현'을 목표로 내세웠음에도, 그 구체적인 지향과 실현 방안은 문화산업의 적극적 육성을 통한 '문화산업의 국가기간산업화'로 귀결되었다며 비판받거나,[85] 문화산업에서 신자유주의 정책을 가장 적극적으로 추진했다고 평가되기도 한다.[86]

김대중 정부가 주요 정책과제 가운데 하나로 '지식기반경제를 선도할 전문인력 양성'을 제시하고 그 모델로 '신지식인'과 '인적자원'이라는 개념을 적극적으로 내세우면서 한국사회에 자기계발과 자기경영 담론의 유행을 불러일으키게 된 것도 끊임없이 자기를 계발하고 경영해야 하는 신자유주의적 주체화 방식을 양산하는 효과를 낳았다고 비판적으로 분석된다.[87] 현재 문화산업 분야의 일자리 여건을 고려하면 자기경영하는 유연한 노동주체라는 것이 실상은 착취하기 좋은 열정적 노동주체의 다른 말에 불과한 것으로 보인다. 문화산업 분야의 일자리는 대체로 중소·영세기업이 많아 자금력이 충분하지 못하고 프로젝트 성격이 강한 탓에 비정규직과 프리랜서의 비중이 높아 고용안정성이 미흡하고 임금과 사회보장 수준이 낮기 때문이다. 그에 반해, 해당 직종을 희망하는 계층은 상대적으로 일에 대한 열정이 많은 고학력의 청년계층으로 불안정한 고용과 낮은 임금 수준이 이러한 '인적자원'을 이탈시키는 원인으로 작용하고 있다.[88]

산업 발전의 축이 제조업 중심에서 창의적인 문화산업으로 이행했

---

85) 김창수, 《문화공공성 개념에 입각한 각 정권별 문화산업정책 비교 연구》, 103쪽.
86) 강내희, 〈문화와 시장: 신자유주의 시대의 한국문화〉, 《신자유주의 시대 한국문화와 코뮌주의》, 문화과학사, 2008), 144쪽; 이동연, 《문화자본의 시대: 한국 문화자본의 형성 원리》, 문화과학사, 2010), 55쪽.
87) 서동진, 《자유의 의지 자기계발의 의지》, 77-78, 86-87쪽.
88) 황준욱 외, 《문화산업 전문인력 형성 구조와 정책 지원》, 한국노동연구원, 2006.

다는 진단이 내려지고 그에 맞추어 국가정책이 수립된 지 25년이 지났지만, 김대중 대통령이 경제발전의 핵심이라고 강조한 '사람'에 대한 투자와 문화산업 일자리의 양적·질적 수준의 개선은 여전히 미흡한 것으로 보인다. 《2022년 콘텐츠산업 창의인력 실태조사》에 따르면 콘텐츠산업의 프리랜서 활용률이 49.9%로 절반에 달한다. 프리랜서 근로자의 계약서 작성률은 50% 남짓에 불과하며 근로소득도 낮고 4대보험 가입률도 건강보험을 제외하고는 매우 낮은 실정이다. 프리랜서뿐만 아니라 상용근로자의 임금수준이나 복지환경도 열악한 것으로 조사되었다.[89] 20여 년 전 열정적으로 자기계발하던 청년주체들은 이제 더이상 노력이 통하지 않는다는 것을 확인하고 분노한다. "생사여탈권을 자본이 쥐고 있는 한, 치열한 경쟁체제에서 살아남기 위해 사력을 다해 하나의 상품으로서 '개인'이 완성된들 그 상품은 자본에 유리한 방식으로 언제든 순식간에 폐기처분될 수 있다."[90]

21세기 국가기간산업으로서 문화산업이 지속가능한 발전을 이루기 위해서는 여러 조사와 연구결과가 시사하듯이 개별 기업의 수익과 성장보다 '사람에 대한 투자'에 더 적극적이어야 할 것이다.[91] 한국콘텐츠진흥원에 따르면 콘텐츠 산업의 취업유발계수(생산·투자·소비 등 경제활동이 10억 원 늘어날 때 직·간접적으로 창출되는 고용자 수)는 14명으로 반도체(2.1명)의 7배에 달한다고 한다.[92] 단순히 숫자로 표시된 고용 창출 효과가 아니라, 양질의 실질적인 고용 창출 효과가 발생할 수 있도록 해야 할 것이다.

---

89) 양수영 외, 《2022년 콘텐츠산업 창의인력 실태조사》, 한국콘텐츠진흥원, 2022.
90) 조한혜정 외, 《노오력의 배신》, 창비, 2016, 44쪽.
91) 김규찬, 〈한국 문화콘텐츠산업 진흥정책의 내용과 성과〉, 306쪽.
92) 이선아, 〈콘텐츠 고용 창출, 반도체 7배… '기생충' 경제효과 2조원〉, 《한국경제》, 2023년 6월 7일.

5. 맺음말

이 글은 김대중 정부의 문화산업정책이 대통령 본인의 철학과 사상에 기반하되 정치·경제·문화의 세계화라는 대외적 여건과 IMF 경제위기 극복이라는 대내적 상황 속에서 전략적으로 설정된 결과였다는 관점에서 출발했다. 김대중 대통령 본인이 이미 1980년대 초반부터 지식기반경제화에 대한 구상을 가지고 있었으며, 1990년대 말에 이르러 전 지구적 조건이 급변하자 이를 기회 삼아 경제위기를 벗어나기 위한 대안으로 '문화산업의 국가기간산업화'를 강력하게 추진해나간 것이다. 김영삼 정부 시기까지만 해도 조직(문화산업국)은 있되 지원의 근거가 되는 법률과 예산, 중장기 계획이 부재하고 사업을 추진할 전문기관도 갖추지 못했었기에 실질적인 문화산업 진흥체계를 구축한 것은 김대중 정부라고 할 수 있다. 당시 '문화의 산업화'에 대한 경계와 우려도 있었으나 20여 년이 지난 현재 시점에서 볼 때 김대중 정부의 정책적 판단은 시기적절했던 것으로 보인다.

김대중 정부는 5년간의 재임기간 동안 문화산업 진흥의 근거가 되는 기본법과 진흥법을 제정하고 중장기 계획을 연이어 발표했으며 관련 예산을 크게 확충해 다각적인 지원사업을 본격적으로 추진했다. 문화산업의 성장에 걸림돌이 되는 각종 규제를 개혁하고 '팔길이 원칙'을 지원의 운영원리로 삼아 문화산업의 자유로운 활동을 위한 환경을 조성했다. 초국적 미디어 환경과 문화산업의 융복합 여건 변화에 따라 정부 조직체계를 여러 차례 개편하고 전담기관도 지속적으로 설립해 대응했다.

이러한 정책적 기조는 차기 정부로 이어져 문화산업에 대한 정책적 지원이 더욱 체계화되었으며 지원에 따른 성과도 나타나기 시작했다. 노무현 정부 시기인 2004년에 비로소 통계청의 승인을 얻은 문화산업통계에 따르면 문화산업의 매출량과 수출량이 급증하는 등 양적인 측면에서 급성장을 한 것이다. 뿐만 아니라 김대중 정부 시기에 처음 등장한 한류는 이제 아시아를 넘어 전 세계로 영향력을 넓혀가고 있다.

그러나 전체 GDP에서 문화산업이 차지하는 비중을 살펴봤을 때 문화산업이 국내 경제에 기여하는 정도는 아직 크다고 보기 어렵다. 연도별 GDP 대비 문화산업의 비중은 2005년(2.39%)부터 2021년(2.56%) 최근까지도 2.4~2.8% 수준에 머물러있기 때문이다.[93] 물론 문화산업은 문화콘텐츠 자체의 매출 외에 국가에 대한 브랜드 가치를 높여서 연관산업에도 긍정적 영향을 미친다는 분석이 있기는 하지만 김대중 정부가 출범 초기부터 내세운 '문화산업의 국가기간산업화' 시기는 아직 도래하지 않았다.

김대중 정부의 문화산업정책이 남겨놓은 한계점도 재고되어야 한다. 정보화와 문화산업화를 함께 추진해나가면서 정부 부처 간 업무가 명확하게 구분되지 않아 정책 혼선과 예산 낭비가 발생하게 된 것은 여전히 문제점으로 남아있다. 또한 문화산업을 이끌어나갈 창의적 인적자원의 중요성을 강조했으나 문화산업 일자리의 양적 · 질적 수준이 열악해 지속가능한 성장에 구조적 한계가 있다는 것도 향후 정책적으로 대응해나가야 할 부분이다.

마지막으로 김대중 정부의 문화산업정책이 문화의 산업화에 치우쳐 문화예술과 문화산업 간 상생발전을 위한 구조 마련에 미흡했다는 평가를 받은 만큼, 앞으로는 이러한 문제점을 개선할 수 있도록 대안을 마련해나가야 할 것이다. 특히 최근 개정된 〈문화예술진흥법〉(2023.8.8. 개정)에 따르면 '문화예술'의 정의[94]가 확장되어 문화

---

93) 김규찬 외, 《문화산업정책 20년 평가와 전망》, 276쪽; 문화체육관광부, 《2021년 기준 콘텐츠산업조사》, 2023, 73쪽.

산업95)과의 창의적 연계가 더욱 요구되는 시점이다. 김대중 정부 이후에 〈예술인 복지법〉(2011.11.17. 제정)이 제정되고 지속적으로 개정되는 등 문화예술과 문화산업 분야의 인력을 보호하기 위한 법·제도적 장치가 마련되고는 있으나 여전히 예술인과 문화산업 인력의 활동 여건이 열악한 것으로 나타난 만큼 이들의 지속적이고 안정적인 창작활동을 증진할 수 있도록 환경 개선에 더 많은 정책적 관심을 쏟아야 할 것이다.

* 이 글에서 '문화산업정책의 대내외적 배경' 부분은 최영화의 박사학위논문(〈신한류의 형성과 한국사회의 문화변동〉, 중앙대학교 대학원, 2014) 중 일부 내용을 수정·보완한 것이다.

94) "문화예술이란 문학, 미술(응용미술을 포함한다), 음악, 무용, 연극, 영화, 연예(演藝), 국악, 사진, 건축, 어문(語文), 출판, 만화, 게임, 애니메이션 및 뮤지컬 등 지적, 정신적, 심미적 감상과 의미의 소통을 목적으로 개인이나 집단이 자신 또는 타인의 인상(印象), 견문, 경험 등을 바탕으로 수행한 창의적 표현활동과 그 결과물을 말한다."(〈문화예술진흥법〉 제2조(정의), 검색일: 2023년 10월 21일)
95) "문화산업이란 문화예술의 창작물 또는 문화예술 용품을 산업 수단에 의하여 기획·제작·공연·전시·판매하는 것을 업(業)으로 하는 것을 말한다."(〈문화예술진흥법〉 제2조(정의), 검색일: 2023년 10월 21일)

제5장. 지식기반경제와 문화의 금융화:

벤처 주체성과 투기 실천의 확산

이승철 (서울대학교)

1. 들어가는 말

IMF 경제위기의 여파 속에서 김대중 정부가 출범한 1998년, 한국 '자본주의 정신'의 극적인 변화를 상징하는 두 가지 사건이 일어났다. 한편으로 1970년 〈저축 증대에 관한 법률〉 제정과 함께 설립되어 고도성장기 저축증진 운동, 가계부적기 운동, 과소비단속 캠페인 등을 주도해 온 저축추진중앙위원회가 그 역사적 시효가 다했다는 판단 아래 1998년 1월 1일 공식적으로 해산했다.[1] 다른 한편으로 같은 해 8월 15일 정부수립 50주년을 맞아 김대중 정부는 "교육혁명·정보혁명·첨단기술혁명·벤처기업혁명"에 대응하기 위한 "제2의 건국"을 선언하면서, 그 일환으로 "창조적 지식기반국가 건설을 위한 신지식인 운동"을 전개하기 시작한다.[2] 공식적으로는 아무런 연결고리가 없는 두 사건은, 그러나 한국 사회에서 행위자들이 부의 축적을 정당화하고 미래와 관계 맺는 방식의 근본적 변화를 보여준다는 점에서 흥미롭다. 저축행위가 노동과 규율, 절약을 통한 부의 지속적 축적을 추구하는 발전주의의 공식적 에토스를 반영한다면,[3] 새로운 건국의 목표로 선언된 '창조성', '지식기반', '혁신', '벤처', '신지식인'과 같은 기표들은 더이상 이러한 지속적이고 안정적인 미래

---

1) 한국의 발전국가 시기 저축증진운동이 가진 의미와 중요성에 대해서는, 정무용, 《박정희 정권기 저축동원의 전개과정과 성격》, 서울대학교 국사학과 박사학위논문, 2020 참고. 1970년대 이후 급격히 증가하여 1991년 24.2%로 최고치를 기록한 한국가계의 순저축율은, 1997년 IMF 경제위기를 계기로 대폭 감소하여 2000년대 초반 0%대로 떨어지게 된다.

2) 김대중, 〈제2의 건국에 동참합시다〉, 《김대중 전집 Ⅰ》, 연세대학교 대학출판문화원, 2019, 432-439쪽, 434쪽.

3) 이 저축의 에토스를 최민석은 다음과 같이 요약한다. "저축하는 개인은 신경 쓸 일이 없다. 손실의 위험이 없고 수익이 확정되어 있기 때문이다. 다만 저축의 전제가 되는 직업에 충실하면 될 뿐이다. 그렇기 때문에 저축의 습관은 근대적 노동윤리와 친화성을 갖고 있다." (최민석, 〈1997년 경제위기 이후 일상생활의 금융화와 투자자 주체의 형성〉, 서울대학교 사회학과 석사학위논문, 2011, 5쪽.)

와의 관계맺음은 불가능하다는 사실을 증언하는 것처럼 보인다. 프랑스 사회학자 뤽 볼탕스키(Luc Boltanski)와 이브 치아펠로(Eve Chiapello)의 말처럼, 자본주의가 '개별 주체들의 자본주의 참여를 이끌어내고 정당화할 수 있는 일련의 공통 신념'으로서 '자본주의 정신(spirit)'을 필요로 한다면,[4] 저축과 노동에서 벤처와 지식경제로의 변화는 이 공통의 신념과 정신에 어떤 단절적 변화가 일어났음을 보여주는 것 같다. 이 변화의 성격은 무엇이며, 어떻게 명명할 수 있을까?

이 질문에 답하기 위해서는 IMF 경제위기 이후 한국 자본주의의 변화 전체를 조망하고 그 성격을 규명하는 방대한 작업이 요구될 것이다. 다만 이 장에서는 향후 이루어질 이러한 작업을 위한 일종의 예비적 논의로서, 김대중 정부 시기 광범위하게 추진되었던 지식기반경제로의 전환이 가지는 문화적 의미를 살펴보고, 이것에 수반된 일련의 사회문화적 변화를 '문화의 금융화'라는 관점에서 검토하고자한다. 비록 '예비적'이라는 단서를 달기는 했지만, 문화의 금융화라는 관점은 그 자체로 상당한 개념적 설명을 요한다. 무엇보다도 '문화'라는 개념 자체가 가진 다층성이 존재한다. 문화는 세계를 재현하는 상징질서 혹은 세계상 뿐 아니라, 문화산업 혹은 문화생활이라 논의될 때처럼 정치·경제 등과 구별되는 특정한 사회영역을 지칭하기도 하고, 더 나아가 일상생활에서 드러나는 사람들의 규범·믿음·행위를 모두 포괄하는 광범위한 개념으로도 쓰이기 때문이다.[5] 동시에 '금융화'의 정의 역시 까다롭다. 금융화는 일반적으로 은행·

---

4) Luc Boltanski and Eve Chiapello, *The New Spirit of Capitalism*, New York: Verso, 2018, 3-8. 이러한 논의의 기원은 당연히 막스 베버의 작업에서 찾을 수 있다. (막스 베버, 김덕영 옮김, 《프로테스탄티즘의 윤리와 자본주의 정신》, 길, 2010.)
5) 문화개념의 이러한 다층성에 대해서는, 드니 쿠슈, 이은령 역, 《사회과학에서의 문화개념》, 한울, 2009 참고.

주식·보험 등 금융 부분의 영향력이 커지면서 "경제운영에 있어 금융적 동기, 금융시장, 금융 행위자, 금융기관이 차지하는 역할이 증가하는 것"이나 "상품 생산과 유통보다는 주로 금융적 채널을 통해 이루어지는 축적 패턴"으로 정의되지만,[6] 이러한 거시경제적 차원의 정의를 문화적·일상적 차원에 그대로 적용하기는 힘들다.

따라서 이 글은 금융화를 '미래를 투기적 관점에서 인식·실천하는 금융 주체성과 이러한 투기의 대상이 되는 금융투자상품(자산)이 확산되는 과정'으로 광범위하게 이해하고, 이러한 '금융 주체성'과 '금융투자상품'이 다층적인 문화 영역을 가로지르며 확산되어 가는 과정을 추적해 보고자 한다. 김대중 정부 출범의 조건이자 이를 지속적으로 제약했던 IMF 경제위기는 다만 경제적 위기에 그치지 않고, 기존의 발전 패러다임에 내재했던 지속적 축적에 기반한 미래상, 이상적 발전주의 주체로서 규율된 노동자(가족), 그리고 이 주체가 자본주의 하에서 부의 축적을 위해 행하는 구체적 실천들(노동, 절약, 저축 등)의 위기였다는 점에서 총체적인 사회적 위기였다. 이러한 총체적 위기에 대응해야 했던 김대중 정부 시기는, 전 사회적 차원에서 한국 자본주의의 미래상을 재규정하고, 새로운 발전전략을 모색하는 가운데, 각 주체가 이와 맺고 관계를 재설정하는 시기였다고 해도 과언이 아니다. 이후 좀 더 구체적으로 살펴보겠지만, 이 새로운 주체와 미래의 생산 및 작동은 불확실성과 리스크를 감수하는 금융 주체성의 투기 실천을 중심으로 이루어지게 된다.[7] 규율화된 노

---

6) 전자의 정의는 Gerald Epstein, *Financialization and the World Economy*, Northhamptom: Edward and Edgar Publishing, 2005, 5; 후자는 Greta Krippner, "The Financialization of the American Economy," *Socio-Economic Review* Vol.3, No.2, 2005, 173-208, 175.

7) 이 글은 '투기(speculation)'를 비합리적·비도덕적 투자로 이해하는 대중적 용례를 따르지 않는다. 우리는 투자(investment)와 투기를 그 계산대상과 시간성에 따라 구분한 케인즈의 논의에 기반해 투기를 이해한다. 케인즈에 따르면, 기업의 투자활동이

동을 통한 부의 지속적 축적이 아니라, 현재의 관점에서 미래를 '추측/투기'하고 이를 실현하기 위해 리스크를 감당한 뒤 그 결과를 책임지는 방식으로 변화된 금융의 테크놀로지는, 앞서 말한 문화의 세 층위—즉, '지식기반경제'라는 사회문화적 재현의 차원은 물론, 영화산업과 같은 구체적 '문화산업', 그리고 주식·부동산 투자 열풍 및 가계부채 위기에 이르는 '일상문화'—를 가로지르며 퍼져 나갔다.

이 글은 먼저 김대중 정부 시절에 한국 자본주의의 새로운 모델로 제시되었던 '지식기반경제' 담론의 주요 내용을 검토하면서, 이 새로운 경제적 상상 속에서 금융적 주체성과 그 논리가 어떻게 구체화되는지 살펴볼 것이다. 이러한 새로운 경제적 상상의 확산 과정은, 기존 한국자본주의가 가진 문제들에 대한 비판의 욕구를, 벤처, 지식자산, 자기책임과 같은 금융의 언어로 번역해내는 것에 기반해 있었다. 이어서 우리는 영화산업의 사례를 통해 이러한 금융 논리가 문화산업의 영역에 어떻게 적용되었는지 구체적으로 살펴볼 것이다. 본서의 2장에서 이미 지적되었듯이 영화산업은 김대중 정부의 문화 지원정책은 핵심에 자리잡고 있었는데, 그 기본 방향성은 금융자본의 진출과 각종 새로운 금융기법의 도입을 통해 영화를 하나의 금융투자상품으로 재구성하는 것에 맞춰져 있었다. 본문 마지막 절에서는 금융화의 논리가 대중의 일상문화를 어떻게 변화시켰는가를 간략히 조명할 것이다. IMF 경제위기 극복 과정에서 급격히 확산된 금융의 테크놀로지는 중산층을 중심으로 한 신용확대 및 '대중투자문화'의

자산 혹은 금융상품의 과거 실적에 기반해 이 자산이 생산에 투입될 때 예상되는 수익을 계산하는 행위라면, 투기는 상품에 대한 다른 시장참여자들의 선호와 심리를 예측하고 시장의 미래 움직임을 예견하는 행위라 할 수 있다. 즉, 과거의 연장선에서 미래를 계산하는 투자와는 달리, 투기는 불확실한 미래와 동료 시장참여자들의 선호에 대한 추측을 포함한다. John Maynard Keynes, *The General Theory of Employment, Interest and Money*, London: Palgrave Macmillan, 1936, 136-140.

발전과 함께 빈곤층에게는 '대중부채문화'라 이름 붙일 수 있는 '부채'에 포획된 삶의 일반화를 가져오게 되었다. 결과적으로 김대중 정부 시기에 발생한 이러한 다층적인 문화변동은 오늘날 고도로 금융화된 한국사회를 이해하기 위한 '기원적 풍경'으로 이해될 수 있을 것이다.

2. 문화와 경제의 금융적 만남: '지식기반경제' 담론

'지식기반경제' 담론이 문화의 금융화를 논하는데 있어 중요한 이유는, 이 새로운 사회경제적 상상이 사회의 상징적·문화적 차원과 경제적 차원 간의 경계를 무화시키고 이 둘을 통합할 뿐 아니라, 이를 통해 금융적 주체화의 형식을 전형적으로 재현하고 있기 때문이다. 물론 지식기반경제에 대한 논의는 김대중 정부의 출범과 함께 갑자기 제기된 것도, 한국만의 현상도 아니었다. 지식이 토지·노동·자본과 같은 전통적 생산요소를 대체하는 가장 중요한 경제적 자원이 될 것이라는 주장은 피터 드러커(Peter Drucker), 앨빈 토플러(Alvin Toffler) 등 일련의 경영학자·미래학자들에 의해 1970년대부터 주장되기 시작한 것으로, 한국의 경영학계와 기업 경영연구소에서도 1980년대를 거치면서 이미 활발히 논의되어 온 바 있다. 1990년대 초반 김영삼 정부가 내세운 '신경제'와 '세계화' 역시, 큰 틀에서 보자면 탈산업 지식기반사회로의 이행이라는 프레임 속에서 추진된 것이라 할 수 있다. 그럼에도 지식기반경제 건설이 핵심 국정 과제로까지 전면화된 것은, IMF 경제위기의 여파 속에서 새로운 경제패러다임을 모색해야 했던 김대중 정부의 필요에 의한 것이었다.[8]

사실 김대중 대통령은 취임 이전부터 여러 차례 21세기를 "지식정보혁명의 시기"로 규정하고, 이에 대한 능동적 대응의 필요성을 강조한 바 있다. 이는 대통령 취임사 서두에서 언급되듯이, 인류가 "지구상에 인간이 탄생한 인간혁명으로부터 농업혁명, 도시혁명, 사상혁명, 산업혁명의 5대혁명을 거쳐" 이제 지식정보혁명이라는 "새로운 혁명의 도전"에 직면하고 있으며, 이에 대처하기 위해서는 "무형의 지식과 정보가 경제발전의 원동력이 되는 지식정보사회"로의 전환이 요구된다는 시대인식에 기반해 있었다.[9] 제2의 건국을 위한 주요 국정과제로 제시된 '지식기반국가 및 지식기반경제 건설'은 이러한 대통령의 시대인식이 정책적 차원에서 구체화된 것이라고 볼 수 있다.

그렇다면 지식기반경제란 무엇을 의미하는가? 재정경제부가 한국개발연구원과 함께 발간한 정책 자료집 《새천년의 패러다임: 지식기반경제 발전전략》은 이를 다음과 같이 정의한다: "지식기반경제는 지식이 각 경제주체 및 국민경제 전체의 성과와 경쟁력을 결정하는 핵심요소로 작용하며, 지식의 창출 · 확산 · 습득 그리고 활용을 통해 경제주체들의 혁신능력을 배양하고 이러한 능력이 성장의 기반을 이루는 경제를 말한다."[10] 하지만 지식기반경제의 구체적인 내용을 살펴보면, 이 개념은 단순히 경제활동에서 지식의 중요성을 강조하는

---

8) 여기에는 미래학에 대한 김대중 대통령 본인의 관심도 기여했다고 보아야 할 것이다. 김대중 대통령은 1982년 청주교도소 수감당시 정보화 사회의 도래를 예견한 앨빈 토플러의 《제3의 물결》을 읽고 "눈이 뜨이는" 경험을 한 것을 인터뷰 등에서 밝힌 바 있다.(예컨대, 김대중, 〈중소·벤처 기업의 시대〉, 《김대중 전집 Ⅵ》, 연세대학교 대학출판문화원, 2019, 210-213쪽, 210쪽.) 1980년대 초반 수감 당시 그가 가족들에게 보낸 편지들에서도 자식들에게 앨빈 토플러나 피터 드러커, 다니엘 벨 등의 저작을 "재독 삼독할" 것을 추천한 바 있다.(〈청주교도소에서 쓴 편지 4〉, 《김대중 전집 Ⅸ》, 연세대학교 대학출판문화원, 2019, 290-296쪽, 296쪽.) 한편 미래에 대한 투기의 학문인 '미래학'은 '지식기반경제' 개념을 매개로 해 기존의 발전담론, 지정학 등과 함께 정부 담론의 핵심 레퍼런스로 자리잡게 된다.
9) 김대중, 〈국난극복과 재도약의 새시대를 엽시다〉, 《김대중 전집 Ⅰ》, 연세대학교 대학출판문화원, 2019, 69-75쪽, 69쪽.
10) 재정경제부·한국개발연구원, 《새천년의 패러다임: 지식기반경제 발전전략》, 1999, 3쪽.

것을 넘어, 여타의 다른 사회문화적 변화들—정보화, 금융화, 서비스화, 다양화, 세계화, 지방화 등등—을 모두 포함하는 매우 혼종적인 것임을 알 수 있다.[11] 따라서 이 개념은 기존의 권위주의적 발전주의 및 중앙집중적 산업자본주의와 대비되는 다양한 안티테제들을 포괄하는 일종의 '우산개념'으로 이해될 때 그 의미가 조금 더 분명해지는 것처럼 보인다. 무엇보다도 지식기반경제에 대한 논의에는 "산업자본시대에 형성되어 오랫동안 우리의 삶을 지배하던 각종 제도와 관행, 경제적 기반, 가치체계 일체가 중대한 도전을 받고 있다"는 '비판적' 인식이 공통적으로 전제되어 있다.[12] 다시 말해, 지식기반경제는 IMF 경제위기로 전면화된 과거 한국 발전모델의 문제를 기존 발전모델 및 산업자본주의의 한계로 진단하고, 이와 대비되는 새로운 발전모델과 자본주의에 대한 모색 전체를 지칭하는 용어로 이해될 수 있을 것이다.

이러한 지식기반경제 개념에 내재한 혼종성과 모호성에도 불구하고, 이 개념이 매우 일관되게 주체성의 혁신을 강조하고 있다는 점은 주목할 필요가 있다. 무엇보다 한국사회가 지식기반경제로 변화했다는 선언은, 기존의 산업자본주의에서 요구되는 근면한 노동자와는 구분되는 '지식의 창출·확산·습득 그리고 활용'에 기반한 새로운 자본주의 주체에 대한 호소로 연결된다. 그리고 이 시기 반복적으로 강조되었던 '벤처기업'은 이 새로운 주체성을 압축적으로 표현한 형상으로 보인다. 김대중 대통령은 취임사에서 "벤처기업은 새로운 세기의 꽃"이라 밝힌 후, 재임 기간 벤처기업 육성을 위한 지원을 적극

---

11) 지식경제와 관련된 대표적인 정부 보고서들을 참고하라. 재정경제부·한국개발연구원, 《새천년의 패러다임》; 오상봉 외, 《지식기반산업의 발전전략》, 산업연구원, 1999; 이선 외, 《지식기반경제의 이론과 실제》, 산업연구원, 2000.
12) 재정경제부·한국개발연구원, 《새천년의 패러다임》, 3-4쪽.

적으로 펴나갔으며, 이는 이른바 세기말 벤처광풍으로 이어졌다.[13] 일반적으로 벤처기업은 대기업이나 재벌과는 구분되는, "모험성은 크나 성공할 경우 높은 기대수익이 예상되는 신기술 또는 아이디어를 응용, 독립기반 위에서 영위하는 신생기업" 정도로 정의될 수 있다.[14]

그러나 이 시기 일상적으로 사용된 '벤처정신'과 같은 표현에서 드러나듯이, '벤처'는 특정한 기업형태로 한정된다기보다는 사회전반의 모든 주체성들이 갖추어야 하는 일종의 자본주의 정신이자 에토스에 가까운 것이었다고 보아야 할 것이다. 먼저 벤처주체는 기존의 권위주의적 발전주의와 중앙집중적 산업자본주의를 대체할 지식기반경제의 새로운 주체성으로, 독립적으로 신기술과 아이디어를 응용·영위하는 주체이다. 또한 벤처는 미래 수익을 위해 자신만의 기술과 아이디어를 개발·발전시키는데 투자하는 '투자자' 주체인 동시에, 다른 투자자들의 관심과 투자를 이끌어내는 것을 목표로 하는 그 자체로 '피투자자' 혹은 '투자상품'이기도 하다. 끝으로 이들은 미래의 불확실성과 그에 따르는 리스크를 감수하면서 투기를 실천하는 모험적 주체로, 이러한 투기 행위가 위험한 만큼 높은 수익의 가능성을 가지고 있기에 그 결과에 대해서는 자기 책임의 원리가 철저히 강조된다.

김대중 정부 하에서 주창된 '신지식인'과 '인적자원'은 이러한 벤처

---

13) 김대중 정부는 임기 내 2만 개의 벤처기업을 육성한다는 계획 아래, '벤처기업활성화 5개년 계획'을 수립하고, 중소기업청에 벤처기업전담부서인 벤처기업국을 신설하였다. 벤처기업에게는 정부기금 투자와 저리대출은 물론, 소득세 및 법인세 50% 감면과 같은 다양한 세제 혜택이 제공되었다. 중소기업청, 《벤처기업활성화 5개년 계획》, 중소기업청, 1998 참고. 실제 정부인증 벤처기업은 1998년 5월 304개에서 2000년 3월 6,004개로 무려 20배 증가하면서 벤처붐과 코스닥 열풍을 만들어냈다. 이민화·김명수, 《한국벤처산업발전사 1》, 아르케, 2006 참고.
14) 김갑성, 〈한국의 벤처기업 현황 및 지원 방안〉, 《한국사회와 행정연구》 9권 2호, 1998, 225-240쪽, 226쪽.

주체성이 노동과 교육 현장에서 구체적으로 형상화된 것이라 할 수 있다. 앞서 말한대로, 김대중 정부는 1999년부터 제2의 건국 위원회를 중심으로 범국민 대상 신지식인 운동을 전개한다. 이 때 신지식인은 "새로운 발상으로 지식을 활용하여 일하는 방법을 혁신함으로써 가치를 창출하는 사람"으로, 벤처기업에서 강조되는 독자적인 아이디어와 신기술을 개인의 노동현장·생활현장에 적용한, 개개인이 벤처화된 주체들이다.[15) 김대중 정부는 '전국민이 모두 신지식인이 되는 것'을 목표로, 1호 신지식인 영화감독 심형래를 비롯해 정기적으로 신지식인을 발굴하고 표창하는 운동을 전개하였다. 신지식인이 창의성과 혁신을 통해 모험을 감행하는 '투자자 주체'의 형상을 대표한다면, 그 이면으로 자신의 자산을 갈고 닦아 투자유치를 추구하는 '피투자자 주체'로서 벤처의 형상은 인적자원 개념에서 발견된다. 정부는 2001년 교육부를 "교육인적자원부"로 개명하고, 2002년 〈인적자원개발기본법〉 제정과 함께 '국가인적자원개발기본계획'을 수립·시행하였다. 한 정부기관 자료집에 따르면, 인적자원은 "국가, 사회발전과 국민 개개인의 삶의 질 향상을 위해 갖추어야 할 기술력, 정보력, 도덕적 성숙 등 가치있는 인간의 제 능력과 품성"을 말하며, 인적자원개발을 위해서는 평생교육체계 구축은 물론, "창의성을 적극적으로 활용"하고 교육대상자의 선택권과 자율성에 기반한 "시장기능중심의" 접근이 요구된다. 이러한 인적자원 개발은 전체 국가를 초국적 자본의 매력적인 투자처로 만들어 "국가경쟁력 향상"에 기여

---

15) 제2의건국범국민추진위원회, 《21세기의 주역 신지식인》, 1999, 50쪽. 다음과 같은 김대중 대통령의 발언도 참고. "가정주부는 가정에서, 학생은 공부하는 데에서, 농민은 농사짓는 데에서, 노동자는 노동하는 데에서, 사무원은 사무 보는 데에서, 모든 분야에서 신지식인이 되어야 합니다. 4천5백만이 전 국민이 신지식인 되어야 21세기 지식기반사회에서 우리가 세계의 경쟁에서 이겨낼 수 있습니다."(김대중, 〈대구 KBS와의 회견〉, 《김대중 전집 Ⅱ》, 연세대학교 대학출판문화원, 2019, 477-488쪽, 379쪽.)

할 것이다.16)

　결국 벤처, 신지식인, 인적자원이라는 주체성의 형상들에서 공통적으로 발견되는 것은 "자기주도성, 자율과 책임의 주체, 선택과 책무성 등의 새로운 시민적 주체성의 에토스"로, 이들 모두는 "지식기반경제라는 경제적 상상에 조응하는 주체성의 담론"이라고 할 수 있다.17) 그런데 이러한 새로운 주체성 담론에서 눈여겨 보아야 할 점은, 창의성, 모험, 혁신의 구체적 '내용'보다는, 이러한 텅 빈 기표들을 통해 주체성이 '자기' 혹은 '자신의 소유물/자질(properties)'과 맺게 되는 '형식' 자체의 변화이다. 즉, 자신이 가진 지식을 활용하고 기존의 생활방식을 혁신할 것을 요구받을 때, 개인의 지식과 문화, 노동방식, 생활방식, 창의성, 판단력, 사교력 등등은 일종의 자원 혹은 자산으로 이해되고, 개인은 이러한 자산들을 창의적으로 계발 · 경영하고 혁신적으로 재조합하는 주체로 자리매김된다. 불확실한 미래에 대비해 끊임없이 자질을 계발하고 이를 실험적으로 재조합해 부가가치 창출과 투자유치를 꾀할 것이 요구된다는 점에서, 이를 주체와 자기의 자질 간에 일종의 '투기적' 관계가 형성된다고 이야기할 수도 있을 것이다.18) 요컨대 지식기반경제가 요구하는 주체성의 변화는 기존 노동의 내용이나 성격을 확대하여 새로운 노동주체를 만들어내려는 것을 넘어, 주체와 대상 간에 새로운 금융적 형식을 만들어내려는 시도로 보아야 한다. '빵 굽는 이도, 청소부도 신지식인'이라는 신지식인 운동의 표어는 표면적으로는 기존의 육체노동에 지식의 의미를 덧씌우는 말 같지만, 실제로는 그 지식과 노하우를 활용해

---

16) 한국직업능력개발원, 《국가인적자원개발의 인프라구축》, 한국직업능력개발원, 2001, 7-11쪽.
17) 서동진, 《자유의 의지 자기계발의 의지》, 돌베개, 2009, 76쪽, 86쪽.
18) 미셸 페어, 조민서 역, 《피투자자의 시간》, 리시올, 2023.

미래의 투기적 이익을 얻을 수 있는가 여부가 핵심이라는 점에서 오히려 노동을 금융적 실천을 위한 한 요소이자 투자 대상으로 재규정하는 것을 의미하기 때문이다.

지식기반경제 담론에서 발견되는 이러한 새로운 주체성의 형식은, 따라서 각종 기술·문화·소프트웨어 자원들을 '자산' 혹은 금융투자상품으로 재구성하는 과정을 포함한다. 이를 통해 기존에는 경제적 활동의 배경으로 여겨졌던 지식과 문화 등은 이제 적극적으로 투자하고 육성해야 할 경제적 자산으로 간주된다. 기존의 지식기반경제 관련 논의에서 충분히 조명받지 못했지만, 지식기반경제의 핵심적 요소로 '지식시장 활성화'와 '지적재산권의 창출확대 및 보호'가 반복적으로 제시되는 이유이기도 하다. 지식기반경제에 대한 일련의 정부 보고서들은, 한국은 높은 교육수준에도 불구하고 지식생산과 관련한 투자의 양이나 산출이 매우 낮은 수준에 머물러 왔다고 지적한다. 이들은 그 이유를 지식재산권과 특허권 보호에 대한 인식과 제도가 부족하여, 지식과 문화 생산에 대한 동기부여 수준이 낮은 것에서 찾는다.[19] 따라서 해결책은 국가 차원에서 특허와 지식의 소유권에 대한 명확한 규정과 제도적 보호 장치를 마련해, 지적 재산권을 통해 막대한 지대수익을 올릴 수 있는 '지식경영'을 독려하는 것에서 찾아진다. 김대중 정부 아래서 지적 재산권 관련 대국민 캠페인이 활발히 진행되고, 2000년 3월 지식경제부 산하에 한국기술거래소가 공식 개설된 것은 이러한 맥락에서 이해될 수 있다.[20] 즉, 지식기반

---

19) 재정경제부·한국개발연구원, 《새 천년의 패러다임》; 오상봉 외, 《지식기반산업의 발전 전략》.

20) 벤처와 지식자산 간의 이러한 관계를 압축적으로 보여준 사례가 1998년 전국적으로 벌어진 '흔글 살리기' 운동일 것이다. 1998년 6월 벤처기업 한글과사람들이 경영의 어려움을 이유로 자체 소프트웨어 흔글을 마이크로소프트에 팔겠다고 선언하자, '흔글지키기운동본부(본부장 이민화 벤처기업협회 회장)'가 결성되어 전국적으로 50만 명의 회원을 모집하고 열렬한 흔글 구명운동이 벌어졌다. 이 과정에서 한글과컴퓨터

경제에서 중요한 것은 단순히 지식의 생산과 확산이 아니라, 지식을 하나의 자산이자 투자 및 투기의 대상으로 재구성할 수 있는가의 여부이다. 이에 따라 '지식정부'의 과제 역시, 지식과 문화, 인적자원의 자산화를 촉진하여, "한 사회 내에 존재하고 있는 **지적자산** 모두를 최대한 효율적으로 결합, 활용하는 한편, 개개인이 스스로의 지적역량을 계속 높여 나갈 수 있는 역동적이고 혁신적인 경제사회체제를 구축"하는 것으로 제시된다.[21]

〈표1. 지식기반경제에 걸맞는 각 경제주체별 역할과 책임〉

	산업사회		지식기반 경제		주체별 책임과 역할
〈정부〉	수직적 중앙집중 시장에 직접 개입	→	수평적 분권주의 간접적 여건조성	⇒	지식정부: 지식의 효율적 창출·유통·확대를 위한 인프라 구축
〈기업〉	모방기술 활용 공급자 위주 경영 소품종 대량생산	→	자체 기술개발 고객위주 경영 다품종 소량생산	⇒	지식경영: 지식자산의 효율적 관리·개발
〈개인〉	평생 직장 암기력 중시 대립적 노사관계	→	평생 고용 창의성 중시 협력적 노사관계	⇒	지식근로자: 지속적 자기계발

출처: 재정경제부·한국개발연구원, 《새천년의 패러다임》, 319쪽.

이와 같이 김대중 정부 하에서 폭발적으로 제기되었던 지식기반경제 담론은, 지식과 문화, 인적자원 같은 새로운 형태의 자산들을 매개로 한국자본주의의 금융화와 금융주체성의 기본 논리를 제시하고 그 구성을 촉구하는 시도로 이해될 수 있다. 주목할 만한 점은, IMF 경제위기라는 맥락 속에서 기존의 권위주의 및 발전

의 몰락 이유로 소프트웨어 불법복제가 지적되고, 이후 흔글 살리기 운동은 '소프트웨어 정품사용 운동'으로 발전하였다. 구명운동 결과, 한글과컴퓨터는 7월 마이크로소프트와의 합의를 파기하고, 곧이어 국민주 공모청약을 진행한다. 이 운동의 발전과 전개에 대해서는, 이민화·김명수, 《한국벤처산업발전사 I》, 135-145쪽.

21) 재정경제부·한국개발연구원, 《새 천년의 패러다임》, 14쪽.

주의, 산업자본주의에 대한 축적된 불만과 비판적 인식이 금융화를 추동하는 힘으로 번역되었다는 사실이다. 특히 기존 산업자본주의의 억압성 및 규율과 대비되는 탈권위주의와 창의성, 혁신의 원천으로 상상되어 온 '문화' 영역은, 이제 지적자산에 투자하고 이를 육성·보호하여 미래의 투기적 가치를 추구하는 금융화된 경제와 긴밀히 얽혀 작동하게 된다. 지식기반경제로 모호하게 마름질된 이 새로운 금융경제 하에서, 정부는 새로운 금융 주체와 이들의 투자/투기 대상이 될 자산 및 금융투자상품들을 지속적으로 생산해야 할 일차적 책임을 지게 된다. 이어지는 절들에서 논의될 영화산업의 재편과 부채의 확산을 통한 일상생활의 변화는 이러한 맥락 속에서 이해될 수 있을 것이다.

3. 문화산업의 금융화: 금융투자상품으로서의 영화

지식기반경제 담론을 통해 살펴본 자본주의 정신과 주체성의 변화는 구체적인 문화산업 영역에서 어떠한 형태로 드러났을까? 이 절에서는 영화산업의 사례를 통해 이 질문에 답해볼 것이다. 잘 알려져 있다시피, 김대중 정부는 문화산업을 "21세기의 기간산업"으로 보고, 문화산업의 성장을 위한 투자 및 지원을 정부의 핵심과제로 삼았다.[22] 특히 영화산업은 각종 문화산업 중에서 김대중 정부가 가장 공을 들인 대상이라 할 수 있다. 김대중 대통령은 기회가 될 때마다 〈쥬라기 공원〉이나 〈타이타닉〉과 같은 영화들이 올린 수익을 언급하며 지식기반경제와 문화산업의 중요성을 뒷받침하는 논거로 활용

---

22) 김대중, 〈국난극복과 재도약의 새시대를 엽시다〉,《김대중 전집 Ⅰ》, 연세대학교 대학출판문화원, 2019, 69-75쪽, 73쪽.

하였고, 이후 살펴볼 내용처럼 실제 다양한 제도변화를 통해 영화산업에 대한 지원과 투자를 크게 확대하였다. 그 결과 많은 연구자들이 김대중 정부 시기를 오늘날 한국영화 산업의 전반적 기틀이 마련된 분기점으로 간주하는데 동의한다.[23] 여기서는 이 시기 영화산업과 관련된 제도적 변화가 어떻게 영화산업 내 금융적 논리를 확산시켰는지에 초점을 맞춰 일련의 변화들을 살펴보도록 하겠다.

사실 영화산업은 다른 문화산업들과 함께 IMF 경제위기의 직격탄을 받은 분야 가운데 하나이다. 특히 1990년대 초중반을 거치면서 영화산업에 깊이 진출해 있었던 삼성, 대우, 현대, SKC 등의 대기업들이 경제위기로 도산하거나 경영에 어려움을 겪으면서 영화 관련 투자들을 줄이기 시작했다. 음반·비디오·게임 등 문화산업 판매량이 30% 이상 급감한 상황 속에서, 한국영화 역시 개봉편수가 크게 줄고 많은 인력들이 영화계를 떠날 수밖에 없었다.[24] 이와 동시에 1998년에는 김대중 정부가 추진한 한미투자협정 협상에서 미국측이 스크린쿼터제의 폐지를 요구하면서 스크린쿼터 조정이 공론화되는 한편, 3장에서 살펴봤듯이 단계적으로 추진 중이던 일본대중문화 개방 역시 국내 영화계에 타격을 줄 것으로 예상되었다.

전체적으로 어려웠던 이 시기에 그나마 영화산업을 지탱했던 것은 창업투자회사 형식으로 영화산업에 진출해 있었던 벤처캐피탈이었다.[25] 앞서 김영삼 정부는 1995년에 영화제작업을 표준산업분류 상

---

23) 예컨대, 정태수 외, 《21세기 한국영화》, 국학자료원, 2016에 수록된 일련의 논의들을 보라.

24) 김승경, 〈자본의 다양화와 투자사의 영역 확장〉, 《현대영화연구》 10권 3호, 2014, 81-109쪽, 89쪽.

25) 벤처캐피탈은 일반 금융기관에서는 리스크 때문에 투자를 꺼리는 "벤처기업 투자를 전문적으로 수행하여 투자수익을 얻는 조직 또는 산업"을 의미하며, 한국에서는 '중소기업창업투자회사'의 형태로 존재해왔다. 한국 벤처캐피탈의 역사는 1986년 창업지원법의 제정까지 거슬러 올라가지만, 본격적인 성장궤도에 오르게 된 것은 코스닥시장이 도입되고 〈벤처기업육성을위한특별조치법〉이 제정된 1996-97년 이후라 할 수

‘서비스업’에서 ‘준제조업’으로 조정함으로써, 개개의 영화 제작을 벤처창업과 동일한 것으로 간주하여 벤처캐피탈의 창업투자를 받을 수 있도록 허용한 바 있다. 이를 통해 1995년 〈은행나무 침대〉를 비롯한 몇몇 벤처캐피탈 투자의 성공신화와 함께, IMF 경제위기 직후 영화산업은 대기업 자본이 철수한 자리를 창업투자자본이 메꾸는 형태로 유지되고 있었다.[26]

이러한 상황에서 김대중 정부의 영화산업 지원은 무엇보다도 자본조달과 관련된 제도와 법령을 정비하여 영화에 대한 자본투자를 활성화하는 것에 집중되어 있었다. 이는 크게 두 가지 방향으로 전개되었다. 우선 김대중 정권은 문화산업을 ‘지원하되 간섭하지 않는다’는 원칙 하에, 국가의 역할을 문화산업의 통제 주체에서 주요 ‘투자자’로 재조정하였다. 예를 들어, 1999년 2월에 개정된 〈영화진흥법〉은 영화제작업을 등록제에서 신고제로 변경하고 독립영화 제작을 자율화하는 한편, 기존의 영화진흥공사를 폐지하고 9인의 민간위원으로 구성되는 영화진흥위원회를 창립하는 내용을 담고 있다. 이렇게 구성된 영화진흥위원회의 핵심 기능 가운데 하나는 정부가 조성한 영화진흥기금 및 영화제작펀드를 운영하여 한국영화계의 중심 투자자 역할을 수행하는 것이었다.[27] 이러한 법개정을 통해 정부는 영화산업에 대한 직접적인 개입을 줄이고 자율화와 민간위탁의 형태를 취하는 한편, 동시에 투자기금의 조성을 통해

있다. 이인찬, 《한국의 벤처캐피탈》, 인성, 2003.

26) 김금동, 〈외환위기 이후 금융자본 및 영상전문 투자조합이 한국영화산업에 미친 영향〉, 《현대영화연구》 15권 1호, 2019, 31-53쪽. 벤처캐피탈 창업투자회사들은 자본금의 일정비율 이상을 신생기업에 투자해야 하는 ‘투자의무비율’을 지켜야 한다. 이에 따라 경제위기 직후 마땅한 투자처를 찾기 힘들었던 창업투자회사들에게 영화는 그나마 매력적인 투자처로 간주되었다.

27) 김금동, 〈외환위기 이후 금융자본 및 영상전문 투자조합이 한국영화산업에 미친 영향〉, 37쪽.

산업 전반에 영향력을 미칠 수 있는 위치를 점하게 되었다.

자본조달 방식의 두 번째 변화는, 이미 영화계에 들어와 있는 벤처캐피탈의 영화투자를 더 활성화·제도화하는 방향으로 이루어졌다. 정부는 1999년 2월에 〈문화산업진흥기본법〉을 제정하여, '영상전문투자조합'을 결성·운영할 수 있는 법적근거를 마련해 주었다. 영화진흥기금과 중소기업진흥공단기금 등을 통한 정부투자와 제작사, 배급유통사, 창업투자회사의 민간투자를 조합해 일정한 기간 동안 운영되는 영상전문투자조합은, 기존 벤처캐피탈의 창업투자회사와 몇 가지 구별되는 특징을 가진다. 첫째, 개별 영화에 투자하는 창업투자회사와는 달리, 영화전문투자조합은 여러 편의 영화에 동시에 투자하는 포트폴리오 투자형태를 띤다. 이를 통해 영화전문투자조합은 개별 영화의 흥행성패에 따른 리스크를 줄이고, 리스크 헷지 등 투자 포트폴리오 운영과 관련한 각종 금융기법들을 활용할 수 있게 되었다. 둘째, 영상전문투자조합은 해산시점에서 손해를 보게 되었을 경우, 중소기업진흥공단 같은 정부 투자자들이 먼저 손해를 감수하고, 다른 민간투자자들은 유한책임만을 지도록 구조화되어 있어서 민간투자 문턱을 한층 더 낮출 수 있었다. 마지막으로 정부는 영상전문투자조합의 투자를 〈중소기업창업지원법〉 상 투자로 인정하여 벤처캐피탈 및 벤처기업에 적용되는 각종 세제혜택을 제공하였다.[28]

이러한 변화는 영화 제작을 '벤처산업'으로 공식적으로 재정의하고 초보적인 '프로젝트 파이낸싱(project financing)' 형태의 금융투자를 촉진함으로써 영화 산업의 자본동원 구조를 극적으로 변화시켰다.[29] 그 결과 2000년 한해에만 9개의 영상전문투자조합이 결성되

---

28) 최한준, 〈영상전문투자조합의 의의와 법적 고찰〉, 《사회과학연구》 10권 2호, 2004, 459-474쪽.
29) 프로젝트 파이낸싱은 특정한 프로젝트만을 위해 '특수목적회사(special purpose

고, 2004년까지 총 43개 조합이 설립되어 총 결성액이 3,956억원에 이르는 등 영화산업에 있어 중요한 투자기관으로 자리잡게 되었다.[30) 이들 투자조합은 대부분 총 출자액 100억원 규모로, 영화진흥위원회와 중소기업진흥공단이 각각 10억~40억 원을 투자하고, 그 외의 금액을 창업투자회사들(벤처캐피탈)과 제작사 혹은 배급유통사들(대기업)이 투자하는 형태로 구성되었다. 즉, 1997년 이전 영화산업에서 대기업의 비중이 압도적으로 크고 일부 벤처캐피탈이 참여했다면, 영화전문투자조합의 설립과 함께, 정부기금, 벤처캐피탈, 대기업자본이 서로 결합되어 포트폴리오 투자가 이루어지는 새로운 자금조달 방식이 등장한 것이다. 이후 영상전문투자조합의 투자가 전체 영화제작 자본에서 차지하는 비율은, 2004년 30%까지 꾸준히 증가하게 된다.[31)

이러한 제도정비로 인해 영화는 당시 1999~2000년 IT 벤처 버블에 힘입어 투자금이 증가한 벤처캐피탈과 창업투자회사들의 새로운 유망 투자 영역으로 부상했다. 영화는 선판매나 비디오 판권 수익

---

company, SPC)'를 설립하고 그 프로젝트에서 예상되는 미래수익을 담보로 자금을 차입하는 형태의 사업진행을 말한다. 이는 프로젝트가 실패하더라도 그 위험을 투자자들이 아닌 SPC가 지게 되므로 리스크 분산 효과를 가지며, 이에 따라 많은 초기투자금이 필요한 사회간접자본 건설, 부동산개발 등 대형금융사업에 활용되어 왔다. 영상전문투자조합은 SPC는 아니지만, 투자실패의 위험을 정부에서 일차적으로 책임지면서 초보적인 프로젝트 파이낸싱 대형투자를 가능케 하였다. 영화계에서는 영상전문투자조합 형태를 넘어 SPC 설립을 통한 프로젝트 파이낸싱이 이루어질 필요가 있다는 지적이 꾸준히 제기되어 왔다.(영화진흥위원회, 《문화산업 투자활성화를 위한 SPC 법제화 방안 연구》, 영화진흥위원회, 2005를 볼 것.) 결국 2005년 영화 및 문화산업영역에서 SPC 설립이 제도화된다.(최중혁, 〈문화분야에도 특수목적회사(SPC)설립〉, 《매일노동뉴스》 2005년 6월 7일.)

30) 영화진흥위원회, 《문화산업 투자활성화를 위한 SPC 법제화 방안 연구》, 9쪽. 영화진흥위원회와 중소기업진흥공단은 총투자금액 3965억 가운데 34%인 1281억 원을 출자했다.(김금동, 〈외환위기 이후 금융자본 및 영상전문 투자조합이 한국영화산업에 미친 영향〉, 40쪽.)

31) 김금동, 〈외환위기 이후 금융자본 및 영상전문 투자조합이 한국영화산업에 미친 영향〉, 44쪽.

등이 일정정도 보장되어 다른 벤처 기업과 달리 완전히 실패하는 경우는 비교적 드물었으며, 앞서 지적했듯이 영상전문투자조합을 통한 투자는 정부에서 손해분을 상당부분 책임져 주기에 리스크 관리가 용이하였다. 게다가 무엇보다 다른 제조업이나 IT기업보다 투자금 회수가 빨랐을 뿐 아니라, 흥행영화의 경우 해외시장 수출 등을 통해 높은 투자대비수익을 기대할 수 있는 양질의 '금융투자상품'으로 간주되었던 것이다. 이러한 금융자본의 영화산업 진출은, 투자성과의 정확한 측정을 위한 영화시스템 전반의 표준화·체계화를 가져오는 한편, 영화의 유통과 자본순환을 가속화하는 효과를 낳았다. 먼저 1990년대 초반부터 대기업에 의해 주도되었던 기획영화 체계가 더욱 활성화되었고,[32] 배급에 있어서도 직접 배급제와 멀티플렉스 도입을 통해 영화 수익체계의 투명성이 높아지게 되었다. 특히 1998년 4월 CGV 강변의 개관 이래 전국으로 확산된 멀티플렉스 영화관은 기존 영화 배급의 불투명한 수익구조를 개선하고 "비교적 정확한 매출액 산정"을 가능케하여, 금융자본의 "자본투자를 확대시키는데 견인차 역할을 했다."[33]

더 나아가 단기간에 투자금을 회수하고 투자금 유통 속도를 높이려는 전형적인 금융논리에 따라, 영화 유통 방식 역시 기존의 소수 영화관 장기개봉 시스템에서 전국 다수의 극장에서 동시 개봉하는 '와이드 릴리즈' 시스템으로 변화해갔다. 이는 오랜 시간이 걸리는 입소문을 통한 홍보에 의존하기 보다는 단기간 집중적인 홍보를 통해 빠르게 투자자금을 회수하기 위한 것으로, 이로 인해 각 작품의

---

[32] 기획영화는 치밀한 사전조사와 소비자 취향 및 트렌드 분석 등을 통해 영화 아이디어에서부터 흥행요소를 반영하여 제작되는 영화를 말한다. 보통 기획영화의 시작은 1992년 〈결혼이야기〉가 꼽힌다.

[33] 김승경, 〈1990년대 한국영화의 성장배경〉, 《시네마》 1권, 2005, 37-71쪽, 54쪽.

〈표2. 1998-2004년 한국영화 평균제작비〉

	총 제작비	순 제작비	마케팅비/비율(%)
1998	15.0억 원	12.0억 원	3.0억 원 / 20.0
1999	19.0억 원	14.0억 원	5.0억 원 / 26.3
2000	21.5억 원	15.0억 원	6.5억 원 / 30.7
2001	25.5억 원	16.2억 원	9.3억 원 / 36.5
2002	37.2억 원	24.5억 원	12.7억 원 / 34.1
2003	41.6억 원	28.4억 원	13.2억 원 / 31.7
2004	41.6억 원	28.0억 원	13.6억 원 / 32.7

출처: 함충범, 〈21세기 한국영화에 대한 변증적 고찰〉, 185쪽.

상영기간은 점점 짧아지는 한편, 마케팅 비용은 급격히 늘어나게 된다. 일례로, 2001년 800만 관객을 동원한 〈친구〉(곽경택 감독)의 경우, 순제작비는 18억 원에, 마케팅 비용에만 20억이 든 것으로 알려져 있다.[34] 1990년대 말 지역 영화제 붐 역시, 시장확대와 고객 테스트를 고민하던 영화계의 이해관계가, 1995년 지방자치제도의 시행 이후 지역 마케팅에 대한 각 지역정부의 고민과 맞아떨어진 결과라고 볼 수 있다. 1996년 부산국제영화제 이후, 1997년 부천국제판타스틱 영화제, 1999년 부천국제학생애니메이션 페스티벌과 서울국제청소년영화제, 2000년 서울뉴미디어페스티벌과 전주국제영화제, 2001년에는 인디다큐페스티벌과 광주국제영화제 등이 지방정부와의 협업 속에서 성사되고, 한국 영화들의 해외 영화제 진출 역시 1990년대 후반 이후 급속히 증가하였다.[35]

결과적으로, 이제 영화 한편 한편은 하나의 금융투자상품으로 재

---

34) 함충범, 〈21세기 한국영화에 대한 변증적 고찰〉, 《시네마》 2권, 2006, 171-199쪽, 177쪽.

35) 이지현, 〈2000년대 한국영화의 국제 교류에 관한 연구〉, 《현대영화연구》 19권, 2014, 139-178쪽.

구성되고, 단기간의 안정적인 투자금 회수와 빠른 자본회전을 목적
으로 하는 정부와 민간 투자자들의 노력을 통해 한국영화는 점차 대
형화·국제화의 방향으로 나아가게 된다. 위의 표에서 보듯이, 영화
의 평균제작비, 특히 마케팅 비용이 크게 증가하였을 뿐 아니라, 한
국영화 제작 편수 역시 1999년 49편에서 2003년 80편으로 크게
늘어났다.[36) 멀티플렉스를 통한 와이드 릴리즈와 단기간 집중 마켓
팅의 결과는 한국 영화의 관객동원력 상승으로 이어졌다. 1998년까
지 100만 명 이상의 관객을 동원한 한국영화는 〈서편제〉(1993)에 불
과했지만, 1999년 총 582만 명의 관객을 동원한 〈쉬리〉(1999)에서
시작해 2000년 600만 명을 넘어서 〈공동경비구역 JSA〉, 800만명
을 넘어선 〈친구〉, 1000만 이상을 동원한 〈실미도〉(2003), 〈태극기
휘날리며〉(2003)까지 이어지는 이른바 '한국형 블록버스터'들이 탄생
하게 된다.[37)

이들 영화는 여러 제도적 정비를 통해 많은 초기 투자금을 모을
수 있었고, 정비된 제작 및 배급 시스템과 집중적 마케팅을 통해 흥
행을 이뤄낼 수 있었다. 이러한 영화산업의 변화는 2000년대 이후
전세계로 퍼져나간 한류 문화산업의 힘이 기본적으로 '문화(산업)의
금융화'와 무관한 것이 아님을 보여준다. 미국의 사회학자 존 리
(John Lie)는 K-영화, K-드라마, K-팝 등 2000년대 글로벌 한류를
이끄는 힘은 한국(Korea)의 문화적 고유성이라기 보다는, 대형화·
집약화된 자본(Kapital)의 'K'에 가깝다고 주장한 바 있다.[38) 이러한
지적에 덧붙여, 이러한 문화산업 자본의 대형화·집약화를 추동한

---

36) 한국영화진흥원, 《문화산업 투자활성화를 위한 SPC 법제화 방안 연구》, 1쪽.
37) 김익상·김승경, 〈초창기 한국형 블록버스터 영화의 제작과정 연구〉, 《씨네포럼》 31권, 2018, 197-225쪽.
38) John Lie, *K-Pop*, Berkeley: University of California Press, 2015, 130.

동력은 금융화와 그에 따른 제도 정비였다는 점이 강조되어야 할 것이다. 물론 다른 한편으로 이러한 금융화는 대형 영화의 시장독식, 영화의 다양성 상실, 멀티플렉스 중심의 배급과정 독과점 등 오늘날 한국 영화의 문제로 반복해 지적되는 현상을 낳은 원인이기도 하다.39) 결과적으로 영화산업 변화의 어떤 측면에 더 초점을 맞추든, 김대중 정부의 영화 및 문화산업 진흥 정책이 관련된 영역에서 '투자자-금융투자상품'의 금융화된 관계를 확산시키고, 영화 및 문화산업을 지식기반경제 및 금융화된 경제 회로의 일부분으로 재구성하는 효과를 낳았다는 점은 부인할 수 없다.

4. 일상문화의 금융화: 대중투자문화와 대중부채문화

경제 위기의 해법을 일련의 금융화에서 찾으면서 금융의 논리가 확산되어 가는 과정은, 영화와 같은 문화산업을 넘어 일상문화 차원에서도 동일하게 발견된다. IMF 경제위기의 원인에 대해서는 다양한 의견이 존재하지만, 그 극복 과정에서 이루어진 정부의 결정들이 사회전반의 금융화를 심화시키는 방향으로 작동했다는 것에는 이견의 여지가 거의 없다. IMF 경제위기 직후 김대중 정부의 위기극복 정책은 크게 세 가지 차원으로 정리할 수 있을 것이다.40) 먼저 정부는 1998년 2월 노동시장 유연화를 위해 정리해고 규정을 완화하고 파견근로제도를 법제화하는 노동법 개정을 완료하였다. 이는 위기

---

39) 정찬철, 〈2000년대 한국영화 제작사의 삶〉, 《현대영화연구》 19권, 2014, 55-80쪽.
40) 이 일련의 과정에 대해서는, Kang-Kook Lee, "Neoliberalism, the Financial Crisis, and Economic Restructuring in Korea," in Song, Jesook (ed.), *New Millennium South Korea*, New York: Routledge 2011, 29-45.

이전에도 높았던 한국 노동시장의 비정규직·불안정 노동의 비율을 한층 더 높이는 결과를 낳았다. 둘째, 정부는 위기의 직접적 원인 가운데 하나였던 재벌의 부채 규모를 줄이기 위해 일련의 재벌 개혁을 감행했다. 부채 비율과 관련된 엄격한 가이드라인을 설정하고, 이를 지키지 못한 기업들을 구조조정하거나 외국자본에 인수시킨 결과, 30대 재벌의 자산대비 부채비율은 1997년의 500%에서 2000년 200%로 감소하였다. 마지막으로 김대중 정부는 외국인 투자자의 국내 주식 소유 제한과 적대적 기업인수 규제 등을 폐지하면서, 금융시장 개방을 확대해 나갔다. 결과적으로 노동보다 금융적 조정에 초점을 맞춘 이들 정책들은 한국자본주의의 금융화를 가속화시키는 데 기여하였다.

우리의 논의와 관련해 특히 주목할 만한 사항은, 이러한 일련의 정책을 통해 경제위기의 원인이었던 국가와 재벌의 부채가 가계의 '신용/부채(credit/debt)'로 전환되었다는 점이다.[41] 가계를 중심으로 한 신용/부채 경제의 등장은 일상문화의 금융화에 직접적인 영향을 미쳤다는 점에서 자세히 살펴볼 필요가 있다. IMF 경제위기 이후, 김대중 정부는 실업과 실질임금 하락으로 인한 내수시장의 부진을 해결하기 위해 일련의 '내수진작 종합대책'을 내놓게 된다. 종합

---

41) 이 글에서는 금융과 관련해 부채가 가진 '인정(credit)'과 '억압(debt)'의 양가적 속성에 기반하여, 일반적으로 사용되는 부채 대신 '신용/부채'라는 표현을 사용한다. '미래로부터 투기적 자원을 빌려와 현재에 사용할 수 있는 구체적 자원으로 변형시키는 테크닉'으로 정의될 수 있는 신용/부채는, 이러한 변형을 통해 미래에 긍정적 투기 결과를 가져올 수 있다고 여겨지는 주체에게는 '신용'으로, 변형에도 불구하고 미래의 상환 가능성이 낮은 주체에게는 '부채'로 작동한다. 신용과 부채는 사실상 동의어이나, 이후의 서술에서 보여주듯이 금융화된 현실에서 이 둘의 작용은 상반된 형태로 드러나곤 한다. 신용/부채 개념에 대한 상세한 설명으로는 Gustav Peebles, "The Anthropology of Credit and Debt," *Annual Review of Anthropology*, Vol. 39, 2010, 225-240을 볼 것. 최철웅, 〈권리로서의 빚, 규율로서의 빚〉, 《경제와 사회》, 112권, 2016, 106-136쪽도 참고할 것.

해 볼 때 정부의 내수진작 정책들은 다음과 같은 두 가지 방향성을 가졌다. 첫째, 부동산 시장을 중심으로 주식시장·파생상품 시장을 포함한 한 자산시장 부양을 통해 경기를 진작한다. 둘째, 신용카드 산업 규제완화를 중심으로 은행 가계대출 확대 등 소비자 신용/부채 의 문턱을 낮춰 소비를 증진시킨다. 즉, 김대중 정부의 위기극복 방향성은 오랜 시간이 걸리는 재정지출 확대와 노동시장 활성화를 통한 경기회복보다는, 비교적 단기간에 이루어질 수 있는 자산시장 붐과 소비자 신용/부채 공급을 통한 경기부양이었다고 할 수 있다. 이러한 정부 정책의 기본 방향성은 2002년 중반 부동산 과열, 신용불량자 양산, 가계 부채 급증과 같은 각종 부작용이 전면화될 때까지 계속 이어진다.[42]

먼저 신용/부채 확대에 기반한 자산시장 부양책부터 살펴보자.[43] 김대중 정부는 1998년부터 부동산 시장 활성화를 위해 양도소득세, 등록세 등 부동산 관련 세율을 대폭 낮추고, 토지거래 신고·허가제를 폐지하는 등 주택 관련 규제들을 적극 완화한다. 이와 동시에 공급과 관련해서는 분양가를 자율화하고 부동산개발 업종에 대한 여신금지 규정을 철폐해 신도시 조성이나 도심 재개발 등 대규모 부동산 사업과 관련해 은행·금융사의 프로젝트 파이낸싱(project financing, PF)을 가능케 하였다.[44] 이 과정에서 특히 눈여겨볼 것은 부동산 금

---

42) 김순영, 《대출 권하는 사회》, 후마니타스, 2011, 47쪽. 영국의 사회학자 콜린 크라우치는 이와 같이 유효수요 부족문제를 재정확충보다는 신용/부채 확대를 통해 해결하는 경기부양책을 "사영화된(privatized) 케인즈주의"라 명명한다. 이는 김대중 정부의 정책 방향성에 잘 들어맞는 개념으로 보인다. (콜린 크라우치, 《왜 신자유주의는 죽지 않는가?》, 유강은 옮김, 책읽는수요일, 2012.)

43) 이에 대한 좀 더 자세한 논의로는, 김명수, 《내 집에 갇힌 사회》, 창비, 2020, 164-173쪽 참고.

44) 김명수는 이러한 자산시장 부양, 특히 부동산시장 부양은 주택건설업을 통해 실업문제를 해결하고, 실물경제의 위기도 해결하려는 시도였음을 지적한다. 이는 건설일용직이 실업자들에게 중요한 단기 일거리를 제공해주는 한국 노동시장의 특수성과 무관

융의 급격한 성장으로, 정부가 장기 모기지(mortgage) 대출 제도를 도입하고 주택 구입자금 대출 여건을 완화함에 따라, 1997년 43조 원 가량에 머물던 주택담보대출액은 2004년에 이르면 240조 원으로 폭발적으로 증가하게 된다.

더 나아가 정부는 1998년 제정된 〈자산유동화에 관한 법률〉에 기반해 한국주택저당채권유동화주식회사(KoMoCo)를 설립하고, 폭증한 부동산 대출 채권을 파생상품화해 판매함으로써 다시 한번 자산시장 부양에 활용하고자 하였다.[45] 종합적으로 김대중 정부의 부동산 시장 부양책은, 규제완화를 통해 공급을 확대하고 부동산 개발을 일종의 벤처사업이자 투자상품으로 변모시키는 한편, 부동산 구매자들을 위한 대출을 확대하고 이 부채들을 다시 한 번 투자상품화하는 전형적인 금융화의 논리를 따랐다고 할 수 있다. 이러한 시장 부양책의 결과, 1999년부터 한국 사회는 IT 벤처를 주동력으로 한 코스닥·주식시장 열풍 이후, 2000년부터 2003년 사이 서울 평균 아파트 값이 연 27%씩 오르는 부동산 시장 붐을 차례로 경험하게 된다.[46]

다른 한편 소비 진작을 위해 소비자 신용/부채의 확대 역시 추진되었다.[47] 김대중 정부는 유효수요 부족에 따른 경기침체의 장기화

하지 않다.(김명수, 《내 집에 갇힌 사회》, 165쪽.)

45) 1998년 9월 제정된 자산유동화에 관한 법률과 이후 제도 정비는, 2000년 1월부터 국내에서도 자산유동화증권(asset-backed securities, ABS)과 부채담보부증권(collateralized debt obligation, CDO)의 발행을 가능하게 하였다. 이들은 미래에 지속적인 수익을 창출할 각종 부채에 대한 채권을 모아서(pooling) 증권으로 가공한 파생상품으로, 증권의 소유자는 집단적인 채무불이행이 일어나지 않는 한 안정된 미래수익을 얻을 수 있을 것으로 기대된다. 이들 부채기반 파생상품은 1990년대 이후 전세계적 금융화를 가속화시키고 2008년 금융위기를 일으킨 주요 원인으로 지적되어 왔다.(전창환, 〈1997년 한국의 외환·금융위기 이후 구조조정과 증권화〉, 《동향과 전망》 81권, 2011, 71-112쪽.)

46) 제윤경·이헌욱, 《약탈적 금융사회》, 부키, 2012, 105쪽.

47) 이에 대한 좀 더 상세한 논의로는, 김순영, 《대출 권하는 사회》, 21-68쪽 참고.

를 우려해, 1999년부터 신용카드를 중심으로 한 민간주도 신용/부채 공급 확대에 나섰다. 신용카드 이용액 소득공제와 신용카드 영수증 복권제도를 도입하는 등 신용카드 사용을 장려하는 정책이 도입되고, 신용카드 현금서비스 한도 폐지, 신용카드 발급 시 신용 검증 의무 폐지 등 관련 규제들이 적극 완화되었다.[48] 그 결과 신용카드 발급수가 1999년 말 3,899만 개에서 2002년 말 1억 480만 개까지 증가하고, 당시 수수료가 최고 30%에 달했던 신용카드 현금서비스 이용액 역시 33조(1997년)에서 357조(2002년)로 급증하게 된다. 또한 최고이율을 제한했던 이자제한법이 유동성 공급을 명목으로 1998년 전면 폐지됨에 따라, 고리대 사채 시장이 크게 확대되고 일본계 대부업체의 한국 진출이 본격화되었다. 여기에 덧붙여, 강화된 기업대출 규제로 인해 상업은행들 역시 가계대출에 눈을 돌리게 되면서, "약탈적 대출(predatory lending)"이라 일컬어질 정도의 급격한 가계 신용/부채의 확산이 이루어지게 되었다.[49]

이러한 정부주도의 가계부채 확산은 불안정노동과 정리해고의 확산으로 증가한 사회안전망과 복지에 대한 요구를 "부채복지"의 확대로 대응하는 과정에서 이루어진 것이라 할 수 있다.[50] 즉, 적극적 재정확대에 대한 제약이 많았던 IMF 경제위기 이후 국면에서, 금융을 통한 신용/부채 공급은 경기부양책인 동시에 증가하는 복지에 대

---

48) 자산시장 부양과 일자리 창출을 동시에 꾀했던 부동산시장 정책과 마찬가지로, 이러한 신용카드 장려책 역시 거래 투명성 확보를 통한 세수 진작이라는 추가적인 이유를 가지고 있었다. 둘 중 무엇이 더 핵심적인 목적이었는지를 묻는 것은 불필요한 일일 것이다.(김순영, 《대출 권하는 사회》, 59쪽.)

49) 제윤경·이헌욱, 《약탈적 금융사회》; 송태경, 《대출천국의 비밀》, 개마고원, 2011.

50) Susanne Soederberg, *Debtfare States and the Poverty Industry*, New York: Routledge, 2014. 소더버그는 1980년대 이후 미국에서 국가의 복지(welfare)가 민간 금융 중심의 신용/부채 공급으로 대체되어 가는 과정을 추적하면서 이를 '부채복지(debtfare)' 국가의 등장이라 이름붙인다. 부채복지의 한국적 맥락에 대해서는 김도균, 《한국 복지자본주의의 역사》, 서울대학교출판문화원, 2018, 5장을 볼 것.

한 요구를 완화시키고 탈정치화하는 손쉬운 (그러나 위험한) 해결책이었던 것이다. 게다가 신용카드 부채의 확산은 다시 한 번 금융시장 부양책으로 활용되었다. 앞서 언급했던 자산유동화에 대한 법률을 통해 2001-2002년 사이 신용카드 채권을 기초로 한 자산유동화증권이 43조원 가량 발행되면서, 같은 시기 자산시장 붐에 일조하였던 것이다.[51]

이같이 자산시장 붐과 소비자 신용/부채 확대를 통한 김대중 정부의 내수부양책은, 공통적으로 가계 대상 대출을 크게 증가시키는 결과를 낳았다. 단적으로 2000년에서 2002년 간 가계의 가처분 소득은 15.5% 증가하는 동안, 가계부채는 120% 넘는 수준으로 증가하였다.[52] 물론 '신용/부채'라는 개념에 담긴 양가적 의미에서 드러나듯이, 이러한 가계 부채의 증가가 개별 가계에 가졌던 의미가 모두 동일한 것은 아니었다. 즉, 한편에서는 주식·부동산 등 자산시장 붐을 맞아 더 높은 수익을 올리기 위한 레버리지—신용/부채를 차입하여 투자금을 늘림으로써 투자 수익을 극대화하는 투자 전략—의 일환으로 신용/부채를 확대해 나갔다면, 다른 한쪽에서는 사채나 신용카드 현금서비스와 같이 심화되는 삶의 불안정성과 생활고에 대처하기 위한 생계유지형 부채들이 확산되었다.

이러한 차이는 미래와의 관계를 중심으로 일종의 '신용계급'과 '부채계급' 간의 분리를 심화시킨 것으로 보인다. 먼저 중산층 이상을 중심으로 한 신용계급은 신용을 자원삼아 자산시장의 리스크를 감수하고 미래를 위해 자신의 포트폴리오를 관리하는 '투자자 주체'로 구

---

51) 최철웅, 〈가계의 금융화와 일상의 정치〉, 《마르크스주의 연구》 Vol.12, No.2, 2015, 45-84쪽, 71쪽.
52) 박창균, 〈1997년 경제위기 이후 가계신용 증가와 정책대응에 대한 평가〉, 《한국경제의 분석》 16권 1호, 2010, 99-144쪽, 103쪽.

228

성되었다면, 부채계급은 약탈적 대출에 포획되어 빚갚기의 현재 속에 미래가 폐색된 '불량 인적자원'으로 추락했다. 하지만 동시에 이 양 계급 모두 '미래를 투기적 관점에서 인식·실천하는 금융 주체성과 이러한 투기의 대상이 되는 금융투자상품(자산)이 확산'되는 금융화 과정 속에서 등장한 것임에 주목할 필요가 있다. 앞서 보았듯이, 주식시장과 부동산 붐 자체가 영화와 같은 문화사업은 물론 각종 개발사업과 부채 자체를 투자상품으로 전환시키는 작업에 기반해 있었고, 신용카드 및 대부업의 확산 역시 2001년 큰 화제가 되었던 한 신용카드회사 광고의 문구("여러분, 부자 되세요")처럼, 미래를 위한 투기의 명목으로 권고되었기 때문이다.

결과적으로 이제 두 개의 상호 긴밀히 연결되지만 동시에 분리된 금융화의 문화가 등장한 것처럼 보인다. 한편으로는 투자와 관련된 여러 정보들과 '재테크'에 관한 논의들이 활발히 순환하면서 신용계급 또는 투자자계급을 중심으로 이른바 '대중투자문화'가 형성되었다.53) 실업률이 IMF 경제위기 전 2.5%에서 7-8%로 치솟던 1998년과 1999년 사이에 주식투자자 숫자는 오히려 57% 증가하는가 하면, 1999년 3월 한 증권사가 출시한 '바이 코리아(Buy Korea)' 펀드가 넉달 만에 10조원 넘게 판매되면서 각종 펀드들이 투자 상품으로 주목 받았다. 이러한 열풍은 고스란히 1999년 코스닥과 주식시장 붐으로 이어졌고, 바로 이듬해 로버트 기요사키(Robert T. Kiyosaki)의 《부자아빠 가난한아빠》가 메가 베스트셀러 목록에 오르면서 이른

---

53) '대중투자문화(mass investment culture)'라는 용어를 처음 사용한 아담 함즈는, 1990년대 이후 서구 국가들에서 펀드나 주식투자가 더이상 엘리트들의 전유물이 아니라 일상적 쇼핑처럼 행해지는 모습을 통해 대중소비문화를 뒤이은 대중투자문화의 등장을 주장하였다. 그에 따르면, 이러한 대중투자문화는 끊임없이 시황을 중계하고 금융정보를 전달하는 방송과 인터넷의 발달과 정보를 공유하고 공동의 투자결정을 내리는 투자자 클럽의 확산 등에 기반해 있다.(Adam Harmes, "Mass Investment Culture," *New Left Review* Vol. 9, 2001, 103-124.)

〈그림1. 박시백의 그림세상: '99중산층〉

출처: 《한겨레》, 1999년 12월 7일.

바 '부자되기' 신드롬과 재테크 스터디 열풍이 본격적으로 시작되었다. 수많은 재테크 서적들의 원형을 제시하고 있는 기요사키의 책은 "가난한 사람은 돈을 위해 일하지만, 부자는 돈이 자신을 위해 일하게 만든다"는 핵심 메시지 하에, 이를 위해서는 노동소득보다는 자산이 중요하며 이 자산을 운용하기 위한 금융지식과 신용관리, 리스크 감수의 정신이 필요하다고 반복해 강조한다.[54] 특히 기요사키가 자

---

54) 로버트 기요사키, 《부자 아빠 가난한 아빠》, 구자형 옮김, 황금가지, 2000.

산증식의 궁극적 목표로 제시한 '경제적 자유'는 점점 불안정해지는 노동조건에 불안을 느낀 많은 이들의 공감을 부르며, 이들의 관심을 재테크로 이끌었다.[55]

다른 한편, 신용의 회로에서 배제된 '불량한 인적자본'으로서 '신용불량자'라 명명되어 부채에 예속된 빈곤층 역시 급증하게 된다. 공식적 정의에 따르면, 신용불량자란 "30만원 이상의 금액을 3개월 이상 연체한 자로서 종합신용정보 집중기관에 등록되어 금융회사들 사이에서 신분이 공유되는 경제주체"를 말한다.[56] 앞서 언급한 신용카드 규제완화를 거치면서 2000년대 초반 신용불량자 수는 급증하여, 2003년말 372만명(이 가운데 239만명이 신용카드 관련 신용불량자)에 달하게 된다. 이에 따라 한국사회의 빈곤과 그 '빈곤문화'는 이제 '신용불량'이라는 금융의 언어를 통하지 않고서는 말해지기 힘들게 되었다.[57] 동시에 이들은 금융투자와 신용/부채 관리의 자기책임 원칙으로 인해, 공식적 구제의 대상이 되기 보다는 비가시적인·비공식적 영역으로 추방되어 이자제한이 없어진 사채시장과 높은 이자율을 노리며 한국에 진출한 일본계 대부기업들의 표적이 되었다. 2004년 개인회생, 2006년 개인파산이 제도화되기 전까지 이들에 대한 공적 구제 제도는 유명무실했으며,[58] 이들의 삶에 대한 묘사는 일부 영

---

55) Kim Bohyeong, "Think Rich, Feel Hurt," *Cultural Studies* Vol.31 No.5, 2017, 611-633.

56) 한국금융연구원, 《가계부채백서》(서울:한국금융연구원, 2013), 238쪽. 2005년 신용불량자 등록제도가 폐지되면서 더이상 신용불량자 수는 '공식적으로는' 집계되지 않으며, 대신 '과다채무자'나 '금융채무불이행자' 같은 용어들이 사용되고 있다.

57) 신용회복위원회가 2002년부터 2004년 사이 신용회복위원회 상담자 46만 5000여명을 자료를 분석해 발표한 자료에 따르면, 상담자 가운데 월소득 100만원 이하는 44.4%, 150만원 이하의 저소득층까지 포함하면 저소득층이 73.4%에 달한다. 이는 신용불량자들의 무분별한 과소비와 도덕적 해이를 문제의 원인으로 지적하는 일부 담론과는 달리, 이들의 부채가 생활고나 생계유지를 위한 것이었음을 보여준다.(김순영, 《대출 권하는 사회》, 108-109쪽.)

58) 파산제도 자체는 1962년 법제화되었지만 1997년까지 단 한 건의 개인파산사례도 없

화·소설이나 신문 사회면에 범죄소식으로 등장하는 몇몇 도시 괴담 같은 이야기로만 전해진다.[59] 부채 연구자들이 한목소리로 지적하듯이, 한국의 자살율이 2003년 처음으로 OECD 국가 가운데 1위를 차지하고 이후 최상위권을 유지하고 있는 것 역시, 이러한 부채경제의 전면화와 무관하지 않을 것이다.[60]

결과적으로 IMF 경제위기 이후 이를 극복하는 과정에서 급격히 진행된 금융화와 신용/부채 경제의 확산은, 주체가 신용/부채를 통해 미래와 맺는 관계에 따라 일상생활 내 계급적 분할과 문화적 차이를 공고화하는 것으로 귀결되었다. 한편에는 부채를 신용 및 자산으로 활용하는 투자자의 논리를 따라, 저축의 안정성과 지루함에서 벗어나 투기와 레버리지의 실천을 통해 리스크를 감수하는 것이 '부자'의 덕목으로 칭송받게 되었다면, 다른 한편에는 신용불량과 빈곤을 자신의 금융적 실천의 결과로 받아들일 것을 종용받고 부채의 부담 속에서 현재의 '생존'에 골몰하는 금융빈곤 또는 대중부채문화가 확산되었다.

'벤처 주체성'의 양면을 구성하는 이 두 측면은 현실의 계급문화적 차이로 구현되어, 2000년대 이후 한국사회는 금융시장의 등락에 따라 '뉴타운 열풍'과 '하우스푸어' 담론이 공존하고, '비트코인 광풍'과 '동학개미운동' 같은 투자 열풍이 '삼포세대', '헬조선'과 같은 비관의

었으며, 그 이후로도 2005년 통합도산법이 제정되기 전까지 2000~2003년 4년간 총 개인파산 신청건수가 6,000건에 미치지 못하는 등 그 기능을 수행하지 못하고 있었다. 2005년 통합도산법 제정 이후, 2006년에만 총 12만명 이상이 개인파산신청을 하게 된다.

59) 이 시기 신문기사에서는 채무자의 장기를 팔아 돈을 받아내거나, 채무자의 아내를 유흥업소에 팔아넘긴 사건, 심지어 채권추심 수단으로 채무자의 아이를 납치한 사건 등등이 심심치 않게 발견된다. 신용불량자 본인들의 경험과 목소리를 직접 담으려한 드문 시도로는, 서창호, 《단 하루라도 빚없는 세상에서 살고 싶다!》, 메이데이, 2007 참고.

60) 김순영, 《대출 권하는 사회》, 146쪽.

목소리와 교차하는, 모순적이고 대립적인 일상문화 담론의 반복적 부침을 목격하게 된다. 경제위기 이후 고착화된 정규직·비정규직의 이중노동시장 구조와 함께, 신용/부채 경제에서 어느 회로에 접속되었는가 여부가 벤처화된 주체들의 계급과 일상문화를 결정하는 핵심 요소로 자리잡게 된 것이다. 지나친 단순화일지 모르지만, 2000년대 이후 한국 사회문화를 특징지어 온 이 현상의 출발점은, IMF 경제위기에서 벗어나 새로운 지식기반경제를 구축하기 위해 김대중 정부가 추진했던 일련의 금융화와 자산시장 부양책에서 찾을 수 있을 것이다.

5. 맺음말

18일 저녁 서울 북창동 한 음식점. '가' 테이블 동문 모임의 주제는 새롬기술, 한통 프리텔 같은 뜨는 코스닥 종목이다. '나' 테이블, '다'테이블에서도 돈·주식·벤처라는 말이 난무한다. 사람들은 새해, 새세기를 얘기하지 않는다. 미래형 화두는 없고, 모였다 하면 돈얘기다. 세기말 한국에는 돈바람이 불고 있다. (중략) 지위·직위·직업 같은 전통적 질서에 대한 인식과 함께 돈에 대한 가치관이 급격히 바뀌고, 돈과 경제적 성취가 성공의 잣대가 되고 있다. 코스닥 열기에 따른 일시적 현상이 아니라, 경제질서와 사회구조가 크게 바뀌고 있는 것이다. (중략) 많은 사람들이 돈열풍을 경쟁 효율을 강조한 신자유주의 구조조정의 귀결로 여기며 대열에 합류하고 있다. 대기업 간부인 ㄱ씨는 "조직이 사람을 마구 자르는 것을 보고 믿을 것은 돈밖에 없다고 생각하는 것이 당연하다"고 말한다. (중략) 직장가에는 '월급쟁이 사이에도 계층분화가 일어난다'는 말이 돌아다닌다. 임금이 같은 수준이라도, 같은 그룹 입사 동기라도 주

식재산이 엄청나게 차이가 나게 됐기 때문이다. (후략)[61]

1999년 12월 총 6회에 걸쳐 연재된《한겨레》의 기획기사 "세기말 돈 열풍"의 헤드라인은 다음과 같이 연결된다. "주식·벤처투자 안 하면 대화 소외", "통신·증권사에서 뜨는 '직장인 갑부'", "냉혹사회, 돈을 위해 산다", "열심히 일하는 사람들 쓴웃음", "증시예보, '성장 계속, 과열 조심'", "위험 증시, 게임규칙을 만들자." 1990년대 말에서 2000년대 초에 걸친 김대중 정부 시절의 신문기사들을 읽다 보면 어느 순간 기묘한 반복의 감각에 휩싸인다. 상시적인 위기와 불안정한 삶, 확대되는 불평등과 생존의 욕구, 퇴행하는 노동과 투자라는 희망, 그리고 이 모든 변화에 대한 도덕적 우려와 질타까지. 위 신문기사는 몇몇 고유명사만 바꾸면 25년이 지난 오늘날의 신문기사들—예컨대, 몇 년 전 비트코인 광풍을 보도하던 기사들—과 비교해도 이질감이 거의 없다. 이는 단순히 현실 세계를 진단·분석하는 새로운 프레임을 발전시키지 못한 언론사들의 게으름 때문일까? 하지만 세계를 바라보는 프레임 자체가 특정한 사회적·역사적 맥락의 산물이라는 점 역시 지적되어야 할 것이다.

이 글은 이 기묘한 반복성과 그 근저에 깔려있는 사회적 맥락을, 김대중 정부 시기 진행된 '문화의 금융화'라는 역사적 변화를 통해 설명해보려는 시도였다. IMF 경제위기 이후 기존의 억압적·권위주의적 발전모델과 산업구조에 대한 비판적 문제의식은, 창의성과 지식을 강조하는 지식기반경제와 모험과 리스크를 기꺼이 감수하는 벤처주체성을 향한 열망으로 전환되었다. 이를 통해 전사회적으로 확산되어 간 금융화의 논리와 투기 실천은, 여러 측면에서 현재 진행

---

61) 정영무 외, 〈세기말 돈 열풍(1): 주식·벤처투자 안하면 대화 소외〉,《한겨레》, 1999년 12월 20일.

중인 한국사회의 모습을 형성해 왔다. 2000년대 이후 우리는 이 새로운 '자본주의 정신'과 신용/부채 경제가 어떻게 발전해나갔는지를 목도해왔다. 지식기반경제의 상상이 몇 번의 경제위기를 거치며 '창조경제', '혁신성장', '4차 산업혁명', '디지털 경제', '플랫폼 경제' 등의 이름으로 회귀하는 동안, 부의 생산에서 노동보다 자산이 더 중요해지는 신용/부채 경제로의 이행이 가속화되었고, 늘어난 가계부채는 언제 터질지 모르는 시한폭탄 같은 문제가 되었다. 이 모든 변화들의 배후에 자리잡은 금융화가 본격적으로 시작되었다는 점에서, 김대중 정부 시기는 오늘날 고도로 금융화된 한국 자본주의의 '현재의 역사' 또는 '기원적 풍경'이라 할 수 있다. 이는 현재 한국사회가 마주하고 있는 다양한 위기와 문제들을 분석하기 위해서라도, 이 시기를 반복해서 새롭게 들여다봐야 한다는 것을 의미한다. 그 기원적 풍경에서 미처 현행화되지 못한 어떠한 새로운 잠재성을 발견할 수 있을까라는 질문을 일종의 숙제처럼 간직한 채 말이다.

---

* 이 글은 이승철, 〈벤처 주체성과 신용·부채 경제의 형성: 김대중 정부 시기를 중심으로〉, 《담론 201》 27권 1호, 한국사회역사학회, 2024, 39–70와 일부 중복된다.

제6장. 세기 전환기 문화정치와 민주주의의 귀결

김항 (연세대학교)

1. 들어가는 말

1995년 7월 18일, "10·26 이후 신군부 주도로 취해진 일련의 행위와 조치들이 전형적인 통치행위로서 구체적으로 내란죄 등에 해당되는지 여부를 판단할 사법심사의 대상이 될 수 없다"는 법률적 해석과 함께 서울지검은 신군부 일당을 내란 및 내란목적 살인혐의로 고소 한 건에 대해 공소권 없음 처분을 내렸다.[1] 내란죄 공소시효 (15년)를 한 달 남짓 앞둔 검찰의 불기소 처분에 전국의 거리는 분노로 들썩였다. 특히 광주 지역 대학가의 열기는 뜨거웠다. 전남대와 조선대 등 '남총련' 소속 학생들이 4일째 격렬한 시위를 이어갔고, 이들과 함께 시민단체들은 공소권 없음 결정을 철회하고 특별법 제정을 통한 신군부 일당의 처벌을 요구했다.[2]

같은 해 9월, "광주, 한국 그리고 세계사의 왜곡을 주체적으로 극복하고 예술의 신명나는 한마당을 위하여" 기획된 제1회 광주비엔날레가 개최되었다. "정치사회, 산업사회의 파국을 치유하는 예술의 기능"을 신뢰하면서 "광주의 민주적 시민정신과 예술적 전통을 바탕으로" "새로운 예술의 질서를 위하여 닻을" 올린 것이다.[3] 하지만 이미 7개월 전에 채택된 비엔날레 창설문은 검찰의 공소권 없음 결정이란 상황에서 수상한 은폐의 수사로 읽히기 십상이었다.

광주에다 비엔날레를 창설함은 김영삼 정권의 세계화 정책이라는 허

---

1) 〈5·18사건 관련자 전원 '공소권 없음' 결정(종합)〉,《연합뉴스》, 1995년 7월18일. https://www.yna.co.kr/view/AKR19950718004100004(검색일: 2023년 10월 3일)
2) 〈光州대학가, 5·18 수사 관련 4일째 시위〉,《연합뉴스》, 1995년 7월 22일. https://www.yna.co.kr/view/AKR19950721002900054(검색일: 2023년 10월 3일)
3) 이상 인용은 〈광주비엔날레 창설문〉, 권근영, 〈광주비엔날레의 정책변화 : 창설 선언문과 20주년 혁신안 사이〉,《한국콘텐츠학회논문지》, 18권 4호, 2018, 247쪽에서 재인용.

울과 맞물려 있는데, 비엔날레 행사치레를 통해서 광주문제를 희석화시키려는 정치적 의혹이 깔려 있는 듯하다. 최근 5 · 18 고소 · 고발에 대한 검찰의 공소권 없음 결정은 그 의혹을 가시화시켜 준다. 광주학살자에게 면죄부를 안겨준 검찰의 잘못된 결정에 대해 전국적인 비난 여론이 거세게 일고 있다.[4]

이렇듯 광주비엔날레에 대한 노골적인 반감과 대항의식으로 개최된 《안티비엔날레-95 광주통일미술제》는 1995년 9월 20일부터 10월 15일까지 개최되었다. 이른바 민중미술 계열의 작가 및 평론가가 주도하여 망월동 묘역에서 개최된 이 미술제는 지역 미술가들을 중심으로 군부독재와 5 · 18 광주 민중항쟁을 소재로 한 작품들이 전시의 주축을 이루었다. 대립은 선명했다. 은폐 대 고발, 세계 대 지역, 그리고 망각 대 기억 등 두 미술전의 대립을 통해 알 수 있는 것은 1995년 시점에서 5 · 18 광주의 기억과 표상을 둘러싼 쟁투가 여전히 현재진행형이었다는 사실이다. 민주화, 냉전 종식, 그리고 세계화 등 국내외의 커다란 격변 속에서도 5 · 18 광주는 예술과 역사기억을 포함한 문화정치[5]의 최종심급이었다. 정치제도의 민주화와 제반 자유의 확장에도 5 · 18 광주는 피해 당사자뿐만 아니라 사회 전

---

4) 《〈안티비엔날레-95 광주통일미술제〉 취지문》, 권근영, 〈광주비엔날레의 정책변화: 창설 선언문과 20주년 혁신안 사이〉, 248쪽에서 재인용.

5) 이 글에서 문화정치란 공동체의 정체성과 체제의 정당성을 둘러싼 여러 기억과 표상의 창출, 해석, 경합으로 정의될 수 있다. 따라서 문화정치는 근대 이후에 등장한 결정적 정치 대립의 장이라고 할 수 있다. 신의 의지나 군주의 혈통이 아니라 인민 스스로가 공동체의 정체성과 체제의 정당성을 결정하는 것이 근대 정치의 핵심이기 때문이다. 그런 의미에서 푸코의 계몽과 비판에 관한 해석, 즉 '자기 시대가 어떤 시대인지 끊임없이 물음을 던지는 태도'(계몽)와 '이렇게는 통치 당하려 하지 않을 의지'(비판)는 문화정치의 근원이 되는 인민의 정치적 실존 형식이라 할 수 있다. 미셸 푸코 외, 〈계몽이란 무엇인가〉 및 〈비판이란 무엇인가〉, 《자유를 향한 참을 수 없는 열망: 푸코-하버마스 논쟁 재론》, 정일준 옮김, 새물결, 1999, 177-200쪽, 123-162쪽 참조.

체의 몸과 마음에서 씻기지 않는 상처와 응어리로 남아 있던 것이다.[6]

하지만 국면은 의외로 빨리 전환되었다. 1995년 11월 24일, 김영삼 대통령은 검찰의 공소권 없음 결정으로 인한 여론 악화와 민심 이반, 그리고 지속적이고 격렬한 반대 시위에 떠밀려 5 · 18 특별법 제정을 공표한다. 이후 11월 30일, '12 · 12 및 5 · 18 특별 수사본부'가 설치되어 3일 만에 전두환을 비롯한 일당이 체포되어 구속된다. 국회는 12월 19일 〈5 · 18민주화운동 등에 관한 특별법〉을 제정했고, 12월 21일, 법안은 국무회의에서 통과됨으로써 전광석화처럼 시행되었다. 이후의 전개를 자세히 추적할 필요는 없을 것이다. 검찰의 기소로 전두환과 노태우를 비롯한 일당들은 피고인으로 법정에 서게 되었고, 최종적으로 사형, 무기징역, 장기 징역형 등 중형을 선고받아 수감된다. 그 사이에 5 · 18 광주에 대한 명예회복도 동시 진행되어 망월동 묘역의 국립묘지화 등을 포함하는 다양한 형태의 법적/행정적 조치들이 이뤄진다. 이제 5 · 18 광주는 상처와 응어리가 아니라 민주주의를 위한 숭고한 희생으로 자리 잡기 시작한 것이다.

1997년 9월 1일, 제2회 광주비엔날레는 이런 흐름 속에서 막을 올린다. 비엔날레가 5 · 18 광주를 은폐하고 세계화를 추종한다는 비판은 망월동 묘역에서 개최된 《광주통일미술제》로 비엔날레에 흡수되었고, 창설문에서는 찾아볼 수 없었던 5 · 18 광주가 비엔날레 이사장이자 광주시장이었던 송언종의 인사말에서 전면에 등장하게 된다.[7]

---

6)　광주비엔날레와 안티비엔날레의 대립에 관해서는, 손송이, 〈5·18의 수행적 기념을 위한 광주비엔날레 연구〉, 서울과학기술대학교 IT정책전문대학원 석사학위논문, 2022, 54-63쪽 참조.

예부터 저희 광주는 수려한 자연환경을 배경으로 문화와 예술을 사랑하는 시민정신이 충만하고, 수많은 훌륭한 예술가들을 배출하여 예향으로 불리고 있습니다. 뿐만 아니라 5·18 광주민중항쟁을 통해 인류의 보편가치인 민주주의를 뿌리내리게 한 정의와 민주의 성지이기도 합니다. 광주비엔날레는 위와 같은 광주의 민주적 시민정신과 풍부한 문화예술적 전통을 바탕으로 전세계인이 예술적 가치를 공유할 수 있는 축제의 장을 마련하고자 지난 1995년 9월에 창설되었습니다.[8]

이렇듯 제2회 광주비엔날레는 5·18 광주를 둘러싼 정치적 국면 전환 속에서 개최되었다. 5·18 광주가 상처와 응어리로 남아 있는 한 광주비엔날레의 온갖 화려한 슬로건은 모두 공허하고 수상한 나팔소리에 지나지 않았다. 하지만 5·18 광주가 숭고한 희생으로, 승리한 민주주의 기원으로 '공인'됨으로써 광주비엔날레는 광주에서 발신하는 세계, 지역, 역사의 예술 실험으로 스스로를 자리 매김할 수 있었다. 이런 전환이 극명하게 각인되어 있는 것은 제2회 광주비엔날레이며, 그것은 비엔날레 뒤 집권하게 될 김대중 정권이 처한 문화정치적 상황과 분투를 예견하고 있었다. 즉 민주화의 완성과 IMF 경제위기 극복이란 과제 속에서 당대의 문화정치가 어떤 가능성과 불가능성을 내포했는지가 극명하게 드러나 있는 것이다.

---

7)   제1회 광주비엔날레에서는 5·18 광주와 관련하여 〈증인으로서의 예술〉과 〈광주 5월 정신전〉이라는 두 개의 특별전을 기획한다. 전자는 국제적인 관점에서 미술사를 통한 역사의 증언을, 후자는 1980년 이후의 한국 민중미술 계열 작품을 내용으로 했다. 하지만 전자는 5·18 광주와 직접 관련이 없는 통사적 접근을, 후자는 민중미술의 의의를 폄훼하고 이미 한물간 조류로 평가 절하하는 관점을 토대로 기획되었다. 이렇듯 제1회 광주비엔날레는 5·18 광주의 표상과 기억의 문제를 평면적 미술사 속에서 해소하거나, 정치 과잉의 시대를 풍미한 과거의 산물로 폄훼했다.(손송이, 〈5·18의 수행적 기념을 위한 광주비엔날레 연구〉, 34-38쪽 참조.)

8)   97 광주비엔날레, 《지구의 여백》, 광주비엔날레, 1997, 20쪽.

아래에서는 우선 제2회 광주비엔날레의 아젠다를 살펴봄으로써 당대의 문화정치가 처한 상황과 전망을 조망하고, 그것이 김대중 정권기 문화정치의 과제를 예견하는 실험이었음을 논한다. 이어지는 논의에서는 김대중 정권기의 문화정치가 지식기반경제라는 정치경제 체제의 대변환 속에서 어떻게 스스로의 지반을 상실해가는지를 살펴본다. 이후 결론에서는 뉴라이트나 탈민족주의의 등장으로 문화정치의 지반 상실이 민주주의의 공동화空洞化로 이어지는 과정을 추적함으로써 세기 전환기 문화정치의 지형을 조망한다. 제2회 광주비엔날레의 아젠다 검토에서 시작해보자.

2. '지구의 여백'

1996년 6월 28일, 광주비엔날레 조직위원회는 "사회폭력·생태계 파괴 예술의 이름으로 고발"이란 제하에 제2회 광주비엔날레 주제 공청회를 개최한다. 총 5명의 발표자 가운데 김윤수 영남대 교수가 1995년의 《안티비엔날레》를 주도한 인물이었다는 점에서 제2회 비엔날레는 5·18 광주를 둘러싼 분열의 극복을 지향했음을 알 수 있다. 실제로 조직위원회 전시기획실장 이영철은 〈광주비엔날레의 주제설정을 위한 제언〉이란 발표에서, "주제와 방향은 우리의 삶과 문화, 예술 속에 잠복해 있는 폭력성의 문제, 나아가 현대사회에서 일반화한 폭력문제를 다루어야 한다"며 "광주의 한을 차원 높은 현대미술로 승화시키자"고 제안했다. 또 김윤수는 〈한국현대미술과 광주비엔날레의 위상〉이라는 발표를 통해 "광주비엔날레가 차별성을 확보하려면 광주민주화운동의 정신과 이념을 계승·발전시키도록 해야 한다"고 주장했다. 결국 이 공청회에서는 〈사회폭력 고발—인간성 복원〉을 기치로, 1980년 광주민주화운동의 숭고한 정신을 되새기면서 현대사회의 온갖 폭력과 생태계 파괴의 실상을 예술의 이름으로 고발, 인간성 회복의 계기를 만들자는 주제를 잠정적으로 설정하게 된다.[9]

제2회 광주비엔날레의 주제인 '지구의 여백(Unmapping the Earth)'은 이런 논의에서 출발하여 결정되었다. 주목해야 할 점은 5 · 18 광주가 주제의식에서 등장하는 방식이다. 여기서 5 · 18 광주는 더 이상 리얼리즘, 즉 민중미술 패러다임의 표상 방식을 따르지 않는다. 학살의 참상을 리얼하게 재현하거나, 5월 정신을 민중주의 속에서 승화시키거나, 혁명을 이끄는 깃발로 5월을 상징하는 방식은 사라진 것이다. 1995년 《안티비엔날레》에서는 1980년 이래의 리얼리즘적 재현이 주를 이루어, 망월동 묘역 일대에 1200개의 오색만장을 설치했고 12.12 쿠데타나 학살을 리얼리즘 기법으로 재현한 약 300개의 작품이 전시되었다[10]. 하지만 제2회 광주비엔날레에서는 본 전시는 물론 망월동 묘역에서 개최된 특별전 〈광주의 눈—화엄 광주〉에서도 리얼리즘 계열의 작품은 드물었는데, 전시의 주제의식이 《안티비엔날레》에서처럼 5 · 18 광주의 진상규명과 학살자 고발이 아니라 "인간과 자연, 역사를 보는 주체로서의 광주"였기 때문이다. 즉 5 · 18 광주의 경험 위에서 인간, 자연, 역사를 통합적으로 바라보는 것이 전시의 주제였던 셈이다.[11]

이렇듯 이제 5 · 18 광주는 인간, 자연, 역사의 통합을 위한 아픈 경험이자 비극으로 승화된다. 그것은 의심의 여지없이 〈5 · 18 특별

---

9)　〈97년 제2회 광주비엔날레 주제설정 공청회〉, 《한국일보》, 1996년 6월 29일. https://www.hankookilbo.com/News/Read/199606290082359130 (검색일: 1996년 10월 3일)
10)　권근영, 〈광주비엔날레의 정책변화: 창설 선언문과 20주년 혁신안 사이〉, 249쪽.
11)　손송이, 〈5·18의 수행적 기념을 위한 광주비엔날레 연구〉, 63쪽.

법〉의 효과였다고 할 수 있다. 학살자는 사법적으로 단죄되었으며, 피해자에게는 공적 영역에서 명예를 회복할 길이 열렸다. 또한 다양한 층위의 조사와 연구를 통해 진실 규명이 이루어질 터였다. 비엔날레 전시기획실장 이영철의 말대로 "광주의 한을 차원 높은 현대미술로 승화"시킬 국면이 도래한 것이다. 제2회 광주비엔날레 학술 심포지움에 참석한 마틴 제이(Martin Jay)는 이 극적인 국면 전환을 날카로운 촉수로 기록한 바 있다. "우선 무덤에 가야 한다"는 말에 이끌려 영문도 모른 채 망월동 묘역을 방문한 그는 다음과 같이 기록한다. 다소 길지만 인용해보자.

하지만 가장 놀란 사실은 무덤이 이제 텅 비었다는 이야기였을지 모른다. 한국 전통의 봉긋한 묘지 아래, 그리고 이름과 날짜가 새겨진 비석 뒤에, 텅 빈 묘혈만이 남아 있던 것이다. 자국 시민을 학살한 체제로부터 가능한 한 거리를 두고자 한 현 정부가 조금 떨어진 곳에 새롭고 항구적인 묘지를 만들어 이장한 것이다. 낡은 묘지를 없애버리고 공적 기억의 장을 만들 계획이었던 셈이다. 하지만 정부의 동기가 의심스러웠던 사람들이 계획을 반대했고, 낡은 묘지는 남아 새로운 묘지와 어색한 동거 중에 있다. 저 학살을 한국의 더디고 괴로웠던 민주화의 시작으로 기억하는 사람들이 아직 민주화 운동을 완전한 성공으로 부르기엔 이르다고, 새로운 묘지가 의미하는 공적인 완결 행위는 아직 납득하지 못하겠다는 의미인 듯했다. (…) 웅대한 새로운 묘지에 가보니 그 완결 행위의 의미가 더욱 명확해졌다. 정부는 거대한 극적 공간을 만들었고 희생자를 추도하는 기념물은 실제 희생자를 왜소하게 만들었다. (…) 완전히 제어된 그 공간을 어지럽히는 무언가가 시야에 들어왔다. 눈을 그린 작은 종이 조각이 계단에 붙어 있었다. 무덤 옆에도 이상한 것이 있었다. 피 같은 빨간 액체가 지면에 물구덩이처럼 고여 있었는데 무언지 알 길이 없었다. 그러

다가 최근 이 묘역에서 열린 통일미술제에 전시되었던 작품의 흔적임을 알았다.[12]

주지하다시피 5 · 18 광주의 기억이 국가 주도로 공식화된 과정에 대한 비판은 다양한 측면에서 제기된 바 있다.[13] 위 인용문은 그 시초의 장면에서 기록된 비평적 시선이다. 마틴 제이는 여기서 두 묘역 사이의 대비를 통해 기억의 공식화가 어떤 것을 대가로 이뤄지는지를 담담하게 서술한다. 우선 기억의 공식화는 5 · 18 광주를 현재진행형으로 기억하려는 이들을 뒤에 남겨둔 채 진행된다. 웅장한 기념 공간 곁에는 기억의 공식화에 저항하는 몸짓이 텅 빈 묘혈과 함께 남겨진다. 그리하여 희생자보다 기념물이 전면에 나서는 기념 공간이 완성을 향해 달린다. 그리고 기념 공간에는 5 · 18 광주를 재현하려는 표상 행위가 그저 그 공간을 어지럽히는 이물질 혹은 물구덩이로 남는다. 5 · 18 광주의 기억은 이제 이 공식 기억과 기념 공간을 거스르면서 자리할 수 없다. 거부는 망각으로 귀결되며, 파편화된 표상은 이물질로 버려질 것이다. 5 · 18 광주의 기억과 표상은 이제 한국 민주주의의 승리와 완성을, 그리고 그에 힘입어 한국이 세계무대에 문화적으로 나아가기 위해서 소환되어야 하기 때문이다. 마틴 제이의 기록을 다시 한번 인용해보자.

[급속했던 한국 근대화의: 인용자] 또 하나의 귀결은 한국문화를 더 대대적으로 세계 예술가와 지식인 네트워크에 참가시키자는 명확한 결의였다. (…) 1997년 비엔날레의 전시와 회의 테마는 공통으로 '지구의 여백(Unmapping the Earth)'이었다. 한국을, 그리고 고립된 전라남도의

---

12) Martin Jay, *Refractions of Violence*, New York: Routledge, 2003, 77-78.
13) 대표적인 것으로, 김형중 엮음, 《무한 텍스트로서의 5·18》, 문학과 지성사, 2020 참조.

수도를 변경으로 몰아갔던 지정학적이고 문화지리적 권력 관계에 이의를 제기한다는 것이 이 테마의 함의였다. 냉전이 끝나고 아시아의 '호랑이'들이 깨어난 지금, 국민국가를 예전처럼 제1, 제2, 제3세계로 분류하는 것은 이제 무의미하다. 기획자들이 자주 사용한 탈식민주의의 용어를 빌리자면 모든 역할을 '재배치할(repositioned)' 필요가 있었다. 사실 탈식민주의 언설 자체가 유럽의 구식민지에 특권적 지위를 부여하는 것이었는데, 일본 제국주의에 의한 식민지화와 냉전 적대국의 종속국으로서 분단된 한반도의 경험을 전면에 내세움으로써, 예전 유럽 식민지의 특권화에도 이의를 제기할 필요도 있었다.[14]

《지구의 여백》은 야심찬 시도였다. 그것은 20세기의 세계지도, 즉 정치, 경제, 문화 권력의 배치를 '주변부의 주변'에서 재배치하자는 발상이었기 때문이다. 그리고 제국주의, 자본주의, 그리고 탈식민주의마저도 전복하려는 동력은 말할 필요도 없이 5·18 광주에서 비롯된다. 제2회 광주비엔날레는 "그동안 소외되었던 주변 지역들이 세계를 알고 세계가 그 지역들을 알 수 있는 통로의 전면적인 열림"을 마련하는 것이며, 그것은 세계가 겪어야 했던 20세기의 고통, 즉 "제국주의적 수탈"과 "냉전 이데올로기의 대립"의 "주요 진원지" 한국이기에 가능하다. 또한 "한국의 문화적 모순은 정치, 사회, 경제상의 모순과 갈등보다 더욱 골이 깊고 중층적인 구조를 갖고 있었기에," "한국은 그러한 모순을 더욱 절박하게 겪어야 했고," "광주비엔날레의 창설은 지구촌 사회가 안고 있는 제반 어려움을 바라보는 시각에 있어서 훨씬 더한 설득력과 진정성을 갖고" 있다.[15]

따라서 제2회 광주비엔날레는 그저 현대예술의 최전선을 주변부

---

14) Martin Jay, *Refractions of Violence*, 79-80.
15) 이상 인용문은 97 광주비엔날레, 《지구의 여백》, 21쪽.

에서 경험할 수 있는 축제의 장도, 또한 5 · 18 광주의 아픔과 분노를 리얼리즘적 표상 행위를 통해 기억하려는 제의도 아니다. 그것은 5 · 18 광주에 응축된 20세기의 전지구적 모순, 그 모순에서 비롯된 폭력에 맞선 숭고한 희생, 그리고 희생으로 이룩한 민주주의에 힘입어 현재까지도 전세계를 지배하는 낡은 권력배치에 이의를 제기하고 새로운 전망을 제시하는 문화정치의 장인 것이다. 그리하여 제시된 문화정치의 전망은 '소수자'였다.

3. 소수자의 문화정치

저는 소수자의 문제가 오늘날 문화, 지식 시장에서 아메바처럼 증식하는 복합문화주의 이슈와 혼동되지 않기를 희망합니다. 이 전시는 복합문화주의에서 강조하는 '타자'에 대한 관심, 그것의 여러 가지 문화정치적 전략에 대해 어느 정도 거리를 취합니다. 주체들의 권리에 대한 호혜 평등을 주장하는 복합문화주의는 중심이 주변에 대해 취하는 새로운 형태의 인본주의 지배기술 혹은 중심이 세워 놓은 가치 논리에 주변이 동화되는 과정일 수 있습니다. 미술에서 타자에 대한 인식은 타인의 주체성을 공감하거나 인정하는 정체성의 문제가 아니라 비개인적 개별성으로서의 사건, 다시 말해 현실이 아닌, 혹은 아직은 현실이 아님에도 불구하고 존재하는 가능성의 세계로서의 새로운 지각 환경을 구축하는 일입니다. (…) 이 과정을 통해 미술은 자본주의 주체 개념에 입각한 인본주의를 넘어서는 여러 갈래 길을 터줍니다. 《지구의 여백》전은 참여하는 모두가 '소수자'의 정신을 구현하는 그런 전시가 되길 기대했습니다.[16]

---

16) 이영철, 〈'지구의 여백'에 대하여〉, 97 광주비엔날레, 《지구의 여백》, 28쪽.

이것은 비엔날레의 전체 기획의도를 총괄하는 문장이다. 들뢰즈-가타리의 강력한 자장 안에서 당대의 세계화와 예술의 가능성을 되묻는 전체 텍스트는 현란한 개념과 복잡한 수사로 가득 차 있다. 하지만 개념과 수사 이면에 숨어 잘 드러나지 않을지 모르나 당대 문화정치에 날카로운 비판을 제기한다. 여기서 소수자는 '복합문화주의(multi-culturalism)'와의 대비와 차별화를 통해 논의된다. 소수자는 복합문화주의에서 말하는 타자가 아니다. 복합문화주의는 다양한 지역과 나라의 문화가 상호 평등하며 호혜적임을 설파하면서 타자에 대한 존중을 노래한다. 하지만 그것은 "보편성의 특권적인 공백 지점"을 유지한다.17) 즉 문화의 다양성을 굽어보는 상위의 시선이 개별 문화의 상호공존을 가능케 한다는 것이다. 그 시선은 유럽의 것도, 미국의 것도, 아시아의 것도 아니지만, 세계 혹은 보편의 형태로 개별 문화를 내려다본다. 그래서 이 체제에서 타자와 타자에 대한 존중은 수평적으로 보이지만 수직적이다. 옆에 있는 타자는 특권적 보편의 시선을 통해서만 평등한 주체로 존중받을 수 있기 때문이다.

소수자가 강조되는 것은 이 맥락이다. 여기서 소수자는 복합문화주의의 은폐된 위계질서를 벗어나는 전략이며, 고정된 주체와 정체성의 자리를 교란시키고 해체하는 사건으로 정의된다. '지구의 여백'은 바로 그 사건화의 가능성을 다양한 각도에서 타진하는 기획이었다. 발전이 가속화되기 시작한 첨단 정보-커뮤니케이션 테크놀로지를 물질적 배경으로 삼아, 고정된 주체와 정체성 및 권력관계를 전복할 수 있는 표상과 개념 실험이 이어진다. 그것은 기술발전으로 '과잉노출된 세계'(폴 비릴리오)를 근본 조건으로 삼아, 고정된 점들이 아니라 속도를, 시간의 흐름이 아니라 공간의 얽힘을, 그리고 세계화

---

17) 슬라보예 지젝, 〈다문화주의 혹은 다국적 자본주의의 문화논리〉, 97 광주비엔날레, 《지구의 여백》, 365쪽.

된 시장의 전면적 지배 속 새로운 정치의 가능성을 타진하는 전시와 담론의 실험이었다. 즉 제국주의, 자본주의, 식민주의, 국민국가, 민주주의 등 20세기의 '권력 지도'를 새로이 그리기 위한 이미지와 개념의 총체적 변혁을 타진했던 셈이다.

마틴 제이는 이런 시도를 당대의 세계화와 문화정치의 여러 쟁점들과 더불어 총괄한다. 그는 이 비엔날레가 '전지구화(globalization)'에 대한 하나의 응답이라고 규정하면서, 문화영역에서 지역 정체성의 유동화, 사이버스페이스를 통한 탈영토화, 테크놀로지에 힘입은 시공간 압축 등이 '탈지도화(unmapping)'를 추동하여 "낡은 질서의 지도를 찢어버리는 해방의 움직임"일 수 있음을 인정한다.[18] 하지만 동시에 그는 다시 한번 5·18 광주로 되돌아와 다음과 같이 말한다.

그들이 목숨을 바친 민주화라는 목표는 아직 실현되기에는 이르다. 적어도 누구도 제어할 수 없는 글로벌화한 세계에서 민의에 기초한 의사결정이 점점 효과가 없어지고 있다는 의미에서. 실제 민중의 묘지에 있던 무덤이 도굴되어, 대신 공식 묘역의 시뮬라크르가 세워졌다. 그 공간을 가끔 예술제에 사용할 수는 있어도 전시가 해체되어 비디오를 상자 속에 다시 넣으면 전지구화와 진정한 민주화가 양립하지 않는 상태가 해소되지 않은 채 남아 있을 것임은 누가 봐도 명백하다. 완전히 탈지도화된 세계는 아쉽게도 아무런 형태도 없는 카오스이기 때문에 고대의 저 아고라 공간 ─ 여기서 민주주의의 제도적 기초는 꽃 피울 가능성이 열린다 ─ 같이 열린 공간을 창출하지는 못할지도 모른다.[19]

확실히 《지구의 여백》 전은 전지구화라는 흐름 속에서 새로운 권

---

18) Martin Jay, *Refractions of Violence*, 81.
19) Martin Jay, *Refractions of Violence*, 85.

력 배치, 즉 정치의 가능성을 타진하는 시도였다. 그것은 결국 "다국 적적 전지구화라는 오늘날의 조건에서 우리는 어떻게 정치적인 것의 공간을 재창출해야 하는가?"(지젝)라는 물음으로 수렴되며, "1980년 5월뿐만 아니라 1987년 '6월 항쟁'에서도 선봉에 섰고 자유를 추구 하는 행렬이 넘쳤던 공간"으로서의 광주라는 배경 없이 호소력과 설 득력을 가질 수 없다.[20] 마틴 제이의 물음은, 그래서, 당대의 국면에 서 5 · 18 광주가 내포한 정치적 함의가 위기에 봉착할 위험에 대한 조심스런 우려의 표명이다.

민주주의가 아고라를 하나의 물리적 조건으로 삼아 성립 가능한 한에서, 민주주의의 실현은 무엇보다도 먼저 아고라 자체를 창출하 고 수호하는 운동으로 지속되어야 한다. 그런 의미에서 5 · 18 광주 는 아고라를 부당한 권력의 광기로부터 수호하려는 처절한 몸부림이 었다고 할 수 있다. 따라서 《지구의 여백》이라는 문화정치의 실험은 전지구화란 국면 속에서 5 · 18 광주의 정신을 계승하여 아고라를 창출하고 수호하려는 전망이었다. 그리고 그것은 소규모 아테네 도 시 국가와도, 근대의 부르주아 공론장의 모델과도 다른, "탈지도화 된 세계"의 아고라여야만 했다. 바꿔 말하자면 '도시=국가의 주민 (citizen)'이라는 자격으로 참여하는 아고라가 아니라, 기존의 온갖 고 정된 정체성을 교란시키고 가로지르는 "소수자"들이 참여하는 "아무 런 형태도 없는 카오스" 속의 아고라여야 했던 것이다.

그렇다면 과연 이 '소수자'란 무엇일까? 물론 이미 살펴본 바 있듯 이 그것이 들뢰즈–가타리로부터 차용된 것임은 주지의 사실이다. 그 래서 제2회 광주비엔날레의 문화정치 기획을 들뢰즈–가타리 사상의 무리하고 무분별한 차용이라 평가절하하거나, 당대 '포스트' 담론의

---

20) 이상의 인용은 각각, 97 광주비엔날레, 《지구의 여백》, 366쪽 및 141쪽.

난해한 말놀이의 향연이라 치부할 수도 있다. 또한 도록에 실린 기라성같은 지성들의 글도 그런 혐의로부터 자유롭지 않은 듯 보일 수 있다. 하지만 중요한 것은 이 기획의 논리적 정합성이나 완성도가 아니라 상황과 맥락이다. 전지구화와 정보기술의 전면화는 이미 명시적으로 의식되어 있지만, 이 기획의 배경에 있는 당대 한국의 문화정치가 처한 상황 국면에 주목할 때 소수자의 함의는 더 명확해질 수 있다.

그것은 민주주의를 민족과 계급으로 기억–표상할 동력이 점점 약화되어 간 국면이며, 1991년 소련 붕괴 이후 급진정치가 급격히 전망을 상실해간 국면이기도 하다. 5·18 광주와 민주주의가 지구의 여백과 소수자를 통해 문화정치의 기획으로 구상된 까닭이 여기에 있다. 세기말의 급격한 정치경제적 조건의 변화 속에서, 5·18 광주와 민주주의는 민족과 계급이라는 고정된 정체성의 기억–표상으로 기념화되는 대신, 자본이 주도하는 탈경계화를 전략적으로 탈취함으로써 열리는 새로운 아고라의 원천으로 재전유된 것이다. 그리고 주지하다시피 그 실험이 막을 내린 뒤 집권한 것은 김대중 정부이다. 김대중 정부는 민주화의 완성과 IMF 경제위기 극복이라는 이중과제와 씨름해야 했는데, 그것은 문화정치의 차원에서는 전지구적으로 고삐 풀린 자본의 전면화에 맞서 민주주의의 기억–표상을 어떻게 새로이 창출하고 수호할 것인가의 과제와 맞닿아 있었다. 그런 의미에서 소수자를 통해 미지의 가능성을 타진했던 비엔날레의 실험은 이 과제를 예견했던 셈이다. 현실에서 이 과제는 어떻게 전개되었을까? 김대중 정부 집권기 문화정치의 상황으로 눈을 돌릴 차례다.

250

4. 화해와 용서, 그리고 치유의 대화[21]

김대중의 1997년 대선 승리는 한국 현대사의 한 도달점이자 변곡점이었다. 그것은 군사독재의 잔당들과 대립하던 세력의 집권이란 점에서 정의로웠고, 선거를 통한 최초의 정권 교체라는 점에서 합법적이었으며, 체제의 부당한 폭력으로 말미암은 상처의 치유라는 점에서 회생이었다. 그런 의미에서 민주화가 추구했던 민주주의의 내실은 정의, 합법성, 회생으로 구성된다고 할 수 있다. 즉 역사적 정의의 실현, 통치 권력의 합법적 구성 및 행사, 그리고 피억압자의 회생이 민주주의의 요체였던 셈이다. 김대중이라는 페르소나는 이 모든 것을 체현했다. 대선 승리는 합법적 통치 권력의 구성뿐 아니라 또한 기나긴 투쟁의 승리를 통한 정의의 실현을 의미했으며, 고문의 상처가 각인된 대통령의 신체는 하나의 숭고한 회생을 상징하기에 충분했다.

그렇기에 그는 당선인 신분으로 학살자의 사면을 결정할 수 있었다. 물론 대선 공약이기도 했지만 상당한 부담이 따르는 일이었음은 이론의 여지가 없을 것이다. 하지만 당시 시민들, 특히 광주시민들은 5·18 광주의 희생자와 피해자들에 대한 후속 조치와 진상 규명이 뒤따라야 한다는 의견과 함께 이 결정을 환영했다. 시민들은 그것을 민주주의가 가능케 할 국민 통합의 신호로 받아들인 것이다.[22] 따라서 이 결정은 민주적이었다. 하지만 토의나 합의를 통한 결정이라는 민주적 형식을 갖췄다는 의미가 아니다. 현대 한국의 민주주의가 정

---

21) 이하 김대중 대통령의 발언은 모두 〈김대중 도서관〉 홈페이지 내 '김대중 전집'에서 인용한 것이다.
　　https://www.kdjlibrary.org/president/activity (검색일: 2023년 10월 3일)
22) 〈〈全·盧 사면 시민반응〉-광주〉, 《연합뉴스》, 1997년 12월 20일.
　　https://n.news.naver.com/mnews/article/001/0004215558?sid=102
　　(검색일: 2023년 10월 3일)

의, 합법성, 회생의 합일로 구성된다고 할 때, 이 결정이 민주적이었던 까닭은 다름 아닌 김대중이란 상징적 페르소나에 의한 것이었기 때문이다.

> 나는 자유는 관용과 함께 갈 때 더 큰 자유에 이른다는 것을 알고 있었습니다. 그래서 나는 대통령이 된 후 나에게 사형언도를 내리고 박해하던 과거의 권력자들을 모두 용서했습니다. 백년 동안 우리 민족을 박해하거나 우리와 갈등해온 일본과의 화해를 성취했습니다. 그리고 지금은 북한에 대해서 공산주의는 반대하지만 같은 민족으로서 서로 전쟁의 공포로부터 자유로워지고 평화공존 속에 모두 안심하고 번영과 안녕을 누릴 수 있는 새 시대를 열기 위해 화해와 협력을 추구하고 있습니다.[23]

> 저는 40년 동안 군사정권에 의해서 박해를 받았으며, 네 번의 죽을 고비를 겪었고 6년의 감옥살이를 치러야 했습니다. 그러나 저는 대통령이 된 후 저를 박해했던 군사정권의 지도자들을 모두 용서하고 그들과 화해했습니다. 저는 또한 대통령이 된 이후 우리 민족과 일본과의 사이에 계속된 400년에 걸친 갈등과 증오를 청산하고 화해를 했습니다. 저는 대통령이 되면서 남북 간의 화해를 위한 햇볕정책을 선언했습니다.[24]

> 국민 모두가 서로를 용서하고 감싸 안는 대화합의 역사가 시작되어야 합니다. 부부 사이에, 형제자매 사이에, 친구와 이웃 사이에, 직장의 동

---

23) 김대중, "민주주의와 자유의 횃불", 〈필라델피아 자유메달 수상〉 연설문, 1999년 7월 4일.
 https://www.kdjlibrary.org/president/activity/view/43187?keyword=%EB%AF%BC%EC%A3%BC%EC%A3%BC%EC%9D%98%EC%99%80%20%EC%9E%90%EC%9C%A0%EC%9D%98%20%ED%9A%83%EB%B6%88&order=update_date&pageMax=20&target2=act_actDate&order=update_date&sort=desc&&sort2=asc&&sort3=desc&page=1

24) 김대중, "기쁨과 보람을 선물하는 용서와 화해", 〈용서와 화해를 위한 국제회의〉 연설문, 1999년 12월 23일.
 https://www.kdjlibrary.org/president/activity/view/43277?keyword=%EA%B8%B0%EC%81%A8%EA%B3%BC%20%EB%B3%B4%EB%9E%8C%EC%9D%84%20%EC%84%A0%EB%AC%BC%ED%95%98%EB%8A%94%20%EC%9A%A9%EC%84%9C%EC%99%80%20%ED%99%94%ED%95%B4&order=update_date&pageMax=20&target2=act_actDate&order=update_date&sort=desc&&sort2=asc&&sort3=desc&page=1

료나 상사 사이에, 아직 지우지 못한 앙금이나 감정이 남아 있다면 20세기를 보내면서 다 훌훌 털어버립시다. 그리하여 대립과 갈등의 골을 화해와 화합으로 메웁시다.[25]

학살자들의 대사면에서 시작한 화해와 용서의 행보는 일본 및 북한 사이의 관계까지를 포괄하여 국정 전반의 토대를 마련하는 실천이었다. 그것은 그저 오랜 세월 정치적 박해로 인해 생사를 넘나들었던 개인적 차원의 용서와 화해가 아니었다. 이 용서와 화해는 개인차원을 넘어서 내부분열, 식민지배 그리고 군사대립까지를 아울러 새로운 역사인식과 평화공존으로 나아가기 위한 정치적 실천이었던 것이다. 세기말 한국의 문화정치는 이러한 상황 속에서 새로운 국면으로 이행한다. 문화정치가 공동체의 정체성과 체제의 정당성을 둘러싼 기억과 표상의 쟁투라고 할 때, 확실히 해방 후 한국의 문화정치는 폭압적 통치 권력에 맞선 저항과 수난의 전통 속에서 전개됐다. 하지만 용서와 화해에 힘입은 역사인식과 정치전망은 문화정치의 장을 서서히 저항과 수난의 전통에서 먼 곳으로 이동시킨다. 식민지지배, 폭압적 독재정권, 그리고 자본의 광폭한 착취에 맞서 민중의 생존과 역사의 정의를 지켜온 저항과 수난의 전통은 용서와 화해를 통해 대통합으로 승화되어야 했기 때문이다.

이것은 용이한 과제가 아니었다. 용서와 화해는 선언적으로 그칠 수 없었는데, 저항과 수난의 과정에서 개개인을 할퀴고 지나간 상처의 치유가 동반되어야 했기 때문이다. 김대중이라는 상징적 페르소

---

25) 김대중, "새천년을 맞기 위한 우리의 다짐," 〈20세기 송년 특별담화〉 연설문, 1999년 12월 29일. https://www.kdjlibrary.org/president/activity/view/43279?keyword=%EC%83%88%EC%B2%9C%EB%85%84%EC%9D%84%20%EB%A7%9E%EA%B8%B0%20%EC%9C%84%ED%95%9C%20%EC%9A%B0%EB%A6%AC%EC%9D%98%20%EB%8B%A4%EC%A7%90&order=update_date&pageMax=20&target2=act_actDate&order=update_date&sort=desc&&sort2=asc&&sort3=desc&page=1

나의 결정과 선언만으로 문화정치의 국면을 전환시킬 수는 없었던 셈이다. 과거사 진상규명을 위한 법적 조치가 등장한 것은 이런 맥락에서였다. 제주 4.3사건, 의문사, 그리고 민주화운동의 진상규명과 명예회복 및 배·보상 관련 법률을 통해 용서와 화해를 뒷받침하는 제도적 틀을 마련했던 것이다.[26] 일련의 법적 조치는 일차적으로 실제 직접 피해를 입은 이들의 명예회복과 피해의 배·보상을 목적으로 했지만, 동시에 그것이 용서와 화해라는 정치적 실천의 일환인 한에서 문화정치 차원의 효과 또한 필연적으로 내포해야만 했다. 즉 직접 피해 당사자의 명예를 회복하고 피해를 배·보상할 뿐만 아니라, 불법적이고 정의롭지 못한 통치 권력이 공동체 전체에 남긴 상처를 상징적으로 치유해야 했던 것이다.

이 상처의 기억을 집단적 트라우마라고 부를 수 있다면, 트라우마의 치유에는 정치 운동이 필수적이었다. 이제는 외상 후 스트레스 장애(post traumatic stress disorder, PTSD) 연구를 대표하는 저서가 된 《Trauma and Recovery: The Aftermath of Violence》(1997)에서 주디스 루이스 허먼(Judith Lewis Herman)은 심리적 외상 장애 연구가 세 차례의 역사적 계기 속 피해자 연구를 통해 발전해왔다고 설명한다. 그것은 히스테리 여성, 1차 대전 및 베트남전 참전군인, 그리고 가정 폭력 피해 여성에 대한 연구로, 각 계기를 통해 심리적 외상 연구는 임상 지식과 치료 제도를 비약적으로 발전시킬 수 있었다.[27] 그것은 피해자들이 상처의 기억을 회피하는 것을 극복하여 직시할 수 있도록 함으로써 몸과 마음에 각인된 상처를 보듬어 가는

---

26) 황현숙, 〈민주화 이후 한국의 과거청산: 진실화해위원회의 성과와 한계를 중심으로〉, 서강대학교 정치외교학과 석사학위 논문, 2014, 18-32쪽 참조.
27) 루이스 주디 허먼, 최현정 옮김, 《트라우마: 가정폭력에서 정치적 테러까지》, 사람의집, 2022, 19-69쪽.

치료의 과정을 가능케 했다. 여기서 허먼은 이런 일련의 임상과 제도
가 가능하기 위해서는 정치 운동이 결정적으로 중요함을 역설한다.

> 정치적 운동의 밑바탕 없이 심리적 외상 연구가 홀로 진전할 수 있었던
> 적은 없었다. 이 지적 영역의 운명은 지난 세기 동안 영감을 불어 넣고
> 연구를 유지시켰던 정치적 운동의 운명에 의존하고 있다. 19세기 후반
> 이 운동의 목표는 현실 민주주의의 설립에 있었다. 20세기 초반 목표는
> 전쟁의 종식에 있었다. 20세기 후반 그 목표는 여성 해방에 있었다.[28]

이런 허먼의 주장에 따르자면, 수난에 대한 저항, 즉 정치운동 없이
한국의 인민들은 식민지배와 군사독재에서 비롯된 심리적 외상과 마주
할 수 없었다. 공동체의 심리적 외상은 다양한 방식으로 발현된 바
있다. 훼손된 민족의 자존심, 서로에 대한 과도한 증오, 반공 이데올로
기 등은 희생을 한 축으로 삼는 한국 민주주의가 마주해야 할 심리적
외상의 징후들이었다. 김대중 정부의 용서와 화해는 이런 공동체 차원
의 심리적 외상을 치유하려는 노력이라 해석할 수 있는데, 이를 위해서
는 정치 운동의 병행이 요청되어야만 했다. 즉 민주화의 완성이 아니라
민주화의 지속이야말로 화해와 용서를 위한 조건이었던 셈이다. 마틴
제이의 다음과 같은 지적은 이런 맥락에서 이해될 수 있다.

> 전지구화의 정치적 가능성에 낙관적이기 전에 광주의 두 묘역으로 이
> 야기를 되돌려 유해가 실제 어디에 매장되어 있는지를 상기하자. 물론
> 김대중은 김영삼 전 정권이 세운 기념비보다도 민중의 기념비에 연결되
> 어야 한다. 김영삼 정권의 장대한 기념물은 예술을 개입시킴으로써 그
> 효과를 부드럽게 만들었을지라도 역시 민중이 아니라 국가권력을 상징하
> 기 때문이다. 두 묘역을 안내해준 이들은 모두 김대중의 열렬한 지지자였

---

28) 루이스 주디 허먼, 《트라우마: 가정폭력에서 정치적 테러까지》, 68-69쪽.

고 그의 승리에 용기를 얻었을 것이다. 하지만 급속한, 그리고 멈출 줄 모르고 전진하는 전지구화 속에서 진정한 민주주의를 실현하는 일은 아무리 선의로 가득 찬 인물이라도 한 사람의 지도자 혹은 하나의 정치 운동으로는 불가능하다. 왜냐하면 민주주의의 내적 논리와 전지구화의 내적 논리는 깊은 곳에서 상호 모순 관계에 있기 때문이다.[29]

앞 절에서 살펴본 바 있듯이, 마틴 제이의 주된 논점은 경계 없는 광활한 카오스(전지구화)와 토의 · 합의를 이뤄내는 아고라(민주주의) 사이의 모순이었다. 그 전제 위에서 위 인용문은 김대중의 대선 승리만으로는 근원적 모순을 해결할 수는 없다고 말한다. 이를 공동체의 심리적 외상 문제로 옮겨오면, 김대중이라는 상징적 페르소나가 대통령의 자리에 앉은 것만으로는 상처는 치유될 수 없다는 함의를 얻을 수 있다. 현대 한국의 민주주의가 상처의 경험에서 회생으로 나아가는 과정을 필연적으로 내포해야만 한다면, 즉 위 인용문의 맥락에서 5 · 18 광주에 응답해야 할 의무를 가진다면, 김대중 정부의 성립은 민주화 운동의 완성이 아니라 지속이어야만 하는 것이다. 그랬을 때 5 · 18 광주를 비롯한 공동체의 심리적 상처는 회피가 아니라 대면해야 할 모두의 고통으로 공유된다. 이 과정은 치유와 회생을 위해 필수적이다. 왜냐하면 심리적 외상의 치유를 위해서는 반드시 '집단(group)'이 형성되어야 하기 때문이다.

집단은 상호 보완적인 관계뿐만 아니라, 집단적인 역량 강화의 가능성 또한 제공한다. 집단 구성원은 서로를 동료이자 동등한 사람으로 대한다. 모두가 고통을 받고 있으며 도움을 필요로 하지만, 또한 각자가 무언가에 공헌할 수 있다. 집단은 각 구성원의 힘을 필요로 하기도 하며, 힘을 양성하기도 한다. 그 결과, 집단은 전체로서의 외상 경험을 견뎌내고 통합할 수 있는

---

29) Martin Jay, *Refractions of Violence*, 83.

힘을 가지고 있다. 이것은 한 개인의 힘보다 훨씬 크다. 따라서 각 구성원은 집단에서 자원을 나눠 가며 스스로를 통합시키는 능력을 길러낸다.[30]

그렇기에 화해와 용서는 공동체를 심리적 외상 경험을 공유하는 집단으로 만들 때 정치적 실천으로 성립할 수 있다. 희생으로서의 민주주의라는 측면에서 보자면, 민주화 운동이란 동료 시민이 같은 상처를 입은 존재로 서로를 인식하고 승인하는 것이며, 아고라란 그 상처의 경험을 나누고 공유하는 치유의 대화인 것이다.

따라서 세기 전환기 한국의 문화정치는 이러한 치유의 아고라를 둘러싼 쟁투였다. 그리고 《지구의 여백》 전에서 전개된 문화정치의 실험까지를 아울러서 생각해보면, 이 쟁투는 전지구화라는 국면에서 벌어질 수밖에 없었다. 따라서 쟁점은 상처를 공유하는 집단의 형성과 유지였다. 전지구화의 가장 큰 효과 가운데 하나가 경계의 해제였고, 고정된 정체성의 해체는 당연한 귀결이었다. 《지구의 여백》 전이 소수자를 내세우면서 이런 흐름을 적극적으로 재전유하려는 문화정치의 실험이었음은 이미 살펴본 바 있다. 그것은 '복합문화주의'가 저마다의 맥락과 유래를 갖는 인간집단을 존중하기 위해 상위의 투명한 주체를 상정하는 데에 이의를 제기하는 일이었다. 다양한 문화의 수평적 공존은 상위의 투명하고 보편적인 주체를 전제한 수직적 관용 없이는 불가능하다는 비판이었던 셈이다.

이런 맥락에서 치유의 대화는 《지구의 여백》 전과 공명한다. 치유의 대화 또한 '복합문화주의'가 전제하는 투명하고 보편적인 주체를 거부하기 때문이다. 허먼의 임상 경험이 말해 주듯이, 치유의 대화는 의사와 환자라는 비대칭적 관계가 아니라 피해 당사자들 사이의 자

---

30) 루이스 주디 허먼, 《트라우마: 가정폭력에서 정치적 테러까지》, 425-426쪽.

기 고백과 경험 공유로 이뤄져야 한다. 그것은 의료적 처방이 아니라 대화와 공감의 끝나지 않는 과정이다.[31] 따라서 몸과 마음에 새겨진 기억과 경험을 가지지 못한, 텅 빈 보편적 주체는 치유의 대화를 수행할 수 없다. 그런 투명한 주체는 화해와 용서를 정치적 실천이 아니라 무색무취의 상대적 관용으로 만들기에 그렇다. 즉 화해와 용서가 새로운 역사 기억과 상호 공존이 아니라, 망각과 무관심으로 전락할 수 있는 셈이다. 마틴 제이가 지적한 전지구화와 민주주의 사이의 근원적 모순은 회생의 민주주의에서 이런 귀결을 낳는다. 그리고 그 우려는 현실의 문화정치 속에서 불식되지 않았다.

5. 지식기반경제와 탈정치화

> 이 땅에 살고 있는 사람들 중 그 어느 누가 그날의 광주에 빚지지 않은 사람이 있겠습니까? 이제는 우리가 살아남은 사람들로서의 의무를 다해야 할 때입니다. (…) 우리는 살기 좋은 나라를 염원하던 5·18 광주 시민의 뜻을 받들어 경제적 번영과 21세기를 향한 도약을 이룩해야 합니다. 경제개혁을 철저하게 추진해서 어떠한 위기에도 흔들리지 않는 강한 경제를 만들어야 합니다. 지식정보화시대에 앞서갈 수 있는 정보강국을 건설하는 데 혼신의 노력을 다해야 합니다.[32]

김대중 대통령은 우선 당대 한국의 공동체가 5·18 광주의 희생으로 가능한 것임을 확인한다. 그리고 그 희생에 답하기 위해서는

---

31) 루이스 주디 허먼, 《트라우마: 가정폭력에서 정치적 테러까지》, 387–419쪽 참조.
32) 김대중, "영원히 타오를 민주화의 불꽃", 〈5·18 광주 민주화 운동 20주년 기념식〉 연설문, 2000년 5월 18일.

'지식정보화시대에 앞서갈 수 있는 정보강국'을 건설해야 함을 역설한다. 이 과제는 연설문 전체를 관통하는 화해와 용서와 대통합과 더불어 강조된다. 하지만 문제는 여기서 강조된 정보강국의 주체와 화해/용서의 주체 사이에 가로놓인 불화이다. 그것은 치유의 대화를 둘러싼 문화정치의 갈등과 고스란히 중첩된다. 즉 저마다의 상처를 수평적으로 공유하는 주체들과 그것을 모두 굽어보는 투명한 보편주체 사이의 갈등이 여기서 재연되는 것이다. 정보강국의 주체는 다름 아닌 지식기반경제의 주체이기 때문이다.

> 21세기는 지식정보화 시대인 동시에 세계화 시대입니다. 경제가 하나의 세계권 속에서 움직이게 되는 이런 시대에서 이겨 나가려면 우리도 세계에서 가장 좋고 가장 싼 물건, 가장 좋고 가장 싼 서비스를 만들어내야 됩니다. 그렇게 안 하면 뒤처지게 됩니다. 이런 점에서 우리가 그런 것을 만들어내는 신지식인이 되어야 하는 것입니다. 그래서 지금 우리는 강원도 산골에서 옥수수 농사짓는 분도 세계의 옥수수 농장하고 경쟁해야 되고, 부천 뒷골목에서 구멍가게 하는 아주머니도 세계의 슈퍼마켓하고 경쟁해야 합니다. (…) 이처럼 신지식인이 따로 있는 것이 아닙니다.[33]

아직도 기억에 생생한 신지식인이란 이런 맥락에서 등장했다. 신지식인은 김대중 정부 집권기 '지식기반경제'의 주인공이었다. 지식기반경제란 20세기의 산업 패러다임과 질적으로 단절된 것으로, "지

---

33) 김대중, "세계일류국가를 향한 다짐", 〈제2의 건국범국민추진위원회 주최 '지식사회로 가는 열린 대화'〉 연설문, 1999년 6월 23일.
https://www.kdjlibrary.org/president/activity/view/43183?category=2163&keyword=%EC%84%B8%EA%B3%84%20%EC%9D%BC%EB%A5%98%EA%B5%AD%EA%B0%80%EB%A5%BC%20%ED%96%A5%ED%95%9C%20%EB%8B%A4%EC%A7%90&order=update_date&pageMax=20&target2=act_actDate&order=update_date&sort=desc&&sort2=asc&&sort3=desc&page=1

식과 정보, 그리고 문화창조력"과 같은 비가시적 요소가 경쟁력을 좌지우지하는 경제 체제이다.[34] 그 안에서는 옥수수 농사나 구멍가게도 전 세계와 경쟁해야 한다. 지식기반경제는 전세계가 모두 단일한 경쟁 속에 놓인 전지구화된 시장 위에서 전개되기 때문이다. 따라서 그 안에서 살아남기 위해 요청되는 신지식인이란 정보기술의 발전으로 경계가 허물어진 세계의 주체일 수밖에 없다. 이제 지구 위의 사람들은 저마다의 태생과 유래와 경험에 바탕을 둔 정체성이 아니라, 그것을 전지구적으로 표준화된 정보 시스템 속에서 단일 척도로 측정되는 능력으로 가늠된다. 바꿔 말하자면 다양한 문화적 특성은 정보 기술 시스템을 통해 0과 1로 이뤄진 값으로 변환되는 한에서 상호 공존 가능한 것이다.

> 정보화의 급속한 진전은 국가 간의 장벽을 허물고 개방화와 세계화를 촉진하고 있습니다. 하지만 이런 변화에 미처 대비하지 못한 국가에서는 이른바 문화적 갈등 문제가 제기될 수 있습니다. 또한 이것이 종족 간 대립과 결합되거나, 종교 원리주의자들에게 이용당하게 되면 엄청난 파괴적 양상의 대결을 불러올 수 있습니다. 따라서 우리는 국가 간 네트워크의 구축과 개도국의 정보화를 위해 서로 협력해야 합니다. 그리고 모든 국가의 다양한 문화가 인정되고 존중되는 정보화가 이루어져야 합니다. 이렇게 각 국가들이 남의 문화를 존중하면서 정보화 협력체제를 유지할 때 세계의 평화는 유지되고 인류는 공동번영의 길로 나아갈 수 있다고 저는 믿습니다.[35]

---

34) 이런 정의는 김대중 전집 곳곳에서 빈번하게 등장한다. 위에서 인용한 김대중 도서관 홈페이지 내 김대중 전집 검색창에서 '지식기반경제'를 기입하면 무수한 연설문과 기고문에서 비슷한 정의를 발견할 수 있다.

35) 김대중, "용서와 화해, 그리고 진정한 평화", 〈'세계정치지도자상' 수상 연설〉, 2001년 9월 25일.
https://www.kdjlibrary.org/president/activity/view/43633?category=2163&keyw

세계의 다양한 문화 정체성은 전지구화된 정보 시스템에 접속되지 못할 때 갈등을 일으킨다. 거꾸로 말하자면 전지구화된 정보 시스템은 문화 정체성으로 인한 갈등을 해소한다는 것이다. 그 전망 위에서 평화는 성립한다. 신지식인과 지식기반경제는, 이렇듯, 정보기술 시스템이라는 보편성 위에서 사념된 정치경제적 전망이었다.

이런 맥락에서 보자면 5·18 광주의 염원을 '정보강국' 건설로 실현시키자는 연설은 의미심장하다. 그것은 치유의 대화가 향후 처하게 될 상황을 예견한다. 허먼의 성찰을 환기하자면, 치유의 대화를 가능케 하는 것은 정치운동이다. 여기서 정치운동이란 그저 단순히 피해자의 치유와 배·보상을 목표로 하는 실천이 아니다. 19세기 말의 민주화, 전쟁 반대 평화 운동, 그리고 페미니스트의 저항은 모두 당대 현실 속에서 자연화된 질서에 대한 강력한 이의제기였다. 19세기 민주화는 가톨릭이 지배하는 일상 질서를 변혁하려는 시도였고, 전쟁 반대와 평화는 비인도적 살육과 군산복합체로 유지되는 제국주의·자본주의에 대한 비판이었으며, 페미니스트들의 목소리는 자연적이고 불변의 질서로 간주되어 온 가부장제에 대한 거부였기 때문이다. 즉 치유의 대화가 시작되기 위해서는 자연화된 지배질서에 대한 거부의 목소리가 뒷받침되어야 하는 것이다.

이런 맥락에서 볼 때 '정보강국'을 목표로 하는 '지식기반경제'는 치유의 대화를 차단하는 효과를 가질 수밖에 없었다. 지식기반경제는 IMF 경제위기를 극복하고 산업구조를 총체적으로 변혁하려는 김대중 정부 경제정책의 구호이자 목표였다. 그리고 그것은 정보기술에 힘입은 전지구화라는 거스를 수 없는 흐름 속의 불가피한 선택으

---

ord=%EC%9A%A9%EC%84%9C%EC%99%80%20%ED%99%94%ED%95%B4,%20
%EA%B7%B8%EB%A6%AC%EA%B3%A0%20%EC%A7%84%EC%A0%95%ED%95
%9C%20%ED%8F%89%ED%99%94&order=update_date&pageMax=20&target2=
act_actDate&order=update_date&sort=desc&&sort2=asc&&sort3=desc&page=1

로 인식되었다. 다시 말해 지식기반경제는 정치적 선택이나 결단이라기보다는 불가역적 흐름에 포획되어 기성 질서에 순응함으로써 경쟁에서 이기자는 적응의 전략이었다. 그것은 당대의 국제사회 속에서 전지구화를 하나의 자연법칙으로 간주한 인식과 태도의 산물이었던 셈이다. 이런 인식과 태도는 역사 속에서 몇 차례 반복된 '탈정치화'의 국면과 정확히 일치한다. 제1차대전 이후 나치의 등장을 가속화시킨 독일 사회민주당을 보며 절망했던 발터 벤야민(Walter Benjamin)의 말을 들어보자.

애초부터 사회민주당을 침식했던 순응주의(conformism)는 이 당의 정치적 전략만이 아니라 그 경제학상의 여러 관념에도 침투해 있다. 이 순응주의가 이후의 붕괴를 촉진한 원인임은 말할 필요도 없다. 우리는 흐름에 올라탄 것이라는 생각만큼 독일 노동자계급을 타락시킨 것도 없다. 그들은 기술 발전을 자신들이 올라탔다고 생각한 흐름의 필연이라고 간주했다. 그리하여 공장노동 – 기술발전의 귀결 중 하나 – 이 정치적 성과의 하나라고 생각하는 환상까지는 한 걸음이었다. 예전의 프로테스탄트 노동 도덕이 독일 노동자들 사이에서 부활한 것이다. (…) 이후 요제프 디츠겐(Joseph Dietzgen)[36]은 다음과 같이 표명한다. "노동은 새 시대의 구세주이다. 노동의 개선 속에 부가 존재한다. 지금까지 어떤 구세주도 못했던 일을 해줄 수 있는 부가 말이다." 노동에 대한 이 속류 마르크스주의적 개념은 노동자가 노동 생산물을 가질 수 없는 한 그 생산물이 노동자에게 어떤 도움이 될 것인가의 문제를 완전히 무시한다. 이 노동개념은 그저 자연지배의 진보만을 보고 사회의 퇴보를 인정하려 하지 않는 것이다. 이 노동개념은 이후 파시즘에서 등장하는 기술만능주의적 특색을 이미 나타내고 있다.[37]

---

36) 요제프 디츠겐(Joseph Dietzgen, 1828-1888)은 노동자 출신의 사회주의 철학자로, 프랑스, 러시아, 미국 등지에서 피혁 노동자로 일하면서 사회주의 운동을 전개했다.
37) 발터 벤야민, 《발터 벤야민 선집 1》, 최성만 옮김, 길, 2008, 340-342쪽. (번역은 수정했음).

벤야민의 비판은 명료하다. 제 2인터내셔널로 대변되는 이른바 속류 마르크스주의의 노동개념이 사회민주당을 붕괴시켰다는 것이다. 이때 벤야민의 비판은 부를 창출하는 원천으로서의 노동개념이며, 노동조건의 향상이라는 진보를 무한긍정하는 귀결이다. 벤야민이 볼 때 이 개념과 판단은 세계에 대한 전적으로 자연화된 이해이다. 이 이해에 따르면, 기술 혁신을 통한 생산증대라는 '흐름'에 올라탄 노동자들은 노동조건의 개선으로 부의 증대를 견인하며 노동계급은 구원된다. 하지만 문제는 벤야민이 말하듯 증대된 부가 "노동자에게 어떤 도움이 될 것인가"였다. 다시 말해 부의 증대가 아니라 부의 분배가 문제라는 주장이며, 그것은 정당의 고유 임무인 정치적 문제임에도 사회민주당은 그것을 방기하고 있다는 것이다. 이 직무유기와 탈정치화가 파시즘 속 기술만능주의를 예견한다. 그 안에서 모든 질서는 신의 섭리나 자연법칙과 마찬가지로 불변의 것이 되고 자연화된다. 정치는 그렇게 자기 자리를 잃는다. 벤야민의 비판은 이렇듯 인간을 규율하고 지배하는 질서를 자연화하는 흐름에 대한 것이었다.

다시 지식기반경제로 되돌아가 보자. 벤야민의 비판을 참조하자면 지식기반경제가 탈정치화를 촉진하는 자연화된 세계 인식임은 명확하다. 그것은 전지구화를 거스를 수 없는 흐름으로 간주하기에 그렇고, 그 질서를 불가피한 것으로 받아들이고 그 안에서 경쟁할 것을 촉구하기 때문이다. 그렇게 지식기반경제는 부의 원천이 되며 경쟁에서의 승리는 부의 증대가 된다. 이후 모든 것이 지식기반화, 즉 기술정보의 전면화 속에서 0과 1이 지배하는 자연질서에 복속된다. 부의 증대는 숫자로 가늠되어 투명하게 순위를 비춰주지만, 그 숫자가 누구에게 도움이 될지는 관심 밖으로 밀려난다. 강박적인 '부자되세요'의 구호 아래 모든 이들이 지식기반경제의 흐름에 올라타 질서는 갈수록 자연화되어 인간은 1등 아니면 쓰레기가 되는 세상이 도래한다. 이랬을 때 수평적인 치유의 대화는 설 곳을 잃는다. 다시 반복하자면 기존 질서를 거부하고 이의를 제기하는 정치운동 없이 치유의 대화가 이뤄지는 아고라는 성립 불가능하기 때문이다. 한 시인의 분노는 이런 흐름을 거스르는 필사의 저항이었다.

예수쟁이는 십자가 밑에 무릎을 꿇고
학살자와 희생자가 다 같은 형제나니
용서의 눈물을 흘려라 기도하고

글쟁이는 종이 위에 팬을 굴려
왼손을 갖다 오른손 위에 얹으며
어제 일은 잊고 살자고 망각의 세계를 그리고

아 이 나라 삼천리금수강산에 화해의 꽃이 만발했구나
아 이 산 저 산 골짜기에 용서의 눈물이 홍수를 이루었구나
그래서 나와 같이 욕되고 모난 놈은
이념의 꽃 한송이 이 땅에서 피워내지 못하고
화해의 갈채 속에 묻혀 질식하겠구나
용서의 눈물바다에 익사하고 말겠구나
그렇구나 본색은 탈바가지 열두개 뒤집어써도
해가 뜨면 백일하에 드러나고 마는 법
어제까지만 해도 목청 돋워 핏대 올린
민주인사 무슨 인사로 골골에 쟁쟁하더니
오늘 아침 남도의 파바다 앞에서 경악의 위선이구나

그러나 나 혼자라도 그런 위인이 되어서는 안되겠구나

하루 살다 저세상으로 간들 나 오늘 이 땅에서
이념의 깃발 하나 하늘 높이 펄럭이게 해야겠구나
그것이 비록 앙상한 나뭇가지에 걸린 걸레 조각일지라도
그것이 비록 바람에 대롱거리는 관념의 해골바가지일지라도[38]

1994년에 생을 마감한 김남주가 김대중 정부의 용서와 화해, 그리고 지식기반경제의 얽힘을 알 리는 없었다. 그러나 이 시는 5·18 광주를 둘러싼 용서와 화해가 어떤 방향으로 귀결되어 갈지를 분노 어린 촉수로 정확히 감지하고 있다. 용서, 화해, 통합이 5·18 광주를 휘감아 모두가 '본색'을 드러낼 무렵, 김남주는 아무리 혼자라도 이념의 깃발을 들어 올리려 다짐한다. 여기서 이념을 어떤 '-ism'으로 축소해서는 안될 것이다. 이념은 용서, 화해, 통합이 봉쇄하려는 근원적인 정치의 이름일 것이기 때문이다. 그것은 치유의 대화를 지속하려는, 그 장을 열려는 저항의 몸부림이었던 셈이다. 따라서 이미 시인의 눈에 용서와 화해는 탈정치화의 과정 자체였다. 물론 시인은 '경악의 위선'으로 탈정치화를 고발했지만, 머지않아 그것은 위선을 넘어 '부자 되세요'란 거스를 수 없는 자연법칙 아래 만인의 공모가 될 터였다. 탈정치화는 몇몇의 위선에서 시작하여 지배질서의 자연화를 통해 완성되는 것이다.

5·18 광주의 기억은 그렇게 지배질서의 자연화를 통해 봉인된다. 그리고 한국 현대사의 수난과 트라우마는 치유의 대화라는 아고라 자체가 망실되면서 국가의 아카이브 속에서 0과 1로 구성된 디지털 자료로 저장될 것이다. 이 기술발전에 힘입은 기억의 형해화는 탈정치화를 촉진시키는 여러 실천들에 힘입어 문화정치의 장 자체를

---

38) 김남주, 〈남도의 피바다 앞에서〉, 염무웅·임홍배 엮음, 《김남주 시전집》, 창비, 2014, 241-242쪽.

봉쇄한다. 뉴라이트와 탈민족주의가 전개한 탈정치화의 과정을 살펴보는 것으로 결론을 대신하자.

6. 맺음말

피에르 노라(Pierre Nora)는 프랑스혁명과 공화국 창설 이후 역사학을 비롯한 역사의 제도화가 기억(memory)을 파괴하는 가운데 성립했다고 주장한다. 그가 주도한 공동 연구 기획은 그 파괴의 과정 속에서 역사, 기억, 기념 등 과거를 기록하고 표상하는 실천들의 경합으로 '기억의 장소'를 정의한다. 그런 의미에서 기억의 장소는 이 글에서 말하는 문화정치 그 자체이다. 노라는 문화정치가 19~20세기 동안 기억의 파괴를 통해 국민국가의 정체성과 정당성을 확립하는 과정을 방대한 공동연구로 추적하려 했던 것이다.

역사의 핵심에는 자생적 기억을 파괴하는 하나의 비판이 작동한다. 기억은 역사에게 언제나 의심스러운 존재이고, 역사의 진짜 사명은 기억을 파괴하고 격퇴하는 것이다. 역사는 경험된 과거의 정당을 박탈한다. 역사를 지닌 사회의 지평선에는, 완전히 역사화한 세계의 끝에는, 최종적이고 결정적인 탈신성화가 있는 것 같다. 역사학을 움직이는 힘, 역사가의 야심은 실제로 일어난 것들을 찬미하는 것이 아니라 그것을 무화시키는 것이다. 일반화된 역사학적 비판은 박물관, 메달, 기념물들, 즉 역사연구에 필요한 병기고를 보존하겠지만, 우리가 보기에 그것은 어떤 것을 기억의 장소들로 만들어 주는 것을 앗아가 버린다. 전적으로 역사를 지표로 삼으면서 살아가는 사회는 궁극적으로 전통적인 사회만큼 자신의 기억의 닻을 내린 장소들을 가지고 있지 않다.[39]

기억의 역사화는 19~20세기의 국민국가 형성기에 시작된 흐름이었다. 그 안에서는 상호 환원 불가능한 고유한 기억, 경험, 상처가 수평적 대화의 지평이 아니라 일반적이고 보편적인 국가의 지평으로 용해된다. 따라서 민족주의(nationalism)는 두 가지 상반된 흐름으로 구성된 운동이자 이념이다. 한 편에서 개별 기억을 파괴하는 국가주도 역사의 일반화라는 흐름이 있다. 하지만 동시에 다른 한 편에서는 개별 민족이 다른 민족과는 공유할 수 없는 고유의 역사를 구축하는 개별화의 흐름이 있다. 19~20세기의 피식민 경험으로 인한 기억과 상처가 민족 단위의 역사 속에서 서사화되어 반제국주의의 이념과 운동으로 전개된 까닭이 여기에 있다. 또한 탈식민주의의 여러 지적이고 정치적인 시도가 민족주의 비판으로 등장한 까닭도 마찬가지이다. 민족주의는 식민주의의 폭력을 고발하고 타도하는 원천이었지만, 직접 폭력의 희생이 된 이들의 상처를 민족의 지평으로 용해했기 때문이다.

세기 전환기의 문화정치는 이러한 탈식민주의적 상황과 밀접하게 연동되면서 작동했다. 《지구의 여백》 전에서 등장한 소수자가 민족주의를 비판하면서 동시에 복합문화주의의 보편적 주체를 거부한 이유가 여기에 있다. 한편에서 민족주의로 용해된 개별 기억들에 천착하면서, 다른 한편에서 그것을 인류, 인간, 인권 속으로 다시금 용해하려는 시도를 거부한 것이다. 하지만 앞 절에서 살펴봤듯이 화해와 용서의 문화정치는 지식기반경제라는 전지구화의 정보 시스템 속에서 무색무취의 보편 주체, 즉 신지식인으로 형상화된 전지구적 능력인에게 주도권을 내어주고 만다.

이후 공동체의 트라우마를 의제화하려는 문화정치의 시도는 이 보

---

39) 피에르 노라, 《기억의 장소 1: 공화국》, 김인중 외 옮김, 나남, 2010, 35쪽.

편화의 문턱에서 좌절하게 된다. 뉴라이트의 등장으로 본격화하게 될 공동체 트라우마의 부정(denial)은 상이한 역사인식의 등장이라기보다는 이 문턱을 지키는 문지기였다. 국정 교과서 문제, 건국절 논란, 5·18 광주 북한군 개입설 등 이른바 역사인식의 전투는 공동체의 정체성과 정당성을 둘러싼 것으로 간주되어 왔다. 하지만 그들이 제기한 문화정치의 전투는 정체성과 정당성을 새로이 구축하려는 시도가 아니었다. 오히려 그들의 시도는 공동체의 정체성과 정당성을 모색하는 문화정치 자체를 '근대화'라는 세계의 보편적 흐름 속의 한 에피소드로 다루면서 그런 물음과 정치를 무화시키려던 시도였기 때문이다. 즉 공동체의 고유한 기억이 아니라 세계사의 흐름에 올라탄 순응이 공동체를 존속시켰다는 보편법칙의 무한한 긍정이었던 셈이다.

그렇기에 역사 연구에서의 논쟁도 역사관을 규정하는 가치와 규범의 문제라기보다 실증주의의 논리 속으로 빠져든다. 이른바 식민지 근대화론의 등장은 내재적 발전론이 내포하던 상처의 치유라는 함의를 철저하게 말소한다.[40] 그 말소 위에서 역사 연구를 지배하게 된 것은 무미건조한 사실을 금과옥조로 여기는 실증성이다. 세기 전환기에 잠시 꽃피웠던 역사 연구의 다양한 가능성은 뉴라이트와 탈민족주의의 등장으로 19세기의 철 지난 실증성 논쟁으로 시들고 말았던 것이다.

그래서 결국 세기 전환기 한국에서는 기억의 역사화가 전지구화라는 국면 속에서 급진화된 나머지 문화정치 자체의 봉쇄라는 결과가 초래되었다. 이제 공동체의 정체성과 체제의 정당성을 둘러싼 기억과 표상의 쟁투는 디지털 신호의 카오스적인 트래픽 속에서 무정부

---

40) 이에 관해서는 김항, 〈분단의 기억, 기억의 정치〉, 서울대학교 인문학연구원, 《인문논총》, 73-2, 2016 참조.

적인 상대주의에 자리를 내주었다. 그리하여 민주주의는 더이상 공동체가 트라우마와 마주하여 회생하는 치유의 대화를 상실했다. 그 대가는 무엇일까? 작금의 현실을 보면 더이상 말을 덧붙이지 않아도 대답은 충분할 것이다. 중요한 것은 이 모든 현실이 문화정치의 폐허 위에서 벌어지고 있는 일이라는 사실이다. 그것은 정체성과 정당성을 구축하기 위한 정치적 행위에서 비롯되는 것이 아니다. 반동화라든가 우경화라 간주되는 것들은 모두 공동체의 트라우마를 치유하고 회생하려는 문화정치의 실천을 세계사의 법칙(근대화와 자유화)과 실증주의(팩트라는 물신)라는 무기를 휘두르며 산산조각내는 파괴행위이다. 민주주의는 그렇게 형해화된다. 법칙과 실증으로 무장한 자연주의화된 세계 속에서 공동체의 정체성과 정당성을 확보하려는 인간의 정치적 실천은 불가능하기 때문이다.

따라서 현재 시급한 과제는 문화정치의 장 안에서 싸우는 것이 아니라 문화정치의 장 자체를 다시 한번 확보하는 일이다. 그것이 불가능할 경우 민주주의는 역사적 정의와 회생의 계기를 상실하여 법치의 시스템만이 덩그러니 남은 흉물이 되고 말 것이다. 그것은 합법적일 수 있다. 하지만 정의와 상처의 치유가 결여된 합법성이란 무엇인가? 과연 그것은 민주주의인가? 나치즘과 메카시즘의 광풍을 경험한 직후 프란츠 노이만(Franz Neuman)이 제시한 하나의 테제로 결론을 대신하면서 논의를 마무리한다. "민주주의는 단순한 정치 시스템이 아니다. 그것의 본질은 인간의 자유를 최대화하는 거대한 사회적 변화에 있다."[41]

---

[41] Franz Neumann, "The concept of political freedom" (*Columbia Law Review*, 53-7, 1953.11), 935.

참고문헌

[기초자료]

〈“21세기는 문화예술 시대 과감한 지원과 참여 필요”〉, 《동아일보》, 1996년
　　　1월 10일.
광주비엔날레, 《97 광주비엔날레: 지구의 여백》, 1997.
구상, 〈전환기의 한국 문화예술: 문학〉, 《문화정책논총》 제1집,
　　　한국문화관광연구원, 1988.
규제개혁위원회, 《1998년도 규제개혁백서》, 1999.
김경욱, 〈팔길이 원칙과 문화정책〉, 《민족예술》 2000년 11월호, 2000.
김대중, 《김대중 자서전 1》, 삼인, 2010.
김대중, 《김대중 자서전 2》, 삼인, 2010.
김대중, 《김대중 행동하는 양심으로(원제: 독재와 나의 투쟁)》, 금문당,
　　　1985/2009.
김대중, 《옥중서신Ⅰ: 김대중이 이희호에게》, 시대의창, 2019.
김대중, 《이경규에서 스필버그까지》, 조선일보사, 1997.
김문환, 《문화민주주의》, 조선일보사, 1988.
김여수, 〈문화정책의 이념과 방향〉, 《문화정책논총》 제1집,
　　　한국문화관광연구원, 1988.
〈다시 부는 토플러 미래학 바람 새 저서 ‘권력이동’ 서점가 불티〉, 《한겨레》,
　　　1991년 6월 13일.
대통령자문정책기획위원회, 〈사회비전2030: 선진 복지국가를 위한 비전과
　　　전략〉, 2006.
대한민국정부, 《신경제 5개년 계획(1993-1997)》, 1993.
문화관광부, 《2001 문화정책백서》, 2001.
문화관광부, 《2002 문화산업백서》, 2002.
문화관광부, 《2003 문화산업백서》, 2003.
문화관광부, 《2004 문화정책백서》, 2005.

문화관광부, 《문화강국(C-KOREA) 2010》, 2005.

문화관광부, 《문화산업발전 5개년 계획》, 1999.

문화관광부, 《문화산업비전 21》, 2000.

문화관광부, 《창의한국》, 2004.

문화관광부, 《콘텐츠코리아비전 21》, 2001.

문화관광부, 〈문화는 "꽃"이 아닌 "토양"이어야: 〈창의한국—21세기 새로운
　　　　문화의 비전〉 발표〉 보도자료, 2004년 6월 8일.

문화부, 〈文化發展10個年計劃 報告〉, 1990년 6월 21일.

〈문화역량은 국가발전의 원동력〉, 《경향신문》, 1985년 10월 28일.

문화체육관광부, 《2021년 기준 콘텐츠산업조사》, 2023.

문화체육관광부, 《한류백서》, 2013.

〈"미래학은 세기말 이끌 '초과학' 21세기는 한국문화 르네상스기"〉,
　　　　《동아일보》, 1996년 2월 12일.

민족영화연구소, 《민족영화(창간호)—있어야 할 자리, 가야 할 길》, 친구,
　　　　1989.

박종국, 〈문화정책의 기조와 과제〉, 《문화정책논총》 제1집,
　　　　한국문화관광연구원, 1988.

〈서점가 미래예측서 돌풍〉, 《경향신문》, 1990년 4월 14일.

여석기 외, 〈문화부의 기능과 조직: 토론〉, 《문화정책논총》 제1집,
　　　　한국문화관광연구원, 1988.

여석기 외, 〈전환기의 한국 문화예술: 토론〉, 《문화정책논총》 제1집,
　　　　한국문화관광연구원, 1988.

연세대학교 김대중도서관, 《김대중 전집 I : 제1권》, 연세대학교
　　　　대학출판문화원, 2015.

연세대학교 김대중도서관, 《김대중 전집 I : 제2권》, 연세대학교
　　　　대학출판문화원, 2015.

연세대학교 김대중도서관, 《김대중 전집 I : 제5권》, 연세대학교
　　　　대학출판문화원, 2015.

연세대학교 김대중도서관, 《김대중 전집 I : 제7권》, 연세대학교
　　　　대학출판문화원, 2015.

연세대학교 김대중도서관, 《김대중 전집 I : 제8권》, 연세대학교

대학출판문화원, 2015.

연세대학교 김대중도서관, 《김대중 전집Ⅱ: 제16권》, 연세대학교
　　　　대학출판문화원, 2019.

연세대학교 김대중도서관, 《김대중 전집Ⅱ: 제17권》, 연세대학교
　　　　대학출판문화원, 2019.

연세대학교 김대중도서관, 《김대중 전집Ⅱ: 제19권》, 연세대학교
　　　　대학출판문화원, 2019.

연세대학교 김대중도서관. 《김대중 전집 Ⅵ》. 서울: 연세대학교
　　　　대학출판문화원, 2019.

연세대학교 김대중도서관. 《김대중 전집 Ⅸ》. 서울: 연세대학교
　　　　대학출판문화원, 2019.

오상봉 외, 《지식기반산업의 발전전략》, 서울: 산업연구원, 1999.

〈이문공, 〈문학심포지엄〉 연설〉, 《경향신문》, 1984년 5월 19일.

이상만, 〈전환기의 한국 문화예술: 음악〉, 《문화정책논총》 제1집,
　　　　한국문화관광연구원, 1988.

이선 외, 《지식기반경제의 이론과 실제》, 산업연구원, 2000.

이종인, 〈문화부의 기능과 조직에 관한 토론회를 개최하면서〉,
　　　　《문화정책논총》 제1집, 한국문화관광연구원, 1988.

이중한, 〈전환기의 한국 문화예술: 문화일반〉, 《문화정책논총》 제1집,
　　　　한국문화관광연구원, 1988.

이태주, 〈전환기의 한국 문화예술: 연극〉, 《문화정책논총》 제1집,
　　　　한국문화관광연구원, 1988.

임병호, 〈문화는 인간의 정신적 가치〉, 《문화예술》, 한국문화예술위원회,
　　　　2001.

재정경제부 · 한국개발연구원, 《새천년의 패러다임: 지식기반경제 발전전략》,
　　　　1999.

정영무 외, 〈세기말 돈 열풍(1): 주식 · 벤처투자 안하면 대화 소외〉, 《한겨레》,
　　　　1999년 12월 20일.

제2의건국범국민추진위원회, 《21세기의 주역 신지식인》, 1999.

중소기업청, 《벤처기업활성화 5개년 계획》, 1998.

최중혁, 〈문화분야에도 특수목적회사(SPC)설립〉, 《매일노동뉴스》, 2005년

6월 7일.
한국영화진흥위원회, 《2000년도판 영화연감》, 집문당, 2000.
한국영화진흥위원회, 《2001년도판 영화연감》, 집문당, 2001.
한국영화진흥위원회, 《2002년도판 영화연감》, 커뮤니케이션북스, 2003.
한국영화진흥위원회, 《2003년도판 영화연감》, 커뮤니케이션북스, 2003.
한국영화진흥위원회, 《2004년도판 영화연감》, 커뮤니케이션북스, 2004.
한국영화진흥위원회, 《영화진흥사업백서 1999-2006》, 2007.
〈한국을 움직이는 사람들 (39) 관료 9 산업문화·통일문화 성취욕 넘쳐〉,
        《한겨레》, 1992년 9월 16일.
한국직업능력개발원, 《국가인적자원개발의 인프라구축》, 2001.

《경향신문》, 《국민일보》, 《동아일보》, 《매일경제》, 《조선일보》, 《투데이안》,
        《한겨레》, 《한국경제》

[학술논문]

강내희, 〈신자유주의와 한류〉, 《중국현대문학》 제42호, 2007.
고부응, 〈'공동경비구역 JSA'에서의 민족 공동체 – 문화연구로서의
        비교문학을 위하여〉, 《비교문학》 29권, 2002.
구광모, 〈대통령선거 문화정책공약 분석: 90년대를 중심으로〉,
        《중앙행정논집》 제14권 제1호, 중앙대학교 국가정책연구소, 2000.
구광모, 〈우리나라 문화정책의 목표와 특성–80년대와 90년대를 중심으로〉,
        《국가정책연구》 제12권, 중앙대학교 국가정책연구소, 1998.
권근영, 〈광주비엔날레의 정책변화 : 창설 선언문과 20주년 혁신안 사이〉,
        《한국콘텐츠학회논문지》18권 4호, 2018.
권은선, 〈'한국형 블록버스터'에서의 민족주의와 젠더 : 〈쉬리〉와
        〈공동경비구역 JSA〉를 중심으로〉, 《여성이론》 제4호, 2001.
권창규, 〈'문화'에서 '콘텐츠'로: 한국 문화의 산업화와 한류화를 중심으로〉,
        《대중서사연구》 통권 33호, 2014.

김갑성, 〈한국의 벤처기업 현황 및 지원 방안〉,《한국사회와 행정연구》9권 2호, 1998.

김규원 · 지금종 · 염신규 · 양혜원, 〈담론 논쟁의 동학(dynamics)으로 바라본 문화정책 73년〉,《문화정책논총》제32집 제2호, 한국문화관광연구원, 2018.

김규찬, 〈한국 문화콘텐츠산업 진흥정책의 내용과 성과: 1974~2011 문화부 예산 분석을 통한 통시적 고찰〉,《언론정보연구》제50권 1호, 2013.

김금동, 〈외환위기 이후 금융자본 및 영상전문 투자조합이 한국영화산업에 미친 영향〉,《현대영화연구》15권 1호, 2019.

김기현, 〈문화산업 정책의 변동에 관한 소고〉,《문화콘텐츠연구》제2호, 2012.

김동환 외, 〈지식정보사회에 관한 김대중 대통령의 정책지도〉,《정책분석평가학회보》제9권 제2호, 1999.

김병철, 〈한국형 블록버스터에 나타난 한국적 특수성에 대한 연구〉, 중앙대학교 첨단영상대학원 박사논문, 2004.

김성수, 〈글로컬적 관점에서 본 한류에 대한 재평가〉,《인문콘텐츠》제18호, 2010.

김승경, 〈1990년대 한국영화의 성장배경〉,《시네마》1권, 2005.

김승경, 〈자본의 다양화와 투자사의 영역 확장〉,《현대영화연구》10권 3호, 2014.

김익상 · 김승경, 〈초창기 한국형 블록버스터 영화의 제작과정 연구〉,《씨네포럼》31권, 2018.

김창수, 〈문화공공성 개념에 입각한 각 정권별 문화산업정책 비교 연구〉, 한양대학교 신문방송학과 박사학위논문, 2009.

김학재, 〈김대중의 통일 · 평화사상〉,《통일과 평화》9집 2호, 2017.

김항, 〈분단의 기억, 기억의 정치〉,《인문논총》73권 2호, 2016.

김형수, 〈한국 정부의 문화정책에 대한 비교 고찰: 정책목표와 기능을 중심으로〉,《서석사회과학논총》제3권 제1호, 조선대학교 사회과학연구원, 2010.

김혜준, 〈새로운 영화정책의 성과와 한계에 대한 중간평가〉,《문화과학》2001년 12월호, 문화과학사, 2001.12.

남상욱, 〈일본 대중문화와 한국의 통치성: 자기 제한 장치에서 플랫폼 속의
　　　소비재로, 나아가 규제 회피의 회랑으로〉, 《상허학보》 제54집,
　　　2018.
남은영, 〈1990년대 한국 소비 문화: 소비의식과 소비행위를 중심으로〉,
　　　《사회와역사》 제76집, 2007.
노명환, 〈한류를 위한 김대중의 기여와 미완의 김대중 사상 정책의 완성을
　　　위한 한류의 의미와 역할〉, 《역사문화연구》 제83집, 2022.
롤프 옌센, 〈미래는 문화다: 경험경제로의 길〉, 《글로벌문화포럼 2007 서울:
　　　글로벌 컨버전스 시대의 문화》 자료집, 한국문화관광연구원, 2007.
류동민, 〈김대중의 경제사상에 관한 검토: 경제적 민주주의 개념을 중심으로〉
　　　《기억과 전망》 23호, 2010.
민유기, 〈68운동 이후 프랑스 사회당의 문화민주주의 정책 구상〉, 《서양사론》
　　　제141호, 한국서양사학회, 2019.
박창균, 〈1997년 경제위기 이후 가계신용 증가와 정책대응에 대한 평가〉,
　　　《한국경제의 분석》 16권 1호, 2010.
박광국 · 이종열 · 주효진, 〈문화행정조직의 개편과정 분석:
　　　비전-목표-하위목표를 중심으로〉, 《한국정책과학학회보》 제7권
　　　제1호, 한국정책과학학회, 2003.
박소현, 〈문화올림픽과 미술의 민주화: 1980년대 미술운동의 제도비판과
　　　올림픽문화정책체제의 규정적 권력에 관한 고찰〉,
　　　《한국근현대미술사학》 제36집, 한국근현대미술사학회, 2018.
박연희, 〈1950년대 한국 팬클럽과 아시아재단의 문화원조-세계작가회의의
　　　참관기를 중심으로〉, 《한국학연구》 제40집, 2016.
배관표 · 이민아, 〈한국 문화정책의 대상과 전략의 변화: 1998~2012〉,
　　　《한국정책학회보》 제22권 1호, 2013.
소문상, 〈'신경제 5개년 계획'의 의미와 문제점〉, 《정세연구》 제48호, 1993.
손병우 · 양은경, 〈한국 대중문화의 현주소와 글로벌화 방안: 한류(韓流)
　　　현상을 중심으로〉, 《사회과학연구》 제14권, 2003.
손송이, 〈5 · 18의 수행적 기념을 위한 광주비엔날레 연구〉,
　　　서울과학기술대학교 IT정책전문대학원 석사학위논문, 2022.
신윤환, 〈동아시아 "한류" 현상: 비교 분석과 평가〉, 《동아연구》 제42집,

2002.

염찬희, 〈1990년대 이후 한국 문화정책의 '문화' 이해 변화 과정〉,
《민주사회와 정책연구》 제16호, 민주사회정책연구원, 2009.

오양열, 〈한국의 문화행정체계 50년: 구조 및 기능의 변천과정과 그 과제〉,
《문화정책논총》 제7호, 한국문화관광연구원, 1995.

오현석, 〈문화제국주의론에서 바라본 타자로서의 일본: 1990년대
일본대중문화개방과 관련된 담론을 중심으로〉, 《일본학보》
제118집, 2019.

원용진, 〈'국민의 정부' 문화정책〉, 《문화/과학》 제17호, 1999.

원향미, 〈한국 문화정책의 패러다임 변화와 문화의 사회적 역할 연구—문화적
도시재생을 중심으로〉, 《민족미학》 제13권 제2호, 민족미학회,
2014.

이경화, 〈《1984》에 나타난 강요된 세계 읽기—바르트의 신화론적 관점을
중심으로〉, 《인문학연구》 제50호, 경희대학교 인문학연구원, 2022.

이병량, 〈한국 문화정책의 변화 추이와 내용에 관한 분석: 문화예산을
중심으로〉, 《한국정책과학학회보》 제8권 제3호, 한국정책과학학회,
2004.

이명수, 〈IMF외환위기 전후의 국가역할변화에 관한 연구: 문민정부와 국민의
정부시기를 중심으로〉, 《한국동북아논총》 제44집, 2007.

이병민, 〈참여정부 문화산업정책의 평가와 향후 정책방향〉, 《인문콘텐츠》
제9호, 2007.

이병준, 〈1963년 5대 대통령 선거에 나타난 특성과 그 원인〉, 《사림》 제36호,
성균관대학교 동아시아역사연구소, 2010.

이봉범, 〈1960년대 검열체제와 민간검열기구〉, 《대동문화연구》 제75호,
성균관대학교 대동문화연구원, 2011.

이봉범, 〈1980년대 검열과 제도적 민주화〉, 《구보학보》 제20호, 구보학회,
2018.

이봉범, 〈검열국가 대한민국과 표현의 자유〉, 《내일을 여는 역사》 제79호,
재단법인 역사와 책임, 2020.

이선향, 〈한국의 민주화와 문화정책의 변화에 대한 비판적 검토〉, 《담론 201》
제16권 제3호, 한국사회역사학회, 2013.

이승희, 〈예륜의 역사적 추이와 제도적 임계〉, 《민족문학사연구》 제63호, 민족문학사연구소, 2017.

이영재, 〈1960년대 한국전쟁 영화의 세 국면, 국민·반복강박·공중의 관점 -〈5인의 해병〉〈돌아오지 않는 해병〉〈빨간 마후라〉를 중심으로〉, 《상허학보》 Vol.62, 상허학회, 2021.

이제, 〈문화부문 계획과 집행의 연계에 관한 연구〉, 《문화정책논총》 제11집, 1999.

이지현, 〈2000년대 한국영화의 국제 교류에 관한 연구〉, 《현대영화연구》 19권, 2014.

이진석, 〈한국 문화콘텐츠산업 정책의 변화와 발전 방향〉, 《동방문화와 사상》 제11집, 2021.

임의영, 〈김대중 정부의 지식정보화 담론 비판〉, 《한국행정논집》 제13권 제4호, 2001.

임학순, 〈우리나라 문화정책 연구 경향 분석(1998˜2007)〉, 《문화정책논총》 제21집, 2009.

장인성, 〈일본 대중문화 개방과 "자기 해방": 일본 대중문화 담론의 성격과 개방의 방향〉, 《국제문제연구》 22권 1호, 1998.

전창환, 〈1997년 한국의 외환·금융위기 이후 구조조정과 증권화〉, 《동향과 전망》 81권, 2011.

정갑영, 〈우리나라 문화정책의 이념에 관한 연구〉, 《문화정책논총》 제5호, 한국문화관광연구원, 1993.

정무용, 〈박정희 정권기 저축동원의 전개과정과 성격〉, 서울대학교 국사학과 박사학위논문, 2020.

정찬철, 〈2000년대 한국영화 제작사의 삶〉, 《현대영화연구》 19권, 2014.

정현경, 〈1970년대 연극 검열 양상 연구〉, 충남대학교 박사학위논문.

조준형, 〈민족주의인가 대안적 세계화인가: 스크린쿼터 제도 담론의 지형도〉, 《영상예술연구》 Vol.2, 영상예술학회, 2002.

조현연, 〈'87년 체제'의 정치적 등장 배경과 한국 민주주의 연구—'87년 9차 개헌과 13대 대통령 선거를 중심으로〉, 《기억과 전망》 제16권, 민주화운동기념사업회, 2007.

채원호·허만용, 〈지방정부의 문화정책과 문화행정조직의 역사적 변천〉,

《한국사회와 행정연구》 제15권 제1호, 서울행정학회, 2004.

최민석, 〈1997년 경제위기 이후 일상생활의 금융화와 투자자 주체의 형성〉, 서울대학교 사회학과 석사학위논문. 2011.

최영진, 〈민주화 이후 한국의 대통령 선거: 역사와 경쟁의 원리〉, 《한국정치외교사논총》 제45집 제1호, 한국정치외교사학회, 2023.

최영화, 〈이명박 정부의 기업국가 프로젝트로서 한류정책〉, 《경제와사회》 no.97, 2013.

최철웅, 〈가계의 금융화와 일상의 정치〉, 《마르크스주의 연구》 12권 2호, 2015.

최철웅, 〈권리로서의 빚, 규율로서의 빚〉, 《경제와 사회》 112권, 2016.

최한준, 〈영상전문투자조합의 의의와 법적 고찰〉, 《사회과학연구》 10권 2호, 2004.

한영균, 〈일본 대중문화 개방정책의 현황 및 의의〉, 《일본문화연구》 제86집, 2023.

함충범, 〈2000년대 초 한국 영화 정책의 특징적 경향: IMF사태 이후 김대중 정권의 영화진흥법 개정을 통해〉, 《현대영화연구》 통권 19호, 2014.

함충범, 〈21세기 한국영화에 대한 변증적 고찰〉, 《시네마》 2권, 2006.

허진, 〈중국의 한류현상과 한국 TV드라마 수용에 관한 연구〉, 《한국방송학보》 제16권 제1호, 2003.

홍성태, 〈일본 대중문화 개방의 문화정치〉, 《문학과학》 제41집, 2005.

한승준, 〈문화민주주의와 프랑스의 문화예술 지원정책: 문화 축제를 중심으로〉, 《프랑스문화예술연구》 제59집, 프랑스문화예술학회, 2017.

홍석률, 〈1971년 대통령선거의 양상—근대화 정치의 가능성과 위험성〉, 《역사비평》 제87호, 역사비평사, 2009.

홍석률, 〈1971년의 선거와 민주화운동 세력의 대응〉, 《역사비평》 제98호, 역사비평사, 2012.

황설화, 〈김영삼 정부 이후 한국의 문화정책 이념에 관한 연구: 문화적 민주주의인가, 문화의 민주화인가?〉, 《한국정책연구》 제19권 제1호, 2019.

황현숙, 〈민주화 이후 한국의 과거청산: 진실화해위원회의 성과와 한계를

278

중심으로〉, 서강대학교 정치외교학과 석사학위 논문, 2014.

Burch, Noël, "To the Distant Observer: Towards a Theory of Japanese Film," October, Vol.1, Spring, 1976.

Cho, Junhyoung, "Changes in the Perception of Censorship and Films in the Late 1970s: The Discovery of Film Audiences as Consumers and Film as Popular Culture," Berkeley Korean Film Workshop, 2021.8.

Harmes, Adam, "Mass Investment Culture," New Left Review Vol. 9, 2001.

Hong, Junhao, "Media/Cultural product exchanges between China and Taiwan," Gazette, vol. 59(1), 1997.

Jessop, Bob, "Critical Semiotic Analysis and Cultural Political Economy," Critical Discourse Studies, vol.1, no.2, 2004.

Kim, Kyung Hyun, The New Korean Cinema : Framing the Shifting Boundaries of History, Class, and Gender, Doctoral Dissertation, University of South California, 1998.

Kim. Bohyeong, "Think Rich, Feel Hurt," Cultural Studies Vol.31, No.5, 2017.

Krippner, Greta, "The Financialization of the American Economy," Socio-Economic Review Vol. 3, No. 2, 2005.

Neumann, Franz, "The concept of political freedom," Columbia Law Review, 53-7, 1953.

Park, Seung Hyun, A cultural interpretation of Korean cinema, 1988-1997, Doctoral Dissertation, Indiana University, 2000.

Park, Sohyun & Kim, Hang, "Democratization and museum policy in South Korea," International Journal of Cultural Policy, Vol. 25, No. 1, Routledge, 2019.

Peebles, Gustav, "The Anthropology of Credit and Debt," Annual

Review of Anthropology Vol. 39, 2010.

Wilson, Rob, "Theory's Imaginal Other: American Encounters with South Korea and Japan," boundary 218 (3), 1991.

Wilson, Rob, "Korean cinema on the road to globalization: tracking global/local dynamics, or why 1m Kwon-Taek is not Ang Lee," Inter-Asia Cultural Studies 2 (2), 2002.

[단행본 및 보고서]

강내희, 〈문화와 시장: 신자유주의 시대의 한국문화〉, 《신자유주의 시대 한국문화와 코뮌주의》, 문화과학사, 2008.

강상중, 《반걸음만 앞서 가라》, 오근영 역, 사계절, 2009.

강준만, 《한국 현대사 산책—1990년대편: 3당합당에서 스타벅스까지 · 1권》, 인물과사상사, 2006.

김규찬 외, 《문화산업 정책 패러다임 변화 연구》, 한국문화관광연구원, 2017.

김규찬 외, 《문화산업정책 20년 평가와 전망》, 한국문화관광연구원, 2015.

김도균, 《한국 복지자본주의의 역사》, 서울대학교출판문화원, 2018.

김명수, 《내 집에 갇힌 사회》, 창비, 2020.

김성민, 《일본을 禁하다: 금제와 욕망의 한국대중문화사 1945-2004》, 글항아리, 2014.

김소연, 《실재의 죽음: 코리안 뉴웨이브 영화의 이행기적 성찰성에 관하여》, 도서출판b, 2007.

김소영, 〈사라지는 남한 여성들: 한국형 블록버스터 영화의 무의식적 광학〉, 김소영(기획), 《한국형 블록버스터: 아틀란티스 혹은 아메리카》, 현실문화연구, 2001.

김순영, 《대출 권하는 사회》, 후마니타스, 2011.

김영진, 〈신진 프로듀서의 기획영화〉, 김미현(책임편집), 《한국영화사: 開化期에서 開花期까지》, 커뮤니케이션북스, 2006.

김정수, 《문화행정론》, 집문당, 2006/2010.

김형중 엮음, 《무한 텍스트로서의 5 · 18》, 문학과 지성사, 2020.

대외경제정책연구원, 〈한류의 경제적 효과와 정책 시사점에 관한 설문 조사〉, 《KIEP 동향분석속보》 제01-38호, 2001.

데이비드 하비, 《포스트모더니티의 조건》, 구동회·박영민 옮김. 한울, 1997.

드니 쿠슈, 《사회과학에서의 문화 개념》, 이은령 옮김, 한울, 2009.

레이먼드 윌리엄스, 《키워드》, 김성기·유리 옮김, 민음사, 1983/2022.

로버트 기요사키, 《부자 아빠 가난한 아빠》, 구자형 옮김, 황금가지, 2000.

로절린드 윌리엄스, 〈현대사에서 진행중인 종말〉, 마누엘 카스텔·주앙 카라사·구스타보 카르도소 엮음, 《여파》, 2012/2014, 글항아리.

롤랑 바르트, 《현대의 신화》, 동문선, 1997.

주디스 허먼, 《트라우마: 가정폭력에서 정치적 테러까지》, 최현정 옮김, 사람의 집, 2022.

류상영·와다 하루키·이토 나리히코 엮음, 《김대중과 한일관계: 민주주의와 평화의 한일현대사》, 연세대학교 대학출판문화원, 2012.

막스 베버, 《프로테스탄티즘의 윤리와 자본주의 정신》, 김덕영 옮김, 길, 2010.

매일경제 한류본색 프로젝트팀, 《한류본색-아시아를 넘어 세계로, 문화강국 코리아 프로젝트》, 매일경제신문사, 2012.

문옥배, 《한국공연예술통제사》, 예솔, 2013.

문정인·양기호 엮음, 《한일 국교정상화 50주년과 한일관계: 1998년 김대중·오부치 한일파트너십 선언의 함의》, 연세대학교 대학출판문화원, 2016.

미셸 페어, 《피투자자의 시간》, 조민서 옮김, 리시올, 2023.

미셸 푸코, 《생명관리정치의 탄생: 콜레주드프랑스 강의 1978~79》, 오트르망 옮김, 난장, 2012.

미셸 푸코 외, 〈계몽이란 무엇인가〉 및 〈비판이란 무엇인가〉, 《자유를 향한 참을 수 없는 열망: 푸코-하버마스 논쟁 재론》, 정일준 옮김, 새물결, 1999.

미셸-롤프 트루요, 《과거 침묵시키기: 권력과 역사의 생산》, 김명혜 옮김, 그린비, 2019.

박광무, 《한국문화정책론》, 김영사, 2010.

박조원 외, 《참여정부의 문화산업 정책과 향후 과제》, 한국문화관광연구원,

2007.

발터 벤야민, 《발터 벤야민 선집 1》, 최성만 옮김, 길, 2008.

봅 제숍, 《자본주의 국가의 미래》, 김영화 옮김, 양서원, 2010.

새문화정책준비단·문화체육관광부, 〈문화비전2030 사람이 있는 문화〉, 2018.

서동진, 《자유의 의지 자기계발의 의지: 신자유주의 한국사회에서 자기계발하는 주체의 탄생》, 돌베개, 2009/2010.

서울사회경제연구소, 《이명박 정부 경제정책의 기조와 평가》, 한울, 2012.

서창호, 《단 하루라도 빚없는 세상에서 살고 싶다!》, 메이데이, 2007.

송주명, 《탈냉전기 일본의 국가전략: 안보내셔널리즘과 새로운 아시아주의》, 창비, 2009.

신윤환, 《동아시아의 한류》, 전예원, 2006.

안지혜, 〈제5차 영화법 개정 이후의 영화정책(1985~2002)〉, 《한국영화정책사》, 나남출판, 2005.

앨빈 토플러, 《제3의 물결》, 원창엽 옮김, 홍신문화사, 2017.

양수영 외, 《2022년 콘텐츠산업 창의인력 실태조사》, 나주: 한국콘텐츠진흥원, 2022.

염무웅·임홍배 엮음, 《김남주 시전집》, 파주: 창비, 2014.

영화진흥위원회, 《문화산업 투자활성화를 위한 SPC 법제화 방안 연구》, 2005.

원용진·유지나·심광현 엮음, 《스크린쿼터와 문화주권》, 문화과학사, 1999.

유진룡 외, 《엔터테인먼트 산업의 이해》, 넥서스 BIZ, 2009.

이동연, 《문화자본의 시대: 한국 문화자본의 형성 원리》, 문화과학사, 2010.

이동연, 《아시아 문화연구를 상상하기》, 그린비, 2006.

이민화·김명수, 《한국벤처산업발전사 I》, 아르케, 2006.

이연정 외, 《문화산업정책 10년, 평가와 전망》, 한국문화관광연구원, 2005.

이용관, 《문화산업에서 콘텐츠산업으로의 정책변동과 미래전망》, 한국문화관광연구원, 2012.

이인찬, 《한국의 벤처캐피탈》, 인성, 2003.

이혁상, 〈한국영화 진흥기구의 역사〉, 김동호 외, 《한국영화정책사》, 나남출판, 2005.

장 보드리야르, 《소비의 사회: 그 신화와 구조》, 이상률 옮김, 문예출판사, 2015.
정상철 외, 《한국 대중문화산업의 해외진출을 위한 지원방안 연구: 한류의 지속화 방안을 중심으로》, 한국문화정책개발원, 2001.
정태수 외, 《21세기 한국영화》, 국학자료원, 2016.
제윤경 · 이헌욱, 《약탈적 금융사회》, 부키, 2012.
조지프 히스 · 댄드류 포터, 《혁명을 팝니다》, 윤미경 옮김, 마티, 2006.
조한혜정 외, 《노오력의 배신》, 창비, 2016.
지주형, 《한국 신자유주의의 기원과 형성》, 책세상, 2011.
콜린 크라우치, 《왜 신자유주의는 죽지 않는가?》, 유강은 옮김. 책읽는 수요일, 2012.
폴 윌먼, 〈한국영화를 통해 우회하기〉, 김소영 엮음, 《트랜스: 아시아 영상문화》, 현실문화연구, 2006.
프레데릭 마르텔, 《메인스트림》, 권오룡 옮김, 문학과지성사, 2012.
피에르 노라, 《기억의 장소 1: 공화국》, 김인중 외 옮김, 파주: 나남, 2010.
피터 드러커, 《단절의 시대》, 이재규 옮김, 한국경제신문사, 2003.
피터 드러커, 《위대한 혁신》, 권영설 · 전미옥 옮김, 한국경제신문사, 2006.
한국금융연구원, 《가계부채백서》, 2013.
한스 페터 마르틴·하랄트 슈만, 《세계화의 덫》, 강수돌 옮김, 영림카디널, 2003.
황동미, 《한국영화산업구조분석 :할리우드 영화 직배 이후를 중심으로》, 한국영화진흥위원회, 2001.
황준욱 외, 《문화산업 전문인력 형성 구조와 정책 지원》, 한국노동연구원, 2006.

Appadurai, Arjun, *Modernity at Large: Cultural Dimensions of Globalization*, Minneapolis: University of Minnesota Press, 1996.
Boltanski, Luc and Chiapello, Eve, *The New Spirit of Capitalism*, New York: Verso, 2018.
Drucker, Peter F, *Landmarks of Tomorrow*, New York: Harper, 1959.

Elsaesser, Thomas, "American Auteur Cinema: The Last – or First – Great Picture Show," edited by Elsaesser, Thomas, Horwath, Alexander and King, Noel, *The Last Great American Picture Show: New Hollywood Cinema in the 1970s*, Amsterdam University Press, 2004.

Epstein, Gerald, *Financialization and the World Economy*, Northhamptom: Edward and Edgar Publishing, 2005.

Jay, Martin, *Refractions of Violence*, New York: Routledge, 2003.

Jessop, Bob, S*tate Theory: Putting the Capitalist State in its Place*, Cambridge: Polity Press, 1990.

Lee, Kang–Kook, "Neoliberalism, the Financial Crisis, and Economic Restructuring in Korea," In Song, Jesook(ed.) *New Millennium South Korea*, New York: Routledge, 2011.

Lie, John, *K–Pop*, Berkeley University of California Press, 2015.

Maynard, John Keynes, T*he General Theory of Employment, Interest and Money*, London: Palgrave Macmillan, 1936.

OECD, *Science, Technology and Industry Outlook*, OECD Publishing, 1996.

Schrader, Paul, *Transcendental Style in Film: Ozu, Bresson, Dreyer*, Da Capo Press, 1972.

Soederberg, Susanne, *Debtfare States and the Poverty Industry*, New York: Routledge, 2014.

Yoshimoto, Mitsuhiro, *Kurosawa: Film Studies and Japanese Cinema*, Duke University Press Books, 2000.

木宮正史, 《日韓関係》, 東京：岩波書店, 2021.
鶴見俊輔, 《戦後日本の大衆文化史》, 東京：岩波書店, 2001.
蓮實重彦, 《監督 小津安二郎》, 東京：ちくま学芸文庫, 1992.

284

[전자자료]

〈6 · 3항쟁〉,《한국민족문화대백과사전》.
　　　　https://encykorea.aks.ac.kr/Article/E0042107
김대중, 〈1966년 7월 14일 영화법 중 개정법률안 (대안)〉
　　　　https://www.kdjlibrary.org/president/activity/view/43920?o
　　　　rder=Id&sort=desc&&sort2=asc&&sort3=desc&page=1
김대중, 〈김대중대통령 취임사〉.《동아일보》. 1998년 2월 25일.
　　　　https://www.donga.com/news/article/all/19980225/7324986/1
김대중, 〈대한민국 50돌 8.15 경축식: 제2의 건국에 동참합시다〉,
　　　　1998.8.15.
　　　　https://www.kdjlibrary.org/president/activity/view/426
　　　　33?order=Id&sort=desc&&sort2=asc&&sort3=desc&page
　　　　=1
김대중, 〈문화란 운명인가?〉.《Foreign Affairs》 11~12월. 1994년 12월
　　　　15일.
　　　　https://www.kdjlibrary.org/president/activity/view/44195?k
　　　　eyword=%EB%AC%B8%ED%99%94&order=update_date&page
　　　　Max=20&target2=act_actDate&order=update_date&sort=desc
　　　　&&sort2=asc&&sort3=desc&page=2
김대중, 〈제4회 부산국제영화제 개막식 축하영상 메시지: 영화산업은
　　　　굴뚝없는 기간산업〉, 1999.10.14.
　　　　https://www.kdjlibrary.org/president/activity/view/43241?o
　　　　rder=Id&sort=desc&&sort2=asc&&sort3=desc&page=1
김대중, 〈제6대 국회상임위원회 제50회 제6차 문교공보위원회 1. 영화법
　　　　폐지에 관한 법률안 · 영화법 폐지반대에 관한 청원〉, 김대중 도서관
　　　　https://www.kdjlibrary.org/president/activity/view/40733?o
　　　　rder=Id&sort=desc&&sort2=asc&&sort3=desc&page=1.
김혜준, 〈이게 다 문화대통령, 당신 덕입니다〉,《씨네21》, 2009년 8월 24일.
　　　　http://m.cine21.com/news/view/?mag_id=57536
박서연, 〈미디어전문가들 "과기부 · 방통위 · 문체부 통합, 일부 합의제

적절”〉.《미디어오늘》. 2022년 3월 23일.
    https://www.mediatoday.co.kr/news/articleView.html?idxno
    =303100
부형권, 〈[한–일 개별정상회담] 고이즈미 “비자면제 실현 노력”〉,《동아일보》,
    2001년 10월 21일.
    https://www.donga.com/news/article/all/20011021/7750472/1
이선아. 〈콘텐츠 고용 창출, 반도체 7배… ‘기생충’ 경제효과 2조원〉.
    《한국경제》. 2023년 6월 7일.
    https://www.hankyung.com/article/2023060751001
영화인투쟁위원회, 〈이 땅의 민주화를 열망하는 애국시민에게 드리는
    영화인의 글〉, 1987년 12월 14일
    https://www.kmdb.or.kr/collectionlist/detailList?colId=401&
    codeNm=&dataNm=&sort1=&sort2=&sort3=%EC%98%A8%EB
    %9D%BC%EC%9D%B8%20%EC%97%B4%EB%9E%8C&sort4=&s
    ort5=&&nowPage=16&cntPerPage=10
이지윤, 〈컬렉션 해제: 영화시장 개방과 스크린쿼터〉,
    https://www.kmdb.or.kr/collectionlist/detail/view?colId=401
〈제3차 개정영화법〉 국가법령정보센터, 1966년 9월 3일,
    https://www.law.go.kr/lsSc.do?menuId=1&subMenuId=17&t
    abMenuId=93&query=%EC%98%81%ED%99%94%EB%2%95#
    undefined
한겨레신문, 〈일 대중문화 단계적 개방: 정부 방침 일본배우 국산영화 출연등
    우선 허용〉, 1994년 2월 25일.
행정안전부, 〈대통령기록관 기록컬렉션 일정일지기록 김영삼〉,
    https://www.pa.go.kr/portal/contents/stroll/schedule/scheduleI
    ndex.do?year=1995&month=11&searchDate=1995–11–09
허협, 〈[대중음악] 日록그룹 ‘차게&아스카’ 잠실공연〉,《동아일보》, 2000년
    8월 27일.
    https://n.news.naver.com/mnews/article/020/0000023327?s
    id=103

Pierce Conran, "GLADIATOR Scribe Pens JOINT SECURITY AREA
    Remake," Feb 09, 2019
        https://www.koreanfilm.or.kr/eng/news/news.jsp?blbd
        ComCd=601006&seq=5094&mode=VIEW

〈日韓共同宣言から25年、外交にどう影響？小此木名誉教授に聞く〉,
    《朝日新聞》 디지털, 2023.10.7.
        https://www.asahi.com/articles/ASRB673B5RB4UHBI01D.html

박소현

서울과학기술대학교 IT정책전문대학원 디지털문화정책전공 교수. 예술과 예술제도 사이에서 발생하는 문화정치에 관심을 갖고 근현대미술사, 박물관/미술관학, 그리고 문화예술정책 연구의 경계를 넘나드는 연구를 해왔다. 최근 공저서로 《이것 역시 지도》(2023), 《이불―시작》(2021), 《미술관은 무엇을 움직이는가: 미술과 민주주의》(2020), 《레드 아시아 콤플렉스》(2019), 《한국 문화 현실의 지형들》(2019), 《큐레이팅을 말하다》(2019), 《키워드로 읽는 한국현대미술》(2019) 등이 있다. 최근 〈신자유주의적 전환 이후, 미술관과 커뮤니티의 관계설정 및 그 난점〉(2024), #MeToo movement in Korean arts & culture sector and gender mainstreaming strategies in cultural policy(2024), 〈규제완화와 '박물관 및 미술관 진흥법'〉(2023), Lee Ufan's ambivalent otherness and art historiography(2023), 〈무라카미 타카시의 미술계 구조개혁: 예술가의 생존 문제를 중심으로〉(2022), 〈권진규의 조각, 마네킹, 영화미술〉(2022), 〈독립기념관 화재사건과 '민간주도' 담론〉(2021), 〈구글 아트 앤 컬처의 '비영리' 전략에 대한 비판적 고찰〉(2021), 〈평등한 박물관은 어떻게 가능한가〉(2021) 등 다수의 논문을 발표했다.

이영재

성균관대학교에서 국문학을, 도쿄대학 총합문화연구과에서 표상문화론을 전공했다. 월간 영화잡지 《KINO》에서 기자로 근무했으며, 부천국제판타스틱영화제에서 프로그래머로 일했다. 현재 성균관대학교 비교문화연구소 선임연구원으로 재직하고 있다. 저서로는 《SF 프리즘: 테크놀로지의

지정학과 자본》(박문사, 2023, 공저), 《아시아적 신체》(소명출판, 2019), East Asian Cinemas 1939–2018(Kyoto University Press and Trans Pacific Press, 2019, 공저), 《動態影像的足跡: 早期臺灣與東亞電影史》(國立臺北藝術大學, 2019, 공저), 《トランスナショナルアクション映画》(東京大学出版会, 2016), 《帝国日本の朝鮮映画》(三元社, 2013), 《근대 한국, 제국과 민족의 교차로》(책과함께, 2011, 공저), 《전쟁하는 신민, 식민지의 국민문화》(소명출판, 2010, 공저) 등이 있다. 또한 〈스파게티 웨스턴과 홍콩 무협영화, 만주웨스턴과 검술영화: 초국적 관객과 치안의 대상으로서의 영화〉(2023), 〈춤추는 괴수, 조절가능한 핵〉(2022), 〈1960년대 한국전쟁 영화의 세 국면, 국민·반복강박·공중의 관점〉(2021), 〈형제애의 로망, 1987의 정동〉(2021), 〈협과 액션, 동아시아 액션영화의 역사적 기원〉(2020), 〈1965와 1968 사이, 두 '가난'과 '양심'〉(2020), 〈원본 없이 액션! 벽돌의 변증법 혹은 인용의 상품경제학〉(2019), 〈대중주권과 영화, 그 이후〉(2018) 등 다수의 논문을 썼다.

남상욱

국립인천대학교 일본지역문화학과 교수. 주 전공은 비교문학·비교문화로 전후 일본 및 한국의 미국화 양상을 문학 및 영화 등의 미국 표상을 통해 연구하는 한편, 현대 일본과 한국의 문화 변동 양상을 재난, 지역소멸, 학력격차 등의 현대적 이슈 속에서 규명하려 하고 있다. 최근 공저서로는 《'시코쿠'에서 일본을 읽다》(yeondoo, 2023), 《포스트·포스트콜로니얼리즘》(역락, 2023), 《'경계'에서 본 재난의 경험》(역락, 2023), 《한국전쟁은 어떻게 기억되는가》(소명출판, 2023), 《한국문학과 일본문학의 '전후'》(서울대학교출판문화원, 2021), 《유토피아 문학: 고전적 유토피아에서 포스트아포칼립스 유토피아까지》(알렙, 2021), 《전후의 탈각과 민주주의의 탈주》(박문사, 2020), 역서로는 《현대 일본의 소비 사회》(yeondoo, 2023) 등이 있다. 또한 최근 논문으로는 〈이주자로서의 동물 쓰기〉(2023), 〈오에 겐자부로와 '전후민주주의'〉(2023), 〈전후 일본 영화 속의 '재난'과 '정치'〉(2023), 〈일본

서브철처 속의 '지역' 표상〉(2023), 〈현대일본 문화 속의 '학력 사회' 표상과 분단〉(2022), 〈재난 속의 동물 돌봄과 인간〉(2021) 등이 있다.

최영화

중앙대학교에서 영어영문학 학사와 석사학위를 취득하고 같은 학교 문화연구학과에서 《신한류의 형성과 한국사회의 문화변동: 이명박 정부의 한류정책을 중심으로》라는 주제로 2014년에 박사학위를 취득했다. 2014년부터 충남연구원에서 지역문화정책을 연구하기 시작했고, 중앙대학교와 상명대학교, 인천대학교에서 문화정책 강의를 해오고 있다. 2016년부터는 인천연구원에서 문화예술, 문화유산, 문화산업, 문화교육, 생활문화, 문화도시, 문화재생 등 문화정책 전반에 대한 정책연구를 하고 있다. 공저서로 《한국문화현실의 지형들》(문화과학사, 2019)이 있으며, 최근 연구로는 《인천 디아스포라영화제 발전방안》(인천연구원, 2002), 《(구)인천우체국의 문화적 활용방안》(인천연구원, 2022), 《인천시 청년예술인 실태 및 지원방안》(인천연구원, 2022) 등이 있다.

이승철

서울대학교 인류학과 교수. 서울대학교에서 사회학을 공부하고, 미국 컬럼비아 대학교에서 인류학 박사학위를 받았다. 미국 미시시피대학교 인류학 및 동아시아학 교수로 재직하다. 현재 서울대학교에서 경제인류학·금융인류학을 가르치고 있다. 최근 공저서로 《사회적 가치 패러다임》(박영사, 2023), 《연구자의 탄생》(돌베개, 2023), 《기본소득의 사회과학》(학지사, 2022)이 있고, 《푸코 효과: 통치성에 관한 연구》(난장, 2014, 공역), 《관용》(갈무리, 2010) 등을 번역했다. 최근 논문으로는 〈물질적인 혹은 투기적인: 현대 금융시장 연구를 위한 이론적 검토〉(2023, 공저), 〈금융의 프랑스 혁명? 게임스탑 사태와 투자자 포퓰리즘의 등장〉(2022), Magical capitalism, gambler subjects: South Korea's bitcoin investment frenzy(202), The moral economy of face: marketized gift and depoliticized solidarity in South Korea's fair trade(2020), 〈마을 기업가처럼 보기: 도시개발의 공동체적 전환과 공동체의 자본화〉(2020), 〈불가능한 증여, 기생의 사회: 자크 데리다와 미셸 세르의 상호성 비판〉(2019) 등이 있다.

김항

연세대학교 문화인류학과 교수. 연세대학교에서 신문방송학을 공부하고, 일본 도쿄대학 대학원 종합문화연구과에서 표상문화론 전공으로 박사학위를 받았다. 현재 연세대학교 문화인류학과에서 일본문화연구, 탈식민지론, 문화정치, 문화이론 등을 가르치고 있다. 지은 책으로《무한텍스트로서의 5·18》(문학과지성사, 2020, 공저), 《종말론사무소》(문학과지성사, 2016), 《제국일본의 사상》(창비, 2015), 《말하는 입과 먹는 입》(새물결, 2009)이 있고, 옮긴 책으로《예외상태》(새물결, 2010), 《정치신학》(그린비, 2009), 《근대초극론》(민음사, 2003) 등이 있다. 최근 비평·논문으로는 〈인간 말고 사람을 본 적이 있습니까?〉(2024), 〈혐오, 광주, 그리고 유신체제−지금 여기 한국에서 국민 혹은 시민이 된다는 것에 대하여〉(2022), 〈아시아라는 은어〉(2021), 〈육체 없는 국민의 건강과 혐오−현대 한국의 '정치위생학' 비판 서설〉(2021), 〈품성론의 역습〉(2020), Universalism and colonialism: reconsidering postwar democracy in Japan(2016) 등 다수가 있다.